凤凰师轩
FENGHUANG SHIXUAN

行知工程
Education
精彩课堂系列

让生命之花自主绽放

——语文个性化教学建构策略

商德远 著

江苏凤凰教育出版社
Phoenix Education Publishing, Ltd

图书在版编目（CIP）数据

让生命之花自主绽放：语文个性化教学建构策略／商德远著．—南京：江苏凤凰教育出版社，2015.12

ISBN 978-7-5499-3903-9

Ⅰ.①让… Ⅱ.①商… Ⅲ.①语文课－课堂教学－教学研究－中小学 Ⅳ.①G633.302

中国版本图书馆CIP数据核字（2015）第226835号

书　　名 让生命之花自主绽放——语文个性化教学建构策略
作　　者 商德远
责任编辑 雷利军　张晓兰
出版发行 凤凰出版传媒股份有限公司
江苏凤凰教育出版社（南京市湖南路1号A楼　邮编210009）
苏教网址 http://www.1088.com.cn
照　　排 北京创艺涵文化发展有限公司
印　　刷 三河市九洲财鑫印刷有限公司
厂　　址 河北省三河市灵山大口
开　　本 787毫米×1092毫米　1/16
印　　张 14.5
字　　数 222千字
版　　次 2015年12月第1版　2015年12月第1次印刷
书　　号 ISBN 978-7-5499-3903-9
定　　价 30.00元
网店地址 http://jsfhjycbs.tmall.com
邮购电话 025-85406265，85400774　短信　02585420909
E－mail　jsep@vip.163.com
盗版举报 025-83658579

前　言

preface

教育的终极目的应当是培养人、发展人和造就人。世界上没有完全相同的两片树叶，更没有完全一样的两个人。学生之间存在差异，每个学生都有自己的优势。每个学生都像一朵花，每一朵花都有不同的生长过程、花期、特点和作用，所以，教育也要依据学生的差异，满足不同学生发展的需求，关心每个学生，促进每个学生主动地、富有个性地发展，尊重教育规律和学生身心发展规律，为学生提供适合他们的个性化教育。最终，激发和引导每一个学生走向个性化的自我成长之路，直到发展成为具有独特生命价值的最好的自己——既全面发展又具有完美的个性。

要想让每个学生都能成为富有智慧且具有独特生命价值的人，必须科学地架构一个顺应学生生命本性、利于学生个性化发展的教学组织系统或者生态体系。学校需要从教育理念、教育目标、课程设置、课堂教学、评价体系、学校文化、师资建设等方面进行整体设计和系统推进。在建设一支能满足不同学生学习需要的高素质教师队伍基础上，营造有利于学生个性化发展的学校文化，如环境文化、物质文化和精神文化；研发或整合能满足不同学生学习需求的个性化课程；构建适合每一个学生个性发展的个性化课堂；形成一套能促进每个学生个性发展的多元评价体系等。

构建适合每一个学生发展的“个性化课堂”特别重要。因为课堂教学是学生生存与发展的重要方式，是实现学生发展的主渠道。课堂教学是实施素质教育的主渠道，也是教育改革的原点。要培养全面发展和个性发展的学生，教师必须转变教育观念，思考究竟应该树立哪些新的教育思想，转变哪些旧的教育观念等。要构建“个性化课堂”，就要树立人人都能成才的理念，尊重学生的个性差异，创造适合每一个学生的最适切、最有效的教育，这样才能有效促进学生的全面发展和个性发展。教师要改变教育教学行为，以生为本，既关注学生的主体地位，又关注学生的自然天性和兴趣、潜能，这样才能满足不同学生的个性化学习需要。

那么，个性化课堂的核心是什么呢？应该是以学生为本，本着人人都能成才的理念，落实学生的主体地位，尊重学生的个性差异，激发学生的内在学习兴趣，充分调动并发挥每个学生的主动性、积极性和创造性，引导学生的自主、探究、合作学习等，创造适合每个学生的个性化教育，使学生形成自主学习的能力，实现每个学生的全面发展与个性发展。教师作为学习活动的组织者、引导者和合作者，应尊重教育规律和学生的身心发展规律，关爱每个学生，依据学生的自然天性，发展其潜能和个性。每位教师都要有自己独特的个性，每节课也要独具特色，能针对学生的不同智力特点、学习类型和发展方向等实施个性化教学，以激发学生的学习积极性，唤醒学生生命成长的觉悟，促进学生成长，培养其创新精神和实践能力。让每个学生都能在课堂上有效地“动”起来，变“被动”为“主动”，真正学得自主、愉悦、高效和富有个性，真正学会求知、学会做人、学会合作、学会生存，最终实现幸福成长。

尽管核心相同，但个性化的小学语文课堂又是各具特色的，即每位教师的课堂是不同的，同一位教师每一节课的内容和模式也应是各异的，即使是教学同一种课型，或是运用同一种教法，但由于教师、学生、教学目标、教学内容、教学方式等的差异，每一节课也是有变化的。但不管课堂如何变化，都是为了提升学生独特的生命价值，最终都是为培养和造就富有个性的创新型、实用型、复合型人才打基础的。

本书是继个人专著《个性化课堂教学艺术：小学语文》之后，又一部以个性化课堂研究为基点，并致力于个性化课堂的深化和细化研究，致力于发展学生语文素养、培养学生个性的创新性作品。

近年来，我围绕个性化课堂理念、个性化课程选择、个性化课堂模式、个性化课堂策略等，探究了个性化课堂的艺术密码。从不同层面和多个视角确定了细化和深化个性化课堂研究的专题，并进行了系列研究，取得了一定的研究成效，且研究成果多次在国家级期刊上发表。本书内容主要是从近两年来自己有关个性化课堂教学的研究中，围绕“构建个性化课堂，培养学生个性”这一专题，精心筛选出的一部分创新性明显、实践性强、实用价值大、个性鲜明的研究成果。

全书共分为“个性化课堂的理念及特点”“个性化课堂的教学内容选择”“个性化课堂的教学目标制订”“个性化课堂的教学模式构建”和“个性化课堂的教学策略”五章。

第一章“个性化课堂的理念及特点”。通过对当代语文教育思想与课程改革的理论前沿进行考察、审视和思考，结合国际、国内权威专家的改革观点和自己对个性化课堂的独特认识，阐述了构建个性化课堂的新思考、新认识和新突破。

第二章“个性化课堂的教学内容选择”。要培养个性化的人才，必须依据学生差异，量体裁衣，精心选取个性化的教学内容，因材施教。本章针对个性化课堂应选择什么样的教学内容、怎样选择等方面，从理论到实践层面都进行了细化研究与操作实施，极具指导性、操作性和实用性。

第三章“个性化课堂的教学目标制订”。个性化课堂教学目标制订与普通课堂的教学目标制订，既有共同之处，又有其独特之处。本章主要从个性化课堂教学目标的制订依据、操作方法，如何针对不同学生的差异分层制订等方面，阐释了个性化课堂教学目标制订的操作流程及实践应用策略。

第四章“个性化课堂的教学模式构建”。如何通过构建个性化的教学模式，来真正实现学生的自主学习和个性化学习，从而发展学生的个性呢？本章选择性地介绍了几个有利于学生个性发展的个性化教学模式，并就其基本操作程序等进行了介绍。

第五章“个性化课堂的教学策略”。本章是针对个性化课堂教学进行的课堂教学策略研究与实践应用研究。结合来自学校领导、教学研究人员和广大一线教师普遍关注的热点、难点和重点问题，特别是在课堂教学中操作起来感到十分困惑的问题，结合个性化课堂教学结构中的各个环节在操作实施时的有效策略，选取了部分有实用价值的教学策略，进行了深入研究。每一个策略都能有效解决一个实际问题，对于教师如何更好地构建个性化课堂、培养学生核心素养、发展学生个性，在操作层面能起到一定的引领、借鉴和帮助作用。

本书在个性化课堂教学新理念落实、课程教学内容整合与选取、教学策略选择、教学过程实施、教学效果反馈等方面，都能考虑学生差异，注重激发兴趣和能力培养，关注方法迁移，重视习惯培养等，信息丰富，能有效提升课堂品质，突出个性特色，对教师具有一定的导向和借鉴价值。书中的每一个研究专题，内容都各具特色，特别注重理论与实践的有机结合，并且注重规律和方法的总结与提炼，彰显了实用性和实效性，体现了创新性和独特性。

书中所引用的课例，涵盖了人教版、苏教版、北师大版、西师大版等多个版本，且尽量选取多版本教材中都有的重点课文，都是依据《义务教育语文课程标准（2011 年版）》（以下简称“语文新课标”），结合多年的个性化课堂教学研究和较为成熟的个性化课堂教学实践经验而设计的，涉及的课文数量多，且经过了教学实践的检验，具有鲜明的个性特点和与众不同的亮点环节，真正体现了个性化课堂和个性化教育的特色，有着极强的示范性、普适性、科学性和实效性。

由于个性化的语文课堂要研究、突破的面比较广，本书所选取的研究点仍不可能实现对该研究领域的全覆盖。加之研究水平所限，在阐释和传达新的思想和观点时，难免会出现一些不成熟的表述，甚至可能存在一些问题和缺憾，恳请专家和广大读者批评指正，以便弥补缺憾和不足，让研究更科学、更深入。

商德远

目　录

contents

第三章　个性化课堂的教学目标制订

第四章　个性化课堂的教学模式构建

第五章 个性化课堂的教学策略

第一章

个性化课堂的理念及特点

第一节　个性化课堂教学的新理念

当今世界正处在大发展大变革大调整时期。世界多极化、经济全球化的趋势越来越显著，教育现代化不断深入发展，科技进步日新月异，人才竞争日趋激烈。人力资源是我国经济与社会发展的第一资源。我国要实现从教育大国向教育强国、从人力资源大国向人力资源强国迈进的目标，就必须贯彻党的教育方针，全面深化素质教育，以提高国民素质、“立德树人”为宗旨，以培养学生的创新精神和实践能力为重点，造就有理想、有道德、有文化、有纪律的，既德智体美全面发展又有个性的高素质人才。

众所周知，人与人之间是存在差异的。由于学生之间存在着差异，要想让每个学生都成为不同方面的优秀人才，教育就必须以生为本，面向全体学生，从学生的实际出发，依据差异因材施教，以激发学生的学习兴趣，促使学生主动、持久地发展。

然而，“相当长一个时期，我们基本上是把不同的学生拉向统一的标准化的教育框架和模式中加以培养和塑造，把不同的人最后培养成统一的人，造成了教育长期以来一个最大的问题，就是培养的人没有个性，千校一面，千人一面”。[①]教育忽视学生的个性，只能导致人才培养的单向度和同一化。所以，我们必须改革“以师为本”的课堂教学现状，构建以生为本、关注个性的个性化语文课堂，因材施教，实现学生的个性化学习，让每一个学生都有自己的个性，而不是通过教育使之变成相同的人。加拿大教育家迈克尔·富兰、香港考试及评核局的彼得·希尔、世界级语文教学顾问卡梅尔·克瑞沃拉，三人提出的关键教学路径的思想和方法以及针对性课堂教学 3P 模式具有一定的前瞻性和实践性。他们在《突破》一书中指出，我们今天的教育改革到底应该突破什么？怎么突破？他们的思想和理念对我们的课堂教学改革，特别是对构建个性化课堂，实施针对性教学，具有极好的指导和借鉴意义。

---

① 田慧生．落实立德树人根本任务　全面深化课程教学改革 [J]．课程·教材·教法，2015，35（1）．

一、教学改革应突破什么

迈克尔·富兰、彼得·希尔、卡梅尔·克瑞沃拉认为，普遍提高教学质量、提升人的生命质量，是课堂教学要寻求的突破。我们的课堂到底该突破什么？我认为，最重要的是要突破思想和实践。

思想上究竟应该如何改变？那就是要由“以教师为中心”转变为“以学生为中心”。在课堂上，教师要有效地调整教与学的关系，从根本上实现由“以教为主”向“以学为主”的转变，即教师应该擅长个性化教学——把每个学生都放在学习中心，让学生真正成为学习的主体，在此基础上关注学生差异，真正实现学生的个性化学习和个性化发展。

迈克尔·富兰、彼得·希尔、卡梅尔·克瑞沃拉在《突破》一书中写到，他们通过课堂观察发现，在他们研究的全部教师的教学中，有 78% 的教学还停留在以教师为中心，有 16% 的教学以科目为中心，只有 6% 的教学是以学生为中心的。依据他们的研究数据，结合近年来我听过的近两千节语文课，我发现绝大部分教师在思想上还没有从“以教师为中心”的桎梏中解放出来。在思想观念层面，教师必须先由“以教师为中心”转变为“以学生为中心”，这对体现“以生为本”的教育理念，落实学生的主体地位，发挥学生的主体作用，发展学生的语文素养，培养有思想、有素养、个性独特的学生尤为必要。

经过实践改革后，有关专家认为，“实践的突破”最重要的是要转变课堂教学、创造专家指导系统、构建关键学习指导路径等。这样的“突破”确实值得我们深入思考和认真研究。

所以，突破思想和实践的束缚，构建个性化的课堂不仅至关重要，而且势在必行。

二、该怎样进行突破

怎样才能实现课堂教学的新突破呢？迈克尔·富兰等人认为，教学改革由三个核心元素组成：个人化教学、精确化和专业学习。而实现突破的核心解决方案应为转变课堂教学、创造专家指导系统、构建关键学习指导路径等。

在以上三个方案中，“转变课堂教学”应是落实新理念、实施课堂改革新突破的主要路径。那么，怎样才能冲破旧的课堂教学藩篱，进行有效的课堂教学改革，以实现课堂教学的新突破、构建个性化课堂呢？

要由“以教师为中心”转变为“以学生为中心”。让课堂教学体现“以生为本”，教师要树立人人都能成才的理念，进行针对性教学，构建个性化课堂。也就是说，在课堂上要满足不同学生的学习动机，为学生提供个性化学习资源，对学生实施针对性教学，培养学生的自主学习能力，最终实现个性化教学。真正实现了个性化教学，就能构建个性化课堂，提高教学质量，从而实现个性化课堂教学的新突破。

要想真正实现针对每个学生的需要和差异的个性化教学，就应该构建体现新思想、新理念的个性化课堂教学模式。模式是连接理念与实践的桥梁，科学的、个性化的教学模式对改变课堂教学、提高教学质量非常重要。“有人反对模式，认为一出模式就把教师框死了。但是如果始终都没有一个可操作的方法或模式，找不到一个抓手，就会永远在理念的重复中打转。教学有法，教无定法，这是规律性的反映。所以讲方法模式的探索始终有三个阶段，叫作‘入格’‘定格’‘出格’。所谓‘格’就是规范、方法、模式。首先要‘入格’，就是在一种混沌的状态中，先找到规范，总结方法，提炼模式，找到让理念落地的有效途径。你得先找那个‘格’，把‘格’创出来。‘入格’后还要‘定格’，‘定格’就是使用的熟练化、自动化。最后，还要适时‘出格’。任何格任何模式方法时间长了都会暴露出局限性来，不能全部满足实际的要求，这种情况下就要‘出格’。‘出格’就是再次的创新，就是打破原有模式，提炼新的方法模式。”①

所以，要转变课堂教学理念，构建个性化课堂，首先要将“以师为本”的课堂教学模式转变为“以生为本”的课堂教学模式。要有一定的教学模式，但决不能模式化，既要有常式，又要有变式。当新理念落实后，教学模式要不断创新，即要“出格”，要因课型、目标、教师、内容、学情而异。

美国教育家琳达·达林–哈蒙德认为，高效学习是以基于探究的学习为依据的，主要包括基于项目的学习、基于问题的学习和基于设计的学习这三种方法，并且结合小组合作学习和基于绩效的评价等，致力于帮助学生为现在尚不存在的工作做准备，使他们能在未来新的环境中灵活运用所学知识

① 田慧生．落实立德树人根本任务　全面深化课程教学改革 [J]. 课程·教材·教法，2015，35（1）.

解决问题。以语文阅读教学为例，结合语文新课程理念，结合美国教育家琳达·达林－哈蒙德对高效学习的研究，结合教学研究新理念，我进行了个性化课堂教学的研究与探索，构建了基于问题解决、探究等的教学模式，实现了教学模式的新突破。

下面以《高尔基和他的儿子》（苏教版五年级上册）一文的课堂阅读教学模式改革为例，来看阅读教学是如何运用基于问题解决和批注探究的教学模式，来落实学生的主体地位，构建个性化课堂的。

大多数教师在教学本课时常用的是基于“以教师为中心”的一般教学模式：教师激趣—教师提问—学生回答—布置作业。

这一传统教学模式从教育思想上看，完全是从教师教的需要出发的，体现的是“以教师为中心”的理念。教师想教什么就教什么，想怎样教就怎样教。在这样的课堂教学模式中，教师仅从自己的主观愿望出发进行教学，并没有从学生的实际需要出发，做到学为主线，以学定教，这样就不能很好地体现学生的主体地位，更不能满足学生的个性化学习需要，更难以使学生形成个性化的阅读方法，进而无法实现针对性教学。

改革后的基于“问题解决和批注探究”的一般教学模式：自主学习，课堂交流，发现问题；筛选问题，批注阅读，合作探究；交流分享，点拨引导，解决问题；领悟方法，迁移运用，拓展学习。

新的教学模式，从思想上看，体现了“以学生为中心”的教学理念；从学习过程上看，是由学生从自主学习入手，通过学习体验引发学习动机、产生阅读情感，体现了由动机到目的的学习指导规律。最重要的是，新的教学模式让学生在自主学习的基础上发现学习疑难点和困惑点后，再进行个性化的自主学习。在此基础上，学生学不会的由教师点拨引导，学生关注不到的由教师引导发现，真正体现了以学生为本、学为主线、以学定教等理念。这样能落实学生的主体地位，发挥学生的主体性和教师的主导作用，能真正实现针对性教学，有利于学生形成个性化的自主学习能力。

在以新的课堂教学模式执教《高尔基和他的儿子》一课时，我是这样结合现代化教学手段，实现针对性教学，构建个性化课堂的。

第一环节：自主学习，课堂交流，发现问题

引导学生结合师生精心设计的自主学习“预习单”，进行个性化的课前自主学习，从而使学生发现问题，找出学习疑惑点、兴趣点等。

学生相互看彼此的预习单，互相提醒需要关注的重难点、易错点和兴趣点等。学生在预习单中提到了易错生字“妻”，多音字“散”等。同时提出了多个疑难问题：“为什么有的段落在段前有引号，段的结尾处却没有呢?”“文中两个‘美好的东西’分别指什么?”“为什么说‘给’永远比‘拿’愉快呢?”

第二环节：筛选问题，批注阅读，合作探究

对于提出的问题，学生先在小组内合作解决，解决不了的，教师及时将问题通过大屏幕展示出来。之后结合文章的重难点、文本体式特点、学情等，学生和教师一起协商，筛选出最有价值、最值得深度探究的问题，然后学生带着这些有价值的问题进行个性化的批注阅读，最后学生进行小组合作探究学习。

学生通过小组探究理解内容、解决困惑、学会学习。

第三环节：交流分享，点拨引导，解决问题

在合作探究的基础上，全班交流学习情况，同时了解他人的批注阅读情况。

教师重点点拨学生关注不到或理解不到位的深层内容，引导学生梳理解决问题的方法、总结阅读的策略、提炼概括要点的方法等。如关于“儿子表面‘给’父亲高尔基的是物质层面的‘栽种的鲜花’，实际上送给父亲的是什么”这一问题，教师要引导学生领悟出隐藏在鲜花背后的精神层面的“快乐、幸福，鲜花如儿子对父亲的陪伴，是对父亲的牵挂和爱”等。同时引导学生领悟出高尔基表面给儿子的是物质层面的“一封信”，实际送给儿子的是精神层面的“在字里行间所流淌的关爱儿子的真情，以及交给儿子的做人哲理”等，从而使学生领悟做人的道理。

第四环节：领悟方法，迁移运用，拓展学习

让学生在探究解疑的基础上，领悟、总结理解句子含义的方法，以及借景抒情等阅读和写作的方法，并进行读写结合练笔——代高尔基的儿子给高尔基写一封回信。

引导学生课后运用所学方法，阅读关于父子情深的文章，以及高尔基的其他文章，进行方法迁移和拓展学习。

运用这样的教学模式教学此课，尊重了每个学生独特的阅读体验和个性，由于学生发现的问题不同，探究阅读的过程和方法也各异，因此，理解、感悟、体验、运用等过程自然也各具特色。在互动对话过程中，教师运用恰当的指导策略，针对学生的不足和问题，及时给予恰如其分的点拨引导，提出合理化的改进建议。有了互动对话和教师的点拨引导，学生就会对文本理解得更深刻，更容易形成富有个性的阅读方法，更能有效提高自主学习的能力，同时能形成个性化的学习方法，并学会学习。

该教学过程，注重学生的主动构建和主动参与。在课堂上，学生主动参与、合作探究，针对问题展开自主阅读、批注、探究，实现了学习过程的个性化；真正实现了与文本、同学、教师、编者间的互动对话，产生了阅读体验的个性化；通过自主批注和探究等学习方法进行学习，实现了学习方法的个性化。运用富有针对性的个性化课堂教学模式，能有效改变课堂教学，满足不同学生的学习需求，培养学生持久的学习兴趣，提高学生的自主学习能力，构建以生为本的个性化课堂。

只要能在教育思想上大胆突破，在实践改革中勇于突破，在教学模式上善于创新等，就能真正改变传统的模式化课堂，构建以生为本的个性化课堂，真正挖掘每个学生的潜能，发展每个学生的个性，全面提高课堂教学质量。

要构建个性化课堂，改革课堂教学模式是一种有效的途径。当然，没有哪一种教学模式能解决所有的教学问题，因此，形成灵活应用于不同情境的教学模式群才是最值得提倡的。要构建个性化课堂，除了改变课堂教学模式这一途径外，还有“创造专家指导系统”“构建关键学习指导路径”“设计有效的课堂实践活动”“运用适合学生学习的信息技术手段、教学方法和有效策略”等多种途径。

第二节　个性化课堂的内涵及特点

要构建个性化课堂，首先要弄清楚什么是个性？什么是个性化？

据统计，由于研究角度不同，到目前为止，“个性”的定义有一百多种，仅从心理学角度出发进行定义的就有50余种。大多数心理学家和教育学家把个性看作是个体固有特征的总和，是比较一致而又相对稳定的个人形态。具体说，个性是指一个人所具有的一定意识的倾向性，表现为个体的动机、兴趣、需要、情感、意志、性格、信念等的不同，除此之外，还表现为人与人之间的理想、能力、气质、品德等方面的差异。从哲学意义上讲，个性一般是指一个人区别于他人的固有特性，是个人在综合素质等方面表现出来的个体的独特性。

关于个性化课堂的研究，我在《个性化课堂教学艺术：小学语文》一书中有过论述，但随着对其研究的不断深入，我对个性化课堂的理解也在不断丰富和完善，就像加德纳对多元智能理论的研究不断推进，写出了系列关于多元智能理论的书籍，每一本书中都会有新发现、新认识和新成果一样。教师在个性化课堂中要本着每个学生都能成才的理念，以生为本、面向全体——落实学生的主体地位，发挥学生的主体作用，为学生提供平等的教育以及针对性教育；要关注差异、尊重个性——人的发展存在着个体差异性和自身的规律性，教师必须了解学生的差异和不同的智能优势，以使教学满足学生不同的发展需求；要激发情趣、先学后教、培养习惯——在教学过程中注重对学生兴趣、能力、方法和习惯等的培养；要依据学生的不同学习需要、特点、风格和能力等，为学生的发展提供具备差异性和针对性的指导；要使学生最终获得自身的独特性，实现个性化发展。

一、个性化课堂的内涵

个性化课堂除了一般课堂所具备的基本特征之外，还具有自身的独特性。其基本内涵包括以下几点。

一是本着每个人都能成才的理念，在促进学生全面发展的基础上，促使学生获得个性化发展，即能个性化地自主学习，形成独特的生命价值。

对学生群体而言，个性化课堂是学生共同发展和差异发展的平台。共同发展是指教学要创设平等育人的环境，让每个学生都有美好的愿景和努力的方向，在这个群体中都能找到自己的位置，都能朝着自己的发展目标迈进，努力不让自己掉队；差异发展是指在学生身上不搞整齐划一，不搞“一刀切”，而是充分尊重每个学生在发展目标、发展潜力、发展能力、发展速度和发展水平等方面的差异。

对学生个体而言，个性化课堂又是全面发展和个性发展的平台。换言之，每个学生在素质教育目标的各个方面，包括德、智、体、美等都能够和谐地发展，尽量做到人人能达到新课标的基本要求（共同性）。同时鼓励和帮助每个学生开发自己的潜能，形成和完善自己的个性（独特性）。

在课堂上，在促使每个学生都能基于自身的实际持续向前发展（共同性）的同时，允许学生的发展速度快慢有别、智力高低有异、潜力大小不同、学法因人而异等（独特性）。

在个性化课堂中，要努力使学生的全面发展与个性发展相得益彰，共同发展与差异发展均衡协调。

二是个性化课堂的课型多样、课程内容多元、课时多样、模式多类、评价多元等（见下图）。

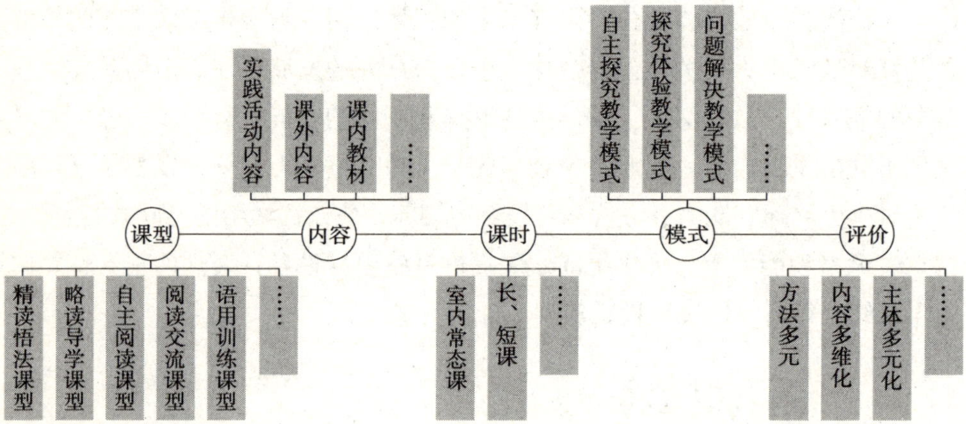

1. 课型多样

从横向看，不同教师的课堂教学是各不相同的。从纵向看，同一位教师，虽然有自己独特的风格和特色，但每一节课也应是个性化的：新授课和复习课不同；同是新授课，起始课和延续课不同；同是起始课，讲授记叙文的课和讲授说明文的课不同；即使同是讲授说明文，由于教学目标、教学内容等的差异，课堂也应各异。

2. 课程内容多元

课程内容多元表现在教材的多元性上，如既有国家教材、地方教材和校本教材，又有课内教材、课外实践活动教材，还有通过整合多种教材而形成的适合本班学生的班级教材等，这样能满足不同学生的学习需求。

3. 课时多样

根据课程内容，可以设长课时、短课时、室内常态课等多种长短不同的课时，课时根据不同的课程来定，灵活多样，这样才有利于每一个学生的发展。

4. 模式多类

教学模式应有很多类型，进而形成不同类型的模式群。如新授课模式群、复习课模式群等。新授课模式群中可以有单元整体教学模式、专题高效阅读教学模式、自主探究教学模式、探究体验教学模式、自主批注教学模式、问题解决教学模式、朗读指导教学模式等。

5. 评价多元

评价时，要本着人人都能成才的理念，依据多元智能理论，设计多元化的评价标准，从不同方面对不同学生的表现和发展进行多元化评价，以促进学生的全面发展和个性发展。

一言以蔽之，个性化课堂一定不是模式化的，而是多样化和个性化的。

二、个性化课堂与传统课堂的主要区别

1. 教学目标不同

传统课堂的教学目标强调对知识的学习与记忆，注重学教材和学会知识，培养的人千人一面。

个性化课堂的教学目标指向人人都能成为全面发展和个性发展的人，关注人的生命成长，旨在培养富有个性的独特的生命个体。个性化课堂注重引导学生学会学习、学会做人、学会合作、学会生存，让学生发展成为具有独特生命价值的最好的自己。从教学目标上看，既关注学生的眼前利益，又关注学生的未来发展。

2. 教学核心不同

传统课堂教学是以教师为中心的标准化、模式化的教学，像流水线一样去培养人，有极少的课堂能落实学生的主体地位。传统课堂不注重学生的个性差异，针对不同特长的学生采用同样的教学内容、教学方式、教学模式、教学策略等进行教学，采取的是整齐划一的教学模式。

个性化课堂强调以学生为中心，面向全体学生，落实学生的主体地位；个性化课堂强调依据学生的差异发掘每个学生的最大潜能和优势智能，采用

不同的教学内容、教学模式、教学策略等进行教学，如分层教学（关注个体间的差异）、针对性教学（关注个体内的差异），以培养学生的学习兴趣、自主学习意识、自主学习能力和个性化学习风格等，学生是学习的主体；个性化课堂注重依据学生差异等进行教学目标的分层、不同教学方式的选择等；个性化课堂注重信息技术手段和教学的深度融合，通过采取丰富多样的信息技术手段等，调动学生自主学习的积极性和主动性，最终使每个学生都能在社会舞台上绽放精彩。

3. 教学方式不同

在传统课堂上，教师大多以讲授为主，学生大多以倾听为主，很少有学生能够自主学习、互动对话。教学方式多为教师讲学生听的“满堂灌”式，学生只是被动地接受，教学效率较低。

个性化课堂在符合国家课程标准和教育目标的前提下，由传统的以教为主线转变为以学为主线，让教师的教服务于学生的学。教，是为了促进学生有方向地学；教，是为了促进学生有条理地学；教，是为了促进学生有方法地学；教，是为了促进学生自主、快乐地学（见下图）。

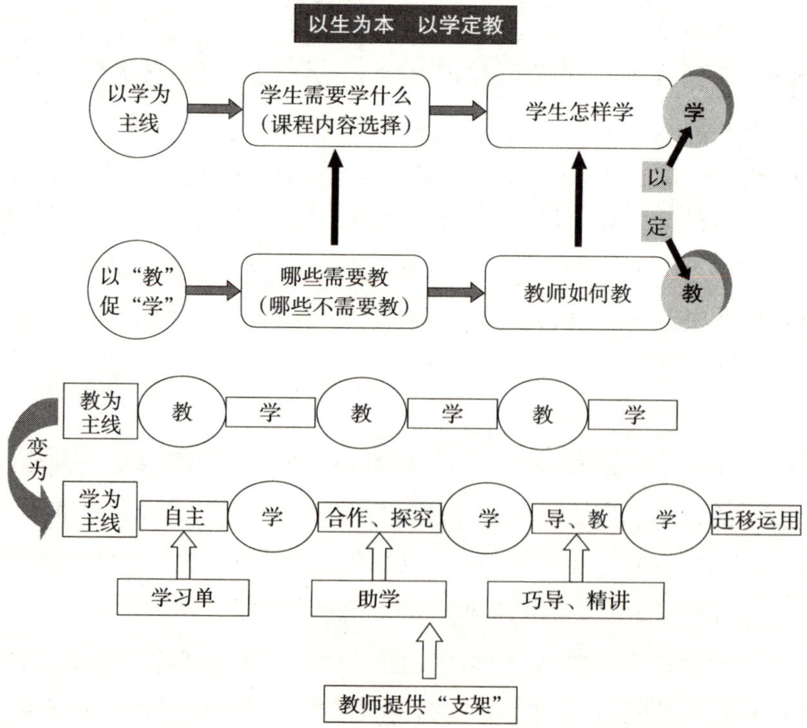

个性化课堂常采用“基于学、指向学、引导学、促进学”或“因材施教、知行统一”的教学方式。在个性化课堂上，学生自主学习、合作探究、互动对话，凸显了主体性、参与性、主动性、体验性、自主性和独特性。个性化课堂在重视培养学生掌握技能、领悟方法、养成习惯的同时，注重引导学生在做中学、学中思、思中用、用中创，注重引导学生在体验中培养创新精神和实践能力。

个性化课堂中的“教”与“学”

维度 特征	自主性	探究性	生成性	独特性
教师的“教”	指导课程选取，进行课程开发、研究和创新，形成适合学生个性化学习的教学内容，更好地促进学生的学。	是学生学习的合作者、组织者和引导者，旨在促进学生有效、深度地学习与探究。	既重视预设，又关注生成。在教学相长中促进知识的共享与创新。	关注每个学生的个性化发展和独特的生命价值。
学生的“学”	主动质疑、反思、选择和学习，自主构建知识，形成自主学习和终身学习的能力。	以自主质疑、主动交流、合作探究等方式构建知识，提高能力。	在体验中不断生成新问题、新知识。	体现个性化的学习需求、内容、方法等，发展个性，提升生命价值。

4. 教学效率、效果不同

传统课堂特别重视学生知识的获得、技能的掌握，只关注学生的眼前利益——获得较高分数，忽视对学生的学习兴趣、自主学习能力、个性化学习方式等的培养，因此为学生所反感，教学效率、效果较低。

在个性化课堂中，学生是学习的主体。课堂教学既重视让学生获取知识，增长技能，又特别重视对学生实践能力的提升，更重视对学生创新精神和个性的培养，这样的课堂很受学生欢迎，因而学生学习效率高，且能获得全面发展和个性发展。

三、构建个性化课堂的理论依据

无论从生物基因还是从脑科学的角度来分析，人都是存在多种差异的。从生物基因图谱的解密中我们知道，人的智能、特长、缺陷等都与基因有一定关系，人的基因有所不同，各个大脑神经活动的生物机制也就不同，再加上个体后天环境、后天教育经历等的不同，导致了生命的多样化。从脑科学角度分析，人的脑重、脑细胞数量、大脑皮层各组成部分、脑发达程度等各不相同，造成了人在思维、学习能力和学习偏好（知觉偏好——视觉、听觉、动觉等；物理环境偏好——声音、光线、温度等；最佳时间偏好——早、中、晚等）等方面都存在很大的差异。

联合国教科文组织在《学会生存——教育世界的今天和明天》中明确指出，应当培养人的自我生存和发展能力，促进人的个性发展和全面发展。“每一个学习者的确是一个非常具体的人。他有他自己的历史，这个历史是不能和任何别人的历史混淆的。他有他自己的个性，这种个性随着年龄的增长而越来越被一个由许多因素组成的复合体所决定。这个复合体是由生物的、生理的、地理的、社会的、经济的、文化的和职业的因素所组成的，而这些方面对于每一个人来说，都是各不相同的。”① 教育的个性化已成为全球教育发展的趋势之一。

钟启泉教授指出，看当今世界课程改革的基本价值取向，主要受五种张力的拉动：一是平等与高质量之间的张力，由此产生教育民主与教育公平的理念；二是民族性与国际性之间的张力，由此产生多元主义教育价值观；三是科学世界与生活世界之间的张力，由此产生主体教育观；四是人与自然之间的张力，由此产生生态伦理观；五是个人与社会之间的张力，由此产生个性发展观。教育民主与教育公平的理念、多元主义教育价值观、主体教育观、生态伦理观、个性发展观是世界课程改革的基本价值取向，亦是我国课程改革的基本理念。

个性发展观不仅是世界课程改革的基本价值取向，也是世界教育改革发展的趋势，其核心内容就是由基本素质教育与个性发展教育相互交融构成的个性化课堂。课堂上，教师个性化的教引领着学生个性化的学，学生个性化的学是教师个性化的教的最终归宿。

教育心理学家加德纳提出，智能的结构不是某一种能力或围绕某一种能力的几种能力的整合，而是相对独立、相互平等的多种智能，如音乐智能、身体–动觉智能、逻辑–数学智能、语言智能、空间智能、人际智能、自我

---

① 联合国教科文组织．学会生存——教育世界的今天和明天 [M]. 北京：教育科学出版社，1996.

认知智能、自然观察者智能等。人的智能组合形式各不相同，都有自己较为突出的智能，也各有比较弱势的智能。课堂上，只要依据学生的智能差异，从每个学生的特点出发，激活学生的优势智能，挖掘学生的潜能，扬长避短，每个学生都会获得成功，得到全面发展和个性发展。

语文新课标中强调让学生“逐步形成良好的个性”。《国家中长期教育改革和发展规划纲要（2010—2020年）》中也明确提出要注重学生的全面发展和个性发展。要培养和发展人的个性，必须改变原来模式化的课堂，改变整齐划一的模式化教育，构建适合每个学生发展的个性化课堂，实施适合每个学生的个性化教育。

四、构建个性化课堂应坚持的原则

构建个性化课堂应坚持以下几条原则。

1. 实现自主性

构建个性化课堂的前提就是实现学生的自主，即学生能自主学习，这也是构建个性化课堂的关键。没有充分的自主，就没有个性的形成；没有充分的自主，就不可能有自主学习能力的形成，也就不可能构建个性化课堂。

自主学习能力应是怎样的呢？庞维国先生在《自主学习：学与教的原理和策略》一书中指出，自主学习能力可以从横向和纵向两个方面来思考：从纵向看，指学生能在整个学习过程之前，自我确定学习目标、制订学习计划、做好学习准备、控制学习过程、自我反馈和评价学习结果，对学习情况进行自我调节和补救等；从横向看，就是学生本人能对学习的各个方面自觉地做出选择和控制。具体来说，如果学生学习的内容是自己选择的，学习策略是自主选择的，学习时间是自我计划和管理的，那么他的学习就是充分自主的。

也就是说，学生如果具备了以上横向和纵向两个方面的自主学习的特点，就具备了学习的自主性，也就初步具备了自主学习的能力。如果小学生都能够进行个性化的自主学习，那么课堂就会真正成为个性化课堂。

2. 体现主体性

人本主义理论主张以学生为中心组织教学，以促进学生的自我学习、自我发展和自我实现，培养学生的独立性、自主性、主动性和创造性。郭思乐教授开展了一系列有关生本教育改革的课题研究，取得了一定的成果，他认为："学生是教学过程的终端，是教育的本体。生本教育的特征之一，就是真正认识和把握学生这个本体，把一切为了学生作为教育价值原则。"①

主体性是学生形成个性的前提，集中体现为学生的参与性、独立性、自主性、主动性等。主体参与、自主合作探究、差异发展和体验成功，是突出主体性的四个基本策略。在课堂上，学生是学习的主体，教师只是学生学习的组织者、引导者和合作者。教师可以通过设计真实、多样、有趣、有发展意义的一系列语文实践活动，引发学生的学习激情；教师要注重激发学生的学习兴趣，注重引导学生参与自主学习、合作探究，让学生体验学习活动的全过程。学生在语文实践活动中，能做到全身心参与，在自主、合作、探究中，能提高自主学习能力，提升人文素养，实现全面发展和个性发展，这是构建个性化课堂的基础。

3. 尊重差异性

尊重差异性是构建个性化课堂的保证。

尊重差异性，一是指尊重不同学生间的差异和学生个体内的差异，二是指在面向全体学生的基础上，要更加关注差异、尊重差异。

加德纳在多元智能理论中提出，人类拥有音乐智能、身体–动觉智能、逻辑–数学智能、语言智能、空间智能、人际智能、自我认知智能、自然观察者智能等。加德纳认为，每个学生都在不同程度上拥有上述几种基本智能，智能之间的不同组合表现出个体间的智力差异。人的智力是多元化的，尽管每一个个体都是几种智力的组合，但这几种智力在个体身上的表现形式和发展程度各不相同。在正常条件下，只要有适当的外界刺激和个体本身的努力，每一个个体都能强化自己的任何一种智力。

我国学者燕国材在《智力因素与学习》一书中提到，人的智力因素和非智力因素是有差异的，在学习过程中必须予以全面关注。

华国栋教授在《差异教学论》中指出："学生的差异一般可从两个方面理解：一是个体内的差异；一是个体间的差异。"②

---

① 郭思乐．教育走向生本 [M]. 北京：人民教育出版社，2011.

② 华国栋．差异教学论 [M]. 北京：教育科学出版社，2001.

依据以上理论可以看出，学生间存在着差异，教师应尊重学生的差异，在个性化课堂的构建过程中，改变以往用一把尺子衡量学生的标准，采用多元评价方式，促进不同学生的差异化发展；要关注学生个体内的差异，要认识到，每个学生在不同的智能领域各有所长，只要正确引导和挖掘学生不同的优势智能，每个学生都能在不同的领域获得成功。构建个性化课堂，教师要立足于学生的个体内差异和个体间差异，融合现代化教学技术，实施针对性教学（关注个体内的差异）和分层教学（关注个体间的差异）；要探索适合每个学生特点的教学形式、教学内容、教学过程、教学手段、教学模式和教学策略等，进行因材施教；要调整教学行为，以满足不同学生的学习需求，进而打造出适合学生差异发展的个性化课堂。比如，同是语文课，应关注不同层次的学生，学优生可以学习较深的知识，学困生可以学一些简单的内容（分层关注差异）。课堂上，可让有针对性地对学困生进行指导、帮扶（分层关注差异、有针对性地关注个体内差异）。教师通过有针对性的“补差”使不同的学困生（无学习兴趣的、学习基础差的、学习习惯不好的、家庭环境不好的等）都能够跟得上教学进度，并能适应“主流”的教学方法，进而消除个别差异。

课堂上利用信息技术手段，采用适合不同学生特点的教学内容、教学过程、教学模式和教学策略等，打造适合不同学生的个性化课堂，力求使学生都能发挥自己的智能优势，从而得到最优发展、全面发展和个性发展。

4. 注重体验性

体验性是指学习主体的直接参与，是在经历中学、在互动对话中学、在做中学，学习主体通过体验，构建知识，形成能力。

以体验为主的学习是一种自主性、个性化的学习。杨四耕教授在《体验教学》一书中指出，体验的主体性同时意味着体验的亲历性，不亲身经历体验的过程，主体是不可能形成某种体验的。亲历可以是实践层面的亲历，即主体通过实际行动亲身经历某件事；可以是心理层面的亲历，即主体在心理上虚拟地“亲身经历”某件事。从教育学角度来看，体验是主体内在的历时性的知、情、意、行的亲历与验证。

就语文教学而言，其本质上是一种体验教学，教学的过程实际上就是学生、教师、文本和教科书编者之间进行对话的过程，是通过对课堂实践活动的体验进行心灵沟通的过程。由于主体的知识背景、价值取向、认知结构和认识角度等存在差异，故其体验也会有所不同，其结论也是多元化的。没有亲历体验，学生就不会有思维的发展、能力的提升、情感的交流和心灵的沟通，就不可能有学习方法的分享，更不可能产生个性化的体验。

故要构建个性化课堂，必须使每个学生都能全方位、全过程地主动参与学习体验，并在体验过程中产生情趣，形成能力，学会学习，掌握方法，养成习惯，受到美好情感的熏陶，获得真、善、美的情感体验。

5. 关注独特性

构建个性化课堂的终极目标就是依据个性差异激发学生的学习兴趣，引导学生用适合自己的学习方法进行自主学习、体验探究等，最终让每个学生都具有独特的生命价值，形成独特的个性，成为与众不同的最好的自己。因此要构建个性化课堂，必须关注学生的独特性。

在课堂教学中，教师要真正了解每个学生的智能优势和个性特长，依据其个性特点，实施分层教学和针对性教学，即因材施教，切实发展学生的个性特长，使学生在学习需求、学习兴趣、学习能力、学习方法、学习情感、语言表达、语文思维方法等方面实现个性化，最终形成个性化的学习风格，真正彰显个性，这也是培养学生创新思维能力的前提。

第二章

个性化课堂的教学内容选择

有了好的教学内容，才会有目标明确、计划周全、组织严密、实施有序、评价合理的教学活动。好的教学内容是结构优化、层次清晰的知识。在个性化课堂中，要选择多元的、好的教学内容，以满足不同学生的需求。就语文教学而言，我们可以开发新的教学内容，也可以对现有的教学内容进行整合或精心的选取。

第一节　个性化课堂应选择的教学内容

要构建个性化的语文课堂，就必须准确确定教学目标、精心选取教学内容、科学进行教学设计、有效进行评价反馈等。

在精心选取教学内容和科学进行教学设计时，有很多关键点值得我们研究和关注，在了解了教学内容属于哪种类型选文的基础上，先要系统思考我们应该教什么、怎么教等问题。正如王荣生先生所说："在目前的情况下，对语文教学来说，我以为教学内容更为重要，更为关键。一堂语文课，如果教学内容有问题，那么教师的教学再精致，再精彩，课堂的气氛再热烈，再活跃，价值都极为有限。就像火车运行，如果方向错了，动力越足离目标越远。"选取恰当的教学内容，无疑是构建个性化课堂的前提。

顾泠沅先生认为，未来的课堂教学，无论是在教育观念上，还是在教学结构上，都将朝着以学生的学习为中心这一核心内容转变，也就是以学定教。新理念下的个性化课堂，应当由关注教师的教转变为关注学生的学。所以，应多从学生学的视角进行思考，关注学生的学，研究学生应该学什么、怎么学。在关注学生的学的过程中，再依据学情，研究教什么（重难点）、怎么教（策略）。要依据学情确定哪些内容学生能自主学会，哪些内容学生早已掌握不需要教，哪些内容学生学不会、学不深需要教，教的目的是为了让学生更好地学。这就体现出了以生为本，以学定教，教是为了达到不需要教的教育理念。

其中，准确选择教的内容，即学生要学习的内容，是构建以学为主线的个性化课堂的前提；科学地确定怎么教是构建以学为主线的个性化课堂的关键。

教学内容主要涉及教材和教学资源（学科专题网站、资源库、案例、光盘等）。被编入语文教材的文章，篇篇文质兼美，具有典范性，富有文化内涵。如果站在教的角度来看，可教的内容有很多，教师在确定教学内容时有很大的选择空间，教师想教什么就教什么，愿教什么就教什么，能教什么就教什么。

但被编入教材的文章，除了自身所具有的独特学习价值外，还承载着教材编者对文章的理解和价值取舍，成了教材编者用来承载“语文课程学习目标”的媒介。所以，我们要想真正上好语文课，就应站在学生学的角度来思考、研究学生应学习的内容和学生学完这些内容能够做什么。当学生通过自学、合作探究学习等都难以学会或学好时，教师再教，即以学定教。教师的教是为了促进学生更好的学。那么，究竟该选取什么样的教学内容呢？

要确定教学内容，了解教材的四大系统是关键。

综观语文教科书的内容元素，主要包括范文系统、知识系统、助读系统、作业系统。

“范文系统”是根据语文新课标中规定的选文标准或选文原则所选取的课文系列。“知识系统”是语文教材所提供的语文基础知识系统，主要包括汉语知识、文学知识、逻辑知识等。“助读系统”是语文教材中为帮助学生理解课文内容，培养和提高学生自学能力而提供的材料，包括课文提示、注释、插图等。“作业系统”是语文教材中为帮助学生复习巩固语文知识，提高学生语文能力而提供的各种练习，分为口头练习、书面练习和实践活动等多种形式。

我国语文教材是由教科书编者依据语文新课标，结合以上几个系统进行编写并应用于语文教学的材料。虽然我国语文教材的版本有很多，但类型大都为综合型，也称合编型，“其主要特征是将阅读教材、写作教材、口语交际教材和语文知识教材混合编排在一起，是我国语文教材的主要类型”。[①] 既然是综合型教材，便包括上述四大系统。所以语文教材中所包含的训练点是丰富多彩的，有知识积累点、语感训练点、技能培养点、思维发展点、方法操作点、拓展延伸点、生活联系点、能力迁移点、语言运用点等。

① 李维鼎．语文教材别论 [M]. 杭州：浙江教育出版社，2004.

要选择教学内容，找准技能的训练点，不仅要深入研究范文系统、知识系统，还应研究助读系统、作业系统，然后依据文本特点系统思考和选取教学内容。之后，再与教科书编者进行对话，全面了解教科书编者的编排意图，明确其希望学生学的内容。在此基础上，教师深入研究每一篇课文的文本体式特点和语文素养提升点，把握作者的写作意图和文本的突出特色，明确文本中学生需要学和教师需要教的内容。最后，再了解学情，依据学情科学地选取教学内容。

教师在选取教学内容时应做到以下几点：按照教科书编者的意图，选择其希望学生学的内容；选择体现文本体式特点的内容；选择符合学情，即学生希望学的内容；选择教师应该教的内容。如果选取的教学内容是以上四大系统重合在一起的内容，则是最有价值的（见下图）。

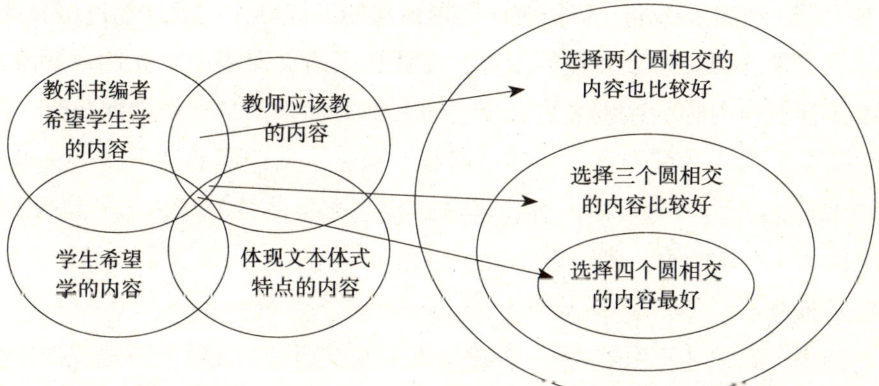

所以，一定要结合语文新课标从教材整体编排上依据编者意图、学情等，精心选择教学内容。这样，才能准确确定语文课程中的本体性内容，真正做到因文而教，因需而教，因生而教，有效实现学生的自主学习、深度学习和快乐学习，体现课堂教学的针对性。

下面结合学科特点，仅从文本体式特点和教科书编者的角度谈谈应选取怎样的教学内容。

一、学习语文本体性内容

语文新课标提出了三个维度的教学目标，即知识与能力、过程与方法、情感态度与价值观。在一节课的教学中，可以对三维目标进行整合，以使学生获得整体和谐的发展。但一节课的时间毕竟有限，究竟该重点教哪些内容呢？

上海师范大学吴忠豪教授经过研究认为，语文课程的教学内容大致可以分为两大类：一类是语文本体性教学内容，一类是非本体性教学内容。从哲学层面看，所谓语文本体性教学内容就是反映这门学科本质特征的、区别于其他各门课程的教学内容，包括语文知识、语文策略（方法）和语文技能。这类教学内容是语文课程必须承担的本职任务，也是语文课程区别于其他课程的本质特性。学生学习语文本体性内容，能为学习各门课程打下坚实的基础，也能全面提升人文素养。所谓非本体性教学内容包括情感、态度、审美、价值观教育，多元文化的学习，创新精神的培养等，这类教学内容并不是语文课程一科独担的，而是由各门课程共同承担的，并且学校、家庭、社会对学生“情感、态度、价值观”的形成所能发挥的作用远远超过语文课程。

我非常认同吴忠豪教授的观点，在认识了语文课程中本体性教学内容与非本体性教学内容的区别之后，依据语文新课标指出的“语文课程是一门学习语言文字运用的综合性、实践性课程”这一语文课程的性质特点，以及语文新课标中所列出的具体内容，就可确定语文本体性教学内容：语文知识、语文能力（思维能力，听、说、读、写能力，尤其是语言文字运用能力）、语文学习策略等。

例如，教学《新型玻璃》（人教版五年级上册）一文时，应选择怎样的教学内容呢？如果课上只学习课文中所写的“新型玻璃的特点”这一内容的话，那么学生只能学到关于新型玻璃的一些基本的科学知识，学不到真正的语文本体性知识，学不到语言文字的运用技巧，更无法提高阅读能力和表达技巧。吴忠豪教授等人曾做过两次关于语文课教学效率的调查。一次是调查教师教授课文后，学生对课文的理解究竟提高了多少（以试卷的形式测试学生提高的幅度），结果，三年级学生的提高幅度是10%左右，五年级学生的提高幅度仅为1.5%。还有一次是调查采用“学生自学”和“教师教课文”两种方式教学同一篇课文的效果，调查结果显示：三年级和五年级学生自学的效果都略高于教师教学的效果。这两次调查样本不大，但是至少可以说明教师“讲课文”的教学效率比较低。这一调查表明，如果教师只教课文内容，不教语文本体性知识，学生的语文学习成绩提高幅度较小。

教学《新型玻璃》一课，如果只教课文中有关于新型玻璃的一些科学知识，学生学到的只能是课文写到的有关新型玻璃的知识，而这样的内容并非语文学科的本体性内容，学生在一些科学书籍或网络上也能接触到。长此下去，学生就难以很好地掌握语文本体性内容，难以有效提高语文素养了。但是如果能根据本文的特点，在学生大概了解了课文内容之后，再引导学生着力学习说明文文体的阅读方法，初步了解说明文的基本写作方法及本文突出的写作特色，特别是重点学习文中介绍不同类型的新型玻璃所采用的写作方法等，学生所学到的内容就不一样了，学习效果也就完全不同了。后者所教授的内容，能使学生掌握说明文的特点，这就是语文本体性内容，而这些内容也正是学生最需要学和最值得学习的。

所以，教师想要引导学生学好语文本体性内容，就必须了解语言学知识点、现代汉语知识点、文学理论知识点、文章学知识点、写作学知识点、心理学知识点等。在了解这些知识点的基础上，再根据每篇课文独特的文本体式特点，明确本体性的教学内容，然后围绕语文知识、方法和技能等本体性内容，制订教学目标，设计教学过程，确定教学模式，选择教学策略等。这样才能突出语文学科的特点，提高语文课堂的教学效率，构建个性化语文课堂。

1. 选择突出表现单元特点的训练点

教科书编者在编写教材时，依据课标把语文教学的总目标分配到了各学段的教材之中，而各学段的教学目标又被分解到各册教材之中，各册教材的教学目标又分别被分解到每个单元之中，最后每个单元的教学目标再落实到每一课之中。

每个单元都承载着语文本体性内容的训练点，而且，各单元联系起来能基本体现训练的连续性、整体性、阶段性、系统性和科学性等特点。

在小学语文教学中，要选取单元训练点，需要先弄清单元在整个小学阶段的教材和训练系列中所处的位置，弄清单元中每一课所承担的训练任务。每一个训练点都不是孤立存在的，在整个小学教材中会有着前后联系，一般会经历“初步尝试—有意训练—领悟方法—实践运用”这样一个循序渐进的发展过程。

比如，人教版教材中关于“比较阅读”这一语文本体性内容的训练点，在不同学段、不同年级、不同单元的训练要求是不一样的，教材对此有着科学系统的设计和安排。

首先，在三年级教材中安排了“比较句子的训练”这一板块，这是比较阅读训练的基础。

接着，在四年级上册第四单元提出“可以试着比较一下课文在表达上的不同特点”，旨在引导学生进行比较阅读实践，并使学生掌握这一方法。

最后，在五、六年级提出了“学会自觉运用”的要求，这也是比较阅读的实践运用阶段。

如在确定四年级的比较阅读这一训练点时，先要全面把握整套教材的比较阅读训练体系，明确四年级的比较阅读在整个小学阶段的位置，再指导学生学习、掌握并初步实践，进而让学生掌握比较阅读的方法，并为五、六年级自主运用比较阅读的方法奠定基础。

例如，在人教版四年级上册第四组中，教科书编者围绕“作家笔下的动物”这一专题编排了中外作家写的《白鹅》《白公鹅》《猫》《母鸡》四篇文学作品。作家们分别描写了鹅、猫、母鸡等儿童常见的动物，不仅写出了不同动物的特点，还表达了对动物的喜爱之情和真诚的赞美之情。在挖掘和确定这一单元的训练点时，要从整体教材和单元整体考虑，以培养学生的比较阅读能力为核心，给学生学习的空间和时间，让学生充分接触语言材料，进行自主比较阅读。

要进行比较阅读，首先要确定在阅读中比较什么。可以从课文的思想内容与语言表达等方面进行比较，从中找出异同，在比较中学会表达；可以比较不同作家对同一动物描写的异同，比较同一作家对不同动物描写的异同。在比较中，了解作家的写作特色、表达风格，学习比较阅读的方法，掌握描写动物的基本方法。

纵观丰子恺和叶·诺索夫两位作家对白鹅的描写，相同之处主要有以下几个方面。

一是写作内容。

两篇课文都抓住了动物的特点，写出了动物的有趣和可爱，写出了作者对生命的关爱，对生活的热爱，以及自己的思考等。

丰子恺在《白鹅》一文中写出了白鹅高傲的性格特点，重点抓住白鹅的叫声、步态和吃相三个方面，细致地刻画出了白鹅“严肃郑重”的音调、“大模大样”的步态和“三眼一板”“一丝不苟”的吃相这三个主要特点。

俄国作家叶·诺索夫在《白公鹅》一文中描写了一只具有海军上将派头的白公鹅，主要从“白公鹅走路的姿态”和“抢占地盘”等几个方面写出了这一特点。写白公鹅走路的姿态，突出了“慢条斯理”的特点：不仅每一步都掂量着走，即使是遇到狗，也不会举步奔跑；写抢占地盘时，突出了“无忧无虑、自由自在”的特点：不仅声势大——翅膀有力、嗓门大，而且抢占水面，公然吞食鱼饵，率性而为，毫无顾忌。

二是描写方法。

两篇课文都非常注意拟人和反语手法的运用。

拟人写法的运用颇有特点，两位作者都没有仅仅把鹅当作动物来写，而是更多地赋予了其人的情感，使鹅的形象变得可爱可亲且鲜活了，读起来使人感到亲切，自然，生动。

两位作者都通过反语来表达对白鹅的喜爱之情。《白鹅》一文中，作者虽然用“架子十足”“鹅老爷”等词语来表现白鹅的个性，但言语间却流露着无法掩饰的亲昵，从中可以看出作者对白鹅的喜爱之情。《白公鹅》一文中写道：“有多少次，它径直把我罐头筒里的鱼饵咽进了肚里，有时还拖走挂着鱼饵的钓绳。干这种勾当它从不偷偷摸摸，总是从从容容、不紧不慢的，因为它自认为是这条河的主宰。”

两位作者在言语间既有无可奈何又透着对白鹅的喜爱之情，语言风趣幽默，用词也有许多相同之处。

三是行文结构。

两篇课文都是先大概介绍白鹅的特点，再进行具体描写。

《白鹅》一文从叫声、步态和吃相上叙述了白鹅高傲的特点；《白公鹅》则以“海军上将”的比喻突出了白公鹅的大将派头，描写了其走路的慢条斯理、不慌不忙和争抢浅水滩的趣事等。

不同之处主要有以下几个方面。

一是写作方法各有侧重。

《白鹅》一文中，作者运用对比的方法突出了鹅的特点。如用鹅的“引吭大叫”与狗的“狂吠”进行对比，表现鹅叫声“大”和“严厉”之特点；用鸭的“步调急速，有局促不安之相”，显出鹅“步调从容”“大模大样”之大家风范；通过对狗“躲在篱边窥伺”“敏捷地跑过来，努力地吃它的饭”“立刻逃往篱边，蹲着静候”等如小偷般猥琐相的描写，彰显了鹅的老爷派头。一系列的比较，形象而生动，使人如见其物、如睹其态、如闻其声。而《白公鹅》一文的作者则善于运用比喻和细节描写来表现鹅的特点。

二是叙述的语气有差异。

虽然两位作者都非常喜欢鹅，但从叙述中，却能感觉出不同的语气。丰子恺多用善意的揶揄，如“我们这位鹅老爷”；叶·诺索夫多用轻松的语调，颇有调侃的味道，如“要是可以把军衔授给禽类的话，这只白公鹅理当荣膺海军上将衔了”“干这种勾当它从不偷偷摸摸，总是从从容容、不紧不慢的”。

三是语言风格不相同。

由于国籍不同，民族不同，两位作家的语言也带有各自的鲜明特点。如丰子恺把鹅称作“鹅老爷”，叶·诺索夫说鹅“理当荣膺海军上将军衔”，读来给人以不同的形象感。

通过“比较阅读”，可以体会两位作家描写鹅的异曲同工之妙，体会作家的不同语言风格。此外，还可通过对同一作家的不同作品的比较阅读，体会出写法的异同之处。

依据教材编排特点和训练点的系统安排，此单元理应重点抓住“比较阅读”这一训练点，引导学生从全局出发，整体思考，整体设计，有针对性地进行比较阅读训练。

当然，对比较阅读的训练，除了从一个单元进行整体思考之外，还应有后续的系统思考训练。在此单元训练之后，还可引导学生将学到的比较阅读法运用于以后的学习中，这样一来，学生方能熟练掌握比较阅读法。学完此单元后，可为学生提供两篇文章，让学生借助表格从不同方面对两篇文章进行比较阅读。

经过系统、科学的比较阅读训练，假以时日，学生就能掌握比较阅读法了，进而能自主进行比较阅读，最终实现自能读书的目标，形成自主学习能力，达到自能读书不待教师教的程度。

2. 学习课文中有价值的语言文字运用点

叶圣陶先生说过：“语文教材无非是个例子，凭这个例子要使学生能够举一而反三，练成阅读和作文的熟练技能。”作为例子，入选现行小学语文教材的课文都是文质兼美、文化内涵丰富的佳作，也是阅读和写作的典型范例。

张志公先生提出，阅读教学就是带学生从文章里走个来回，即先把语言文字弄清楚，从而进入文章的思想内容，再从思想内容里走出来，进一步理解语言文字是怎样运用的。

这就需要我们从整体出发，结合语文新课标中的学段要求，以及单元训练重点、文本特点、学情等，在分析、比较的基础上，筛选、定位，从众多的语文本体性内容的训练点中找出最值得学习、最具迁移价值的语言文字运用点。在这之前，需要教师在深入理解课文内容的基础上，依据课文的文本体式特点合理确定语文本体性教学内容，如除了落实生字、新词教学和课文朗读这些基本要求之外，还需要明确在语文知识、方法和技能等方面应该教什么。特别是要从语言文字表达的角度出发，即从文章深刻的主题立意、新颖的材料选取、精妙的篇章结构、灵活的表达方法、独特的语言形式等方面出发，准确挖掘文本的个性化语言文字运用因素进行重点教学。下面以两篇课文为例，说明该选择哪些语言文字运用点进行教学。

例一　教学《盘古开天地》（人教版三年级上册）一文，可选择的语言文字运用点有很多，除了课文中的生字、新词、课文朗读等常规的内容之外，还应有下列一些语言文字运用点。

1. 精准运用动词。

在盘古开天地的动作细节描写中，准确恰当地使用了动词，如“抡”“劈”“蹬”等，这些动词的运用，体现了盘古开天地时的决心、信心、力量、精神等，做到了言意结合。

2. 使用恰当的修饰语。

本文的修饰语使用非常恰当。

比如，（飘动）的云、（隆隆）的雷声、（辽阔）的大地 、（奔流不息）的江河、（茂盛）的花草树木、（滋润万物）的雨露等。

3. 整齐的句式。

下列这一句式对仗工整，且包含近义词、反义词等。

“轻而清的东西，缓缓上升，变成了天；重而浊的东西，慢慢下降，变成了地。”

4. 富有特色的排比句式。

在写盘古倒下后，他的身体发生的巨大变化时，使用了排比的句式。

“他呼出的气息，变成了四季的风和飘动的云；他发出的声音，化作了隆隆的雷声。他的双眼变成了太阳和月亮；他的四肢，变成了大地上的东、西、南、北四极；他的肌肤，变成了辽阔的大地；他的血液，变成了奔流不息的江河；他的汗毛，变成了茂盛的花草树木；他的汗水，变成了滋润万物的雨露……”

5. 想象写句。

让学生想想盘古的牙齿、鼻子、耳朵、头发、眉毛、手指、脚趾、骨骼、经脉……会变成什么。请学生仿照上面的句式，展开想象，将句子补充完整。

他的（　　　　　），变成了（　　　　　）的（　　　　　）。

……

除了引导学生初步了解课文内容外，还可以教学关键动词的使用、整齐的句式、排比句式、展开想象补写句子等内容，这些内容都与语言文字的运用密切相关，都能体现语文学科的工具性特点。

例二 《长城》(人教版四年级上册）这篇课文，究竟有哪些可供学习的语言文字运用方面的内容呢？根据特级教师王菘舟对此文的分析，本文有下列一些可供学习的语言文字运用方面的内容。

1. 奇迹。

长城是一个伟大的奇迹，奇在哪儿？作者又是如何写出这一特点的呢？

第一，奇在它的“气魄雄伟”。“像一条长龙，在崇山峻岭之间蜿蜒盘旋”，用长龙比喻长城，既形似又神似。《长城》一文被编入“世界遗产”这个主题单元中，很显然，注重的是长城的“文化遗产”的特性。从文化的角度看，长城是中华民族的精神图腾。龙是中华民族的象征，是我国先民智慧的创造。长城同样是中华民族伟大的创造，经过数千年的发展，它已经成为中华民族凝聚人心，有别于外族的一个文化图腾。而其神似，才是彰显文化本质的东西。

第二，奇在它的“构造精巧”。文章主要从垛子、瞭望口、射口、城台等来写长城的构造精巧。这些建筑看似设计简单，实则具备观察敌情、攻击敌人、互相联系、休息调整等多种军事防御功能，可谓独具匠心、世之罕见。

第三，奇在它的“施工艰难”。如此巨大的工程完全凭人力在陡峭的高山峻岭上修筑完成，确实令世人震惊。

长城还有一个特点就是“长”。长城之长既指空间上的，又指时间上的。比如，“从东头的山海关到西头的嘉峪关，有一万三千多里”，这是写长城的空间之长；长城始建于春秋战国时期，历史长达2000多年，这是时间之长，所以，长城之长，既是一个空间概念，也是一个时间概念。

2. 结构。

从整体来看，文章先写见闻，后写联想。文章共有四个自然段，第一、二两段写见闻，第三、四两段写联想。通篇先写见闻后写联想，这是文本在结构上的最大妙处。

3. 章法。

这篇文章的章法就是典型的“起承转合”。第一段，起——“远看长城，它像一条长龙，在崇山峻岭之间蜿蜒盘旋”。第二段，承，就是承接、承续，顺着“起”的内容和语势写下去——“从北京出发，不过一百多里就来到长城脚下”。第三段，转，转折、转换，就章法而言，转是最难写的部分——“站在长城上，踏着脚下的方砖，扶着墙上的条石，很自然地想起古代修筑长城的劳动人民来”，无论从内容上看还是从语势上看，这都是一种转折、转换。第四段，合——“这样气魄雄伟的工程，在世界历史上是一个伟大的奇迹”。“合”起到总结、提升的作用，“伟大的奇迹”则是点睛之笔。

4. 语言。

本文语言平实、精确。比如，“站在长城上”，很平实。如果改成“走在长城上”，用“走”不庄重，也表达不出敬畏之情。又如，“踏着脚下的方砖”的“踏”字，很庄严，改为“踩”，显得轻浮。再看“扶”字，“扶着墙上的条石”，读来敬重之情油然而生。简简单单三个字，透出了作者对长城的无限崇敬——作者是怀着朝圣般的心情看长城，思长城，写长城的。本文语言虽然平实，但表达的情感却贴切、自然。

5. 基调。

全文从句式上看，只有陈述句，没有疑问句、祈使句或感叹句，这说明全文的情感基调是高度内敛和凝重的。其实，文中有些语句是可以改写成感叹句的。如“这样气魄雄伟的工程，在世界历史上是一个伟大的奇迹。”这句话，句号可改为感叹号，但如果改为感叹号，感情变得更强烈了，全文的情感基调却被破坏了。长城是伟大的奇迹，它默默矗立了数千年，坚强、刚毅、庄重，不需要任何人大声呼喊：“长城多伟大啊！”长城的静默，显示出它的雄伟和恢宏；长城的伟大，已经融入人们的心灵深处。因此，文本中这种情感基调最切合长城的特征。

6. 句法。

文中句法有两个明显的特点：第一，数据说明；第二，还原比较。文中出现了很多数据。比如，“一万三千多里”“一百多里”“五六匹马”“两米多高”“三百多米”“两三千斤重”等，大量的数据运用得十分精准，这是句法上的第一个特点。第二个特点，“无数的肩膀无数的手，一步一步地抬上这陡峭的山岭”是作者想到的，并非亲眼所见，作者通过想象把古代修筑长城的画面和场景还原出来，使读者真切地感受到长城施工之艰难。无数肩膀、无数双手、无数汗水、无数鲜血、无数生命，才筑就了举世闻名的万里长城。所以说，长城是我们的祖先用他们的血肉之躯筑成的。

3. 确定适合学生的“学科能力”训练点

什么是能力？能力作为个体的一种本领，是指担任某一特定的任务角色所需要具备的能力素质的总和。“顺利完成”是能力的核心。

什么是学科能力？“所谓学科能力，通常有三个含义：一是学生掌握某学科的特殊能力；二是学生学习某学科的智力活动及其有关的智力与能力的成分；三是学生学习某学科的学习能力、学习策略与学习方法。”①

语文学科能力，是指具有高度综合性且能解决某个语文问题、胜任某项语文活动或任务的主观条件，或是人们进行语文活动过程中表现出来的个性心理特征。听、说、读、写即为语文能力的四个要素，其具体内容如下。

听的能力包括语音分辨力（把音节与表达的意思联系起来）、语义理解力（理解对方说话的含义、重点、要点及感情色彩）、逻辑判断力（听清楚、听明白，且能做出相应的判断）、联想与想象力、内容的概括力、情感的感受力、迅速做出反应的反响力等。

---

① 林崇德 . 论学科能力的结构与特点 [J]. 教学月刊（小学版），2002（1）.

说的能力包括语音、词汇、语法的准确运用能力，生动、准确的表达能力，迅速灵活的应变能力等。

读的能力包括认读能力（通过对文字符号的感知，了解这些符号所代表的意义）、理解能力、鉴赏能力等。

写的能力包括观察能力，准确地应用字、词、句、段、篇等基础知识的能力，掌握多种文体特点的能力，迅速写出观点鲜明、选材恰当的文章的能力等。

下面我们重点来看阅读能力。在国际上影响较大的学业能力评价体系有国际学生评估项目（PISA）、国际阅读素养进展研究（PIRLS）、美国国家教育进展评价（NAEP），它们对阅读能力有着不同的划分（见下表）。

	PISA 阅读测试	PIRLS 阅读测试	NAEP 阅读测试
阅读目的/情景	为了个人应用而阅读 为了公共应用而阅读 为了工作而阅读 为了教育而阅读	为获取文学体验而阅读 为获取和使用信息而阅读	为获取文学体验而阅读 为获取信息而阅读 为完成任务而阅读
认知能力	读取与提取信息的能力 整合与解释的能力 反思和评价的能力	关注并提取信息的能力 直接推论的能力 解释并整合观点和信息的能力 判断与评价的能力	整体感知的能力 形成解释的能力 联系自身的能力 做出评价的能力
文本类型	连续性文本 非连续性文本 混合类文本 多样性文本	信息类文本 文学类文本	信息类文本 文学类文本

也有人将阅读能力分为学习理解能力、实践应用能力、创新迁移能力。

从语文新课标来看，阅读能力分为：感受能力，指能通过对文字符号的感知，了解这些符号所代表的意义，同时培养正确、流利、有感情地朗读的能力；理解能力，指不仅了解字、词、句、段、篇的表面意思，而且认识内容之间的内部联系的能力；鉴赏能力，指对阅读对象（内容、形式、风格）的鉴别、欣赏能力；评价能力，指能对作品内容、思想、语言、风格等做出自己的判断和评价的能力。

我认为，阅读能力又可细化为很多项能力指标。下面我们以学段阅读能力为例，看看都有哪些语文阅读能力点（见下页表）。

第二学段（三、四年级）语文阅读能力及评价指标体系表

评价指标		能力评价内容指标	评价等级	备注
一级指标	二级指标			
获取信息能力	整体把握信息	能初步把握文本的主要内容（概括文本内容）	A/B/C/D	
		学习略读，粗知文本大意（提炼文本主要内容）		
	提取有用信息	能掌握文本各部分的信息（局部把握文本内容）	A/B/C/D	
		在阅读中有目的地收集、概括文本中有价值的信息（积累语言材料）；掌握收集、筛选信息的方法		
	运用有效信息	能有效运用平日积累的有价值的信息进行阅读	A/B/C/D	
	获取信息数量	课外阅读总量不少于 40 万字	A/B/C/D	
		背诵优秀诗文 50 篇（段）		
解释信息能力（理解文本）	认读能力	能正确写出生字、生词；能正确、流利、有感情地朗读课文	A/B/C/D	
	概括能力	能概括出文章的主要内容、段意等	A/B/C/D	
	感知理解能力	能借助字典、词典和生活经验，解释生词的意思	A/B/C/D	
		能联系上下文和生活实际解释词句的意思		
		能说出关键词句在表情达意方面的作用		
		能体会文章（段）表达的思想感情		
		能初步感受作品中生动的形象，初步把握人物的特点；能了解、关心人物的喜怒哀乐		
		能解释并整合观点		
		能结合文本内容自主探究		
	思维能力	能对课文中不理解的地方提出疑问	A/B/C/D	
		能展开合理的想象		
	语言表达能力	能初步感受作品中优美的语言，并能交流阅读感受	A/B/C/D	
		能复述叙事性作品的大意		
迁移运用能力	词句运用能力	能运用自己平时积累的语言材料	A/B/C/D	
	发散表达能力	能根据文本进行发散表达		

（续表）

评价指标		能力评价内容指标	评价等级	备注
一级指标	二级指标			
标点使用能力	了解用法	在理解词语的过程中，体会句号与逗号的不同用法，了解冒号、引号的一般用法	A/B/C/D	
	正确使用	在正确使用逗号、句号、问号和感叹号的基础上，正确使用冒号、引号等标点符号	A/B/C/D	

第三学段（五、六年级）语文阅读能力及评价指标体系表

评价指标		能力评价内容指标	评价等级	备注
一级指标	二级指标			
获取信息能力	整体把握信息	继续借助略读初步把握文本的主要内容（概括文本内容）	A/B/C/D	
		学习浏览，整体把握文本大意（提炼文本主要内容）		
	提取有用信息	能掌握文本各部分的信息（局部把握文本内容）	A/B/C/D	
		在阅读中根据需要收集、概括文本中有价值的信息（包括积累语言材料）；掌握收集、筛选信息的方法		
	运用有效信息	继续运用平时积累的有价值的信息进行阅读	A/B/C/D	
	获取信息数量	课外阅读总量不少于 100 万字	A/B/C/D	
		背诵优秀诗文 60 篇（段）		
解释信息能力（理解文本）	认读能力	能正确写出生字、生词；能正确、流利、有感情地朗读课文	A/B/C/D	
	概括能力	能在初步把握文章的主要内容、段意（概括）的基础上，介绍事件梗概等	A/B/C/D	
	感知理解能力	能借助字典、词典和生活经验，解释生词的意思	A/B/C/D	
		能联系上下文和生活实际解释词句的意思		
		能联系上下文和自己的积累，辨别词语的感情色彩，体会其表达效果		
		能说出关键词句在表情达意方面的作用		
		能说出文章（段）表达的思想感情		
		能说出印象深的场景、人物、细节，能说出自己的喜爱、憎恶、崇敬、同情等感受		
		阅读诗歌大体把握诗意，想象诗歌描述的情境，体会作品表达的情感		

（续表）

一级指标	二级指标	能力评价内容指标	评价等级	备注
解释信息能力（理解文本）	感知理解能力	阅读说明性文章，能抓住要点，了解文章中的说明方法	A/B/C/D	
		阅读简单的非连续性文本，能从中找出有价值的信息		
		诵读优秀诗文，能通过语调、韵律、节奏等体会作品的内容和情感		
		能解释并整合观点		
		能结合文本内容自主探究；在交流和讨论中，敢于提出自己的看法，做出自己的判断		
	思维能力	能针对课文中不理解的地方提出疑问，能提出有价值的问题	A/B/C/D	
		能展开合理的想象		
	语言表达能力	感受作品中优美的语言，并能交流阅读感受	A/B/C/D	
		能复述叙事性作品的大意		
		在阅读中了解文章的表达顺序，体会作者的思想感情，初步领悟文章的基本表达方法		
迁移运用能力	词句运用能力	能运用自己平时积累的语言材料	A/B/C/D	
	发散表达能力	能根据文本进行发散表达	A/B/C/D	
标点使用能力	了解用法	在理解课文内容的过程中，体会顿号与逗号、分号与句号的不同用法	A/B/C/D	
	正确使用	在正确使用逗号、句号、问号和感叹号的基础上，正确使用冒号、引号等标点符号	A/B/C/D	

依据阅读能力指标体系、语文新课标、文本特点、学情等，选取阅读能力训练点，来训练学生的阅读能力，更具针对性，更有利于系统地培养学生的阅读能力。

教师在研读教材、解读文本时，应从文本特点出发，关注那些能凸显主题的典型词语、重点句段、特色结构、精彩标点等，促使学生积累佳词妙句，学会阅读和表达，全面提高阅读能力和表达能力。

二、学习语言文字运用

语文的本体性内容有很多，学习的重点应是语言文字运用。

语文新课标中指出："语文课程致力于培养学生的语言文字运用能力，提升学生的综合素养，为学好其他课程打下基础；为学生形成正确的世界观、人生观、价值观，形成良好个性和健全人格打下基础；为学生的全面发展和终身发展打下基础。""语文课程是一门学习语言文字运用的综合性、实践性课程。"倪文锦教授认为，语文教学要坚持思想性，要弘扬人文精神，是无法绕过语文训练这道坎的。语文是一种交际工具、思维工具和文化传承工具，对它的掌握始终不能脱离语言的工具性，重视语言训练是语文学习的必由之路。

语文课必须回归到语文教学的本体——学习语言上来，也就是说，要把培养学生的语言文字运用能力作为语文教学的根本任务。尽管语文课程具有目标多元的特点，但只有抓住了学习语言文字运用这个根本目标，才能将其他目标融合在教学过程之中，从而在教学过程中实现语文学科工具性与人文性的和谐统一。

把语文课程的根本目标定位在学习语言、学习语言文字运用上，突出了语文学科的特点。

1. 有特色的词语

叶圣陶先生谈到读书时曾说"一字未宜忽，语语悟其神"。品味语言是语文教学中一个十分重要的内容，教师要引导学生在咬文嚼字中揣摩语言，在品词析句中感悟语言。教师在进行词语教学时，所选词语一定要是文中的重点词语，如能表达中心的词语，牵一发而动全身的词语，本文最具表达特色的词语等。

例一 关于《泊船瓜洲》（人教版五年级上册）中的"绿"和"还"字。

这首诗之所以广为流传，不仅因为诗中饱含思乡之情，更重要的是因为关于诗中"绿"字的推敲与活用。本诗中的"绿"字，是经过精心筛选、极富表现力的神来之笔。这也是本诗一直被传诵的最大亮点。

在教学时，可引导学生通过对比的方法学习"绿"字。据了解，此字之前先后用过"到、过、入、满"等多个字。

运用比较法，将"到、过、入、满"等字与"绿"字进行比较，在比较中引导学生发现："到"字仅是从风本身的流动而言的，只表达了风的到来，缺乏个性，尤其是看不出风吹过后的勃勃生机；而"绿"字从春风吹过以后产生的奇妙效果和变化着手，把看不见的春风，转换成视觉形象——春风拂煦，草木丛生，生机盎然，一个“绿”字让整首诗灵动、鲜活了起来。在比较中，我们学习并掌握了甄选词语的方法，增加了语言积累。

教师在指导学生学习此诗时，如果把着眼点放在“还”字上，也不失为一种好的方法。

特级教师孙双金执教此诗时，则较好地抓住了“还”字。孙老师先让学生通读全诗，找出一个可以概括全诗思想内容的字来。“明月何时照我还”中的“还”字便凸显了出来，顺着“还”字这一线索，孙老师引导学生看到作者离家较近（京口瓜洲一水间，钟山只隔数重山），应该“还”；看到作者离家久远（春风又绿江南岸），更应该“还”；看到作者思乡心切（明月何时照我还），却不能“还”。一个“还”字，使作者深切的思乡之情跃然纸上。

例二　关于《理想的风筝》(苏教版六年级下册）中的动词“转”。

除了古诗之外，现代文中也有许多有特色的词语。《理想的风筝》一文中“转”字的运用就颇有特色。

“他只靠着健壮的右腿和一支圆木棍，一天站上好几个小时，为我们讲课。逢到要写板书的时候，他用圆木棍撑地，右腿离地，身体急速地一转，便转向黑板，写完了粗壮的粉笔字，又以拐杖为圆心，再转向讲台。”

教师可引导学生发现：本段中反复运用了一个动词——转。一个“转”字，转出的是他的不辞辛苦和顽强的毅力，呈现的是他对教育事业的执着，彰显的是刘老师对工作的认真和对学生的热爱，展现的是刘老师对理想的追求和积极向上的生命状态……

抓住一个反复使用的“转”字，引导学生体会“转”字背后的内容和情感，从而使学生体会出动词的运用之妙，学会准确、巧妙地运用动词。

由此可以总结出品析词语的一般流程：整体感知—找出妙词—品析悟情—尝试运用。

例三　关于《最佳路径》（苏教版四年级下册）一文中的数量词“50多次”。

该文第2自然段中有这样一句话：“对迪斯尼乐园各景点之间的道路安排，他已修改了50多次，没有一次是让他满意的。”

“50多次”这是个极简单且容易被忽视的数量词，如果仅从字面上理解，只能看出修改的次数之多，如果不联系上下文还以为设计者水平太差不会设计呢。如果运用“联系法”来理解这个数量词，效果就会大不一样。

可将“50多次”与上文中的“世界建筑大师”“从事建筑研究40多年，攻克过无数个建筑方面的难题，然而建筑学中最微不足道的一点——路径设计却让他大伤脑筋”相联系，作为一位攻克过无数个建筑方面的难题的大师级人物，在进行微不足道的路径设计时，却修改了50多次，这得下多大的功夫啊？但他改了这么多次仍然不满意，仍在苦苦思索，由此可以体会出：格罗培斯是一个一丝不苟、精益求精的人。如果再与下文“迪斯尼乐园的路径设计被评为世界最佳设计”相联系，从修改“50多次”又可以体会出：格罗培斯是一个追求完美、不达至善不罢休的人。

由此可见，巧用“联系法”，联系上下文，就能读出词语背后许多有价值的东西。

例四 关于《猫》(人教版四年级上册)一文中的语气词“吧”“呀”“呢”。

在品析词语时，除了重点品析常用的实词外，有时还可以品析有关的虚词。在教学《猫》这篇课文时，我们不仅要引导学生感受猫的古怪——既贪玩又尽职、既胆小又勇猛，更要引导学生细心品读在字里行间流露出的作者的喜爱和赞美之情。

文中有这样一句话：“说它贪玩吧，的确是呀，要不怎么会一天一夜不回家呢？”如果把这句话与“说它贪玩，的确是，要不怎么会一天一夜不回家”进行对比阅读，会有什么发现？

学生运用“删减法”，反复对比朗读就会发现，这里的“吧”“呀”“呢”三个语气词，是展现喜爱之情的典型词语。和原句进行对比阅读，就很容易感受到，去掉这三个语气词之后，作者隐含其中的喜爱之情就凸显不出了，原来的语言特色也没有了。有了这些语气词，老舍先生对猫的喜爱之情就会跃然纸上，通过对比朗读学生就会对猫有更加深刻的认识，也就能对猫产生由衷的喜爱之情。据此，学生认识到看似平凡的语气词也能表达出不平凡的情感，从而认识到语气词在表情达意上的作用。

通过进行对比阅读、品析语气词的有无来体会情感，比脱离文本语言文字空谈喜爱之情效果更好。这样能使学生习得方法，提升能力，体会情感。

当然，需要学习和品味的词语远不止这些，还有很多其他类型的词语，如关联词、褒义词和贬义词等。对精妙的词语可以咬文嚼字，咬一咬、嚼一嚼、品一品、评一评，以积累词语，学会表达。

2. 富有特色的句子

句子是由若干个词按照一定的语法规则组成的，是能表达一个完整意思的语言单位。理解含义深刻的句子，体会其在表情达意方面的作用，是小学阶段的一个重点训练内容。

在理解句子时，要注意语义和句法两个方面。不仅要理解句中词语的意思和内在联系，还要理解句子在段、篇中的地位和作用等。有些句子是一段话或一篇文章的中心句、重点句、难点句、哲理句、关键句等，还有些句子是富有表达特色的经典句子。这类句子从字面上理解是一个意思，深入思考，就会发现它还蕴含着更深刻的含义。深入理解这样的句子，会对理解全文产生重要的作用。

例一 《生命的壮歌》(苏教版四年级下册）中的第二篇课文《生命桥》中有这样一个句子：

“老羚羊的身子刚好出现在年轻羚羊的蹄下，而年轻羚羊在老羚羊的背上猛蹬一下，下坠的身体又突然升高并轻巧地落在了对面的悬崖边，而老羚羊就像一只断翅的鸟，笔直地坠入了山涧。”

这个句子所描写的真实性暂且不去考究，就其本身而言，其中的一对反义词——“升高”和“坠入”，很值得品味。

可引导学生抓住“升高”和“坠入”这一对反义词理解这个句子。如果单独看这两个词，其意不难理解，但如果运用联系法和对比法，联系前文“有一个狩猎队，把一群羚羊赶到了悬崖边，准备全部活捉。几分钟以后，羚羊群分成了两群：老羚羊为一群，年轻羚羊为一群”先体会出，情况之危险，再对比着来理解这对反义词的意思，效果就截然不同了：“升高”意味着年轻羚羊的逃生希望，“坠入”则意味着老羚羊的壮烈牺牲。从逃生和牺牲的对比中，不难体会出老羚羊的机智、果断，以及从种族出发的大局意识、对年轻羚羊的大爱，特别是勇于献身的精神等。再联系题目，不难读出，老羚羊为年轻羚羊架起的是一座延续生命的桥。

运用联系法和对比法，就能由表及里、由浅入深地理解句子的含义，继而理解全文内容，体会出全文所表达的情感，感悟作者的用词之妙。

例二 《落花生》(人教版五年级上册）一文中的句子："人要做有用的人，不要做只讲体面，而对别人没有好处的人。"

这句话是文章的中心句，"要做……不要做……"从正、反两个方面，阐明了做人的道理，使要说明的道理更有说服力和感染力。"只"字用得特别好，讲体面没什么不好，但"只"讲体面就不好了，因为还有比讲体面更重要的东西。这句话是从物到理的点睛之笔。

此外，《富饶的西沙群岛》(人教版三年级上册）一文的中心句"西沙群岛是南海上的一群岛屿，是我国的海防前哨。那里风景优美，物产丰富，是个可爱的地方"；《山谷中的谜底》(苏教版六年级下册）一文中的哲理句"确实，有时弯曲不是屈服和毁灭，而是为了生存和更好地发展"，也都是值得研究、学习的重点句。

理解句子，既要理解句子表面所表达的意思，也要理解其深层含义，一般有下列几种常用的方法。

一是缩句法。

理解长句子时可以用缩句法。句子一般由"谁（或什么)"和"干什么(或怎么样，是什么)"等部分构成，通过分析结构，抓住"主干"，去掉"枝叶"，再分析"枝叶"的作用，就能掌握句子的主要意思。

二是分析法。

可以抓住句中的重点词、关键词，联系上下文，多读多思，理解句子的意思；可以结合不同句式进行分析理解，如叙述句、祈使句、疑问句、感叹句等，依据它们在表达中的不同作用，体会不同的语气和情感，并把不同句子的语调读出来；可以从比喻句、排比句、比拟句等句式的表达形式及表达内容两个方面进行分析、理解和感悟。

三是联系法。

可以联系上下文或联系全文理解句子的意思，可以联系学生已有的生活经验理解句子的意思，可以联系写作的时代背景理解句子的意思；可以联系作家的人生经历、写作个性和风格等理解句子的意思。通过联系，学生能更准确、全面、深刻地体会句子的意思。

四是概括法。

比较复杂的句子，必须用概括法来理解。通过概括句子的要点，并将其串联起来，就能概括出句子的意思及所表达的思想。掌握概括句子意思的方法，对概括段意、课文内容和中心思想，加深对课文内容的理解，有很重要的意义。

五是比较法。

可以抓住同一个句子中意思相近或相反的内容，进行对比理解；可以将句子进行变化后，再与原句进行比较，在比较中领悟句中意和画外音。

六是引申法。

根据文章的思想内容，透过句子字面的意思，理解作者拓展延伸的意思等。如《山谷中的谜底》一文中的哲理句“确实，有时弯曲不是屈服和毁灭，而是为了生存和更好地发展”以总结雪松特点为基础，引申到在生活中如何生存和更好地发展——抗争是为了生存和更好地发展，有时屈服也是为了生存和更好地发展。

3. 文中重点的语言表达细节

老子早就提出：“天下难事，必作于易；天下大事，必作于细。”的确，细节有时能决定成败。文本也是靠细节支撑的，在教学中我们一定要关注并处理好这些细节，以达到事半功倍的效果。

文本中的细节往往有以下几种：外貌细节描写，即对人物的容貌、神情、衣着等进行的细致描写；语言细节描写，即对人物的某一典型语言进行的细致描写；行动细节描写，即对人物的典型行为进行的细致描写；心理活动细节描写，即对人物的心理活动进行准确的细致描写；事物细节描写，即对某一事物进行的细致描写；其他细节描写，即除以上几种细节描写之外，能较好地揭示人物形象、文章中心的细节描写等。

在教学过程中，只有引导学生敏锐地发现、捕捉和挖掘文本的重点细节，才能使学生深入理解文本，提升语言文字的运用能力，进而生成无法预约的课堂精彩。

例　《少年王冕》(苏教版五年级上册）中有这样一处语言细节描写。

“王冕说：‘娘，我在学堂里也闷得慌，不如帮人家放牛，心里倒快活些。这样可以贴补些家用，还能带几本书去读呢。’”

我是这样来处理这一细节的。

先由学生自主阅读批注全文，体会王冕是个怎样的孩子，然后重点引导学生品味这一语言细节描写。

师：读了这句话你有什么发现？

生：前半部分说“我在学堂里也闷得慌”，后面却说“还能带几本书去读呢”，这不是前后矛盾吗？到底王冕是真“闷得慌”还是假“闷得慌”？

师：你产生了疑问。学贵有疑，很好。下面请同学们联系上下文探究一下这个问题，然后在小组内交流自己的发现。

（生探究、小组交流。）

师：下面我们来交流一下王冕是不是真觉得在学堂里闷得慌。

生：我发现不是真闷得慌。联系下文，从“还能带几本书去读呢”能看出王冕喜欢读书，爱学习，他肯定想在学堂读书，但怕母亲难过，为了安慰母亲，才这样说的。由此，可以看出他是一个孝顺、懂事的孩子。

生：我也这样认为。下文说他“便偷空到村学堂，从书贩子那里买几本旧书”，从这里可以看出他是酷爱读书的，他说在学堂闷得慌，是为了不让母亲伤心，可见他是个孝顺的孩子。

……

师：看来，这是一句善意的谎言，王冕并不觉得学堂闷得慌，故意说闷得慌，是想让母亲放心。多么懂事、孝顺的孩子啊。

师：如果你是王冕，你会用怎样的语气来说这句话呢？

生：用安慰的语气说。

生：用故作轻松的语气说。

师：请读一读。

（生读。）

师：这是从他好学的角度来思考的。从其他角度想一想，有没有不同的观点？

生：我认为是真闷得慌。刚开始我跟大家感觉一样，但反复读了几遍之后，觉得王冕有可能真的不想在学堂里读书了。

师：能找出原因来吗？

生：上文提到“眼看三个年头过去”，在这三年里，母亲靠做针线活儿供王冕上学，王冕想帮助母亲，所以才会感觉闷得慌。这说明王冕体贴、孝顺。

生：那几年“年成不好”，王冕的生活肯定很苦，母亲肯定很累，加上“王冕已经十岁”懂事了，他不想让母亲这么辛苦，所以对母亲说学堂闷得慌，这说明他孝敬母亲，想为母亲分忧。

师：的确，他家很贫寒，生活很困窘！从这个细节描写中，我们看到了一个体贴、孝顺的王冕。

师：如果你是王冕，你能安心地在教室里上课吗？此时你想用怎样的语气来读这句话？

生：用疼爱的语气读。

生：用体贴的语气读。

师：谁来读一读？

（生读。）

师：现在也只有放牛才能减轻家里的负担，才能为母亲分忧解难，所以王冕会毫不犹豫、故作轻松地说——

（生齐读这句话。）

师：这句话折射出王冕的好学与懂事、体贴与孝顺。真闷也好，假闷也罢，都能从不同角度反映出王冕是一个热爱学习、善解人意、孝顺懂事的好孩子。

抓住能揭示人物特点的语言细节，从看似矛盾之处入手，引导学生联系上下文，想象人物内心的情感，进而使学生体会出人物的性格。同理，抓住文本中的其他细节描写也能很好地理解文本，体会中心，领悟情感，学会表达。

4. 有特色的典型段落

著名语文教育家张志公先生曾指出，段的训练既是语言的训练、逻辑的训练、思想认识的训练，又是文体、风格以至艺术的训练。通过段的训练，一方面可以巩固低年级的字、词、句训练，另一方面可为高年级的篇、章训练打下坚实的基础。

在文章中，有富有特点的开头、结尾段，有段式结构明显的段落，有含义深刻的段落，有表达富有特色的段落等。

（1）富有特色的开头、结尾段

开头段和结尾段一般都是比较有特色的段落。开头段有的是总起式的，有的是自然式的，有的是引起悬念式的等。结尾段有的是总结式的，有的是含蓄式的等。引导学生学习开头、结尾段的特点，能使学生在了解不同段落特点的同时，学会写开头、结尾段。

（2）段式结构明显的段落

教师要向学生介绍常见的构段方式，如总分关系、承接关系、因果关系、并列关系等，引导学生分析段内句与句之间的关系。这样做既能强化学生段落训练的意识，又能使学生形成较为深刻的段式印象。

例 《北大荒的秋天》(苏教版三年级上册）中的第四自然段（总分关系）。

“原野热闹非凡。成片的大豆摇动着豆荚，发出了哗啦啦的笑声；挺拔的高粱扬起黑红黑红的脸庞，像是在乐呵呵地演唱。山坡上，大路边，村子口，榛树叶子全都红了，红得像一团团火，把人们的心也给燃烧起来了。”

第一步，引导学生看该段共有几句话，哪一句话能体现出这段话的意思，并将这句话画出来。

第二步，围绕“原野热闹非凡”这句话，引导学生细读，分析文章是从哪些方面来写原野热闹非凡的？

第三步，引导学生发现第一句和后面的句子之间的关系。

第四步，引导学生总结。第一句话是该段的中心句，围绕中心句作者又从大豆、高粱、榛树叶子三个方面，具体写了原野上的热闹景象。第一句与后面几句话的关系是总分关系，这样的段落结构可称为“总分”段式。

当然，在教学过程中还要根据具体的情况，逐步厘清“总分”“分总”“总分总”的构段方式之异同。依据具体的段落对学生进行不同构段方式的训练，并引导学生在练笔中灵活运用各种构段方式，让学生在运用中加深理解。

（3）含义深刻的段落

有些段落含义深刻，能揭示中心；有些段落蕴藏着深刻的哲理，能给人启迪。仔细品读这些段落，能体会出很多有价值的东西。

例 《落花生》一文中的一个段落，便有深刻的含义。

“父亲说：‘花生的好处很多，有一样最可贵：它的果实埋在地里，不像桃子、石榴、苹果那样，把鲜红嫩绿的果实高高地挂在枝头上，使人一见就生爱慕之心。你们看它矮矮地长在地上，等到成熟了，也不能立刻分辨出来它有没有果实，必须挖起来才知道。’”

这一段落含义深刻，而且运用了对比的方法，将桃子、石榴、苹果高挂枝头与花生矮矮地长在地上进行对比，将“埋”和“挂”进行对比，既突出了两类事物的特征，又形成了事物间的鲜明对照，从而突出了花生的默默无闻、无私奉献、不爱炫耀等精神特质。

（4）表达富有特色的段落

有些段落在表达上很有特色，如果认真学习能学到很多表达方法。

例 《奇妙的国际互联网》（苏教版四年级上册）第三自然段。

“国际互联网上的内容非常丰富，各种知识、各类信息无所不有。人们可以在网上读新闻、听音乐、看电影，可以和天南海北的朋友聊天、游戏；可以在家里听老师上课，或者在网上查阅资料，并向国内外专家请教；还可以在家里上班、开会；甚至可以足不出户逛‘网上商场’，用‘电子钱包’付款，让商店把东西送到家中……”

第一步，厘清顺序。让学生快速浏览第三自然段，思考：本段是按照什么顺序写的？（总分顺序）

第二步，合作学习。让学生找出能体现“国际互联网上的内容非常丰富”的信息，并将关键词写在卡片上。

第三步，汇报交流。由一个小组到黑板上展示做好的词卡，其他小组补充、完善。

第四步，梳理分类。让学生将找出的词语按一定规律进行分类。分类之前观看微课（具体讲解梳理文章脉络的方法），学习梳理文章脉络的方法；根据学到的方法，梳理脉络，从文中找出关键词；总结梳理方法。分类依据有多种：依据文中标点符号——分号进行分类；依据句式——“可以……可以……还可以……甚至可以”进行分类；依据描述的内容的特点——概括出休闲、工作、学习、购物四个方面进行分类等。

第五步，领悟写法。引导学生思考：作者是怎样写出互联网上的内容丰富这一特点的？可结合“可以”“可以”“还可以”“甚至可以”这四个词语来思考。教师可引导学生再次思考：能将后两个句子的内容与前面的内容进行前后顺序的调整吗？（不能）以此使学生领悟写作内容是逐渐递进的关系。

第六步，引导想象。联系生活实际由省略号展开想象：人们利用互联网还可以做什么？引导学生想象出更奇妙的内容来。如与宇宙飞船对话、星球间联系等，以培养学生的想象力、创造性思维能力。

第七步，有感情地朗读。引导学生读出“可以……可以……还可以……甚至可以……”这一句式的递进语气，使学生进一步在朗读中体会互联网上内容丰富这一特点。

第八步，表达练笔。创境练习：大家好，我是一部小巧玲珑的智能______(可填写月球车、宇宙飞船、手机等)，我的作用很大，我可以______________，也可以____________，还可以____________，甚至可以____________。

第九步，课后思考。引导学生思考：作者只是借助关键词简单地说明了互联网内容的丰富多彩，并没有展开具体描写，这是为什么呢？引导学生课后去探究说明文与记叙文的不同，从而了解说明文的特点。

总之，在进行段的训练时要注意处理好段与篇之间的关系，读与写之间的关系，说与写之间的关系，观察与表达之间的关系，内容与形式之间的关系等。

5. 有特色的人物对话

对话描写是文章中重要的语言描写，是一种极其重要的描写方式。

有的对话能有效地推进故事情节向前发展；有的对话能揭示人物不同的内心世界，塑造人物不同的个性；有的对话能使文章更加鲜活生动，富有生命力；有的对话能借用人物的话说出作者的意图和想法，甚至能点明文章的主旨。

纵览小学语文教材，对话描写出现的频率极高，存在于各种文体当中，寓言里有，童话里有，写人、记事文章里有，甚至有些诗歌里也有。

对话涉及的内容有说什么、怎么说、说的内涵、说的位置、说的形式等。对话描写是一种描写方式与手段，需要遵循语言表达的规律与技巧，学生一旦掌握了这一规律，就如同掌握了习练武功的口诀，再多的语言现象也不过是一些招数上的变化。

试以《陶罐和铁罐》(人教版三年级上册) 和《船长》(苏教版六年级上册) 两篇文章中的对话进行比较。

《陶罐和铁罐》一文中的对话片段：

“你敢碰我吗？陶罐子！”铁罐傲慢地问。

“不敢，铁罐兄弟。”陶罐谦虚地回答。

“我就知道你不敢，懦弱的东西！”铁罐说，带着更加轻蔑的神气。

“我确实不敢碰你，但并不是懦弱。”陶罐争辩说，“我们生来就是盛东西的，并不是来互相碰撞的。说到盛东西，我不见得比你差。再说……”

“住嘴！”铁罐恼怒了，“你怎么敢和我相提并论！你等着吧，要不了几天，你就会破成碎片，我却永远在这里，什么也不怕。”

“何必这样说呢？”陶罐说，“我们还是和睦相处吧，有什么可吵的呢！”

“和你在一起，我感到羞耻，你算什么东西！”铁罐说，“走着瞧吧，总有一天，我要把你碰成碎片！”

《船长》中的对话片段：

就在这时，船长威严的声音压倒了一切呼号和嘈杂，黑暗中人们听到一段简短有力的对话：

“洛克机械师在哪儿？”

“船长叫我吗？”

“炉子怎么样了？”

“被海水淹了。”

“火呢？”

“灭了。”

“机器怎样？”

“停了。”

船长喊了一声：“奥克勒大副！”

大副回答：“到！”

船长问道：“还能坚持多少分钟？”

“20分钟。”

“够了。”船长说，“让每个人都到小艇上去。奥克勒大副，你的手枪在吗？”

“在，船长。”

“哪个男人敢走在女人前面，你就开枪打死他！”

以上两个对话片段的特色截然不同：一个有提示语，一个没有提示语；一个语言略长些，另一个则简短、明了。

《陶罐和铁罐》中通过“你敢碰我吗”“和你在一起，我感到羞耻，你算什么东西”可以看出铁罐的傲慢和自以为是。

通过“不敢，铁罐兄弟”“何必这样说呢”“我们还是和睦相处吧，有什么可吵的呢”可以看到陶罐的谦让、宽容、以和为贵等与铁罐截然不同的个性特点。

从《陶罐和铁罐》一文中的对话有提示语，提示语的运用，充分展示了陶罐和铁罐说话时的不同神态、语气、心理等，将铁罐的傲慢、自以为是、蛮横无理等，陶罐的谦虚、友善、克制、自尊等，淋漓尽致地展现了出来，使读者对人物的特点一目了然。

而《船长》一文中的对话特色鲜明，是没有任何描述性语言的短句式对话，不仅未出现提示语，而且语言简短、急促。

仔细阅读这一对话片段，就会发现其中的特色。从内容来看，简短的对话，一能反映出当时十万火急的情况；二能看出船长当时的急切心情；三能看出船长经验丰富，问答有方；四能突出船长之果断；五能表现船长在万分危急的关头沉着冷静，有着良好的心理素质及超强的应变能力和指挥能力，更重要的是彰显了船长在生死关头，心系他人、关心弱者、忠于职守、舍己为人的美好品质。

从对话形式来看，没出现说话人，但读者却能一目了然。船长在危险时刻，让相对来说身强力壮、处于强势的男人必须让位于身材弱小、处于劣势的女人。“妇女先走，其他乘客跟上，船员断后。必须把60人全都救出去！”为了让这一规则得以贯彻与实施，他甚至向奥克勒大副抛出了“哪个男人敢走在女人前面，你就开枪打死他”这样严厉的命令。正是在船长充满“人性化”的安排与“刚性化”的调遣下，船上所有人（除了他自己）全都脱险。在哈尔威船长的心中，每一个个体的生命价值都高于自己。这一事件，成就了一位流芳百世的巨人，写就了一段传世佳话，留下了一次海难史上的伟大奇迹。

教师要让学生明白，对话描写，要关注以下几个方面。

一是人物说的话要精练，要服务于主题。

二是人物说的话要符合其身份，能突出其性格、品质特征等。

三是人物说的话要符合时代特征，贴近现实生活，特别是要符合当时的情况。

四是提示语的使用不能单调枯燥，要灵活多变。

五是要注意双引号的用法。

六是要注意对话描写的四种形式。对话描写有四种形式，可以灵活运用：提示语在前，提示语在中间，提示语在后，没有提示语。

如此，学生才能感受到对话描写运用之妙。在此基础上，教师还可以引导学生学习雨果的其他作品进而体会其语言风格，拓宽学生的知识面。

三、学习文章的结构特点

每一篇文章的结构都各具特色，如果注意学习，能学会很多构思方法。

试以《燕子专列》（人教版三年级下册）为例，进行阐述。此文有下列几个学习内容。

结构特点：采用倒叙的方法，先说结果，设置悬念，引起读者强烈的阅读期待，再写事件的起因、经过，并突出描写了小姑娘贝蒂救护燕子的典型事例，详略得当，结构完整。

表达方法：根据内容的不同，灵活运用了多种表达方法，如叙述、描写、说明、抒情等。

文本中心：通过描写人们不畏严寒寻找燕子的故事，赞美了瑞士人民关爱燕子、救助燕子的博大爱心。

美学（哲学）主题：关爱生命，关爱自然，人与自然和谐相处等。

浏览《燕子专列》全文便知，文章先写了故事的结果（人们送别燕子），再交代原因（为何要用空调专列送燕子），接着写经过（人们不畏严寒寻找燕子），最后回到开头送别一幕，首尾呼应，特点突出。

在以上这些学习内容中，结构特点无疑是比较突出的一个内容，能体现这篇文章的写作特点，所以应选择结构特点进行重点教学，以使学生抓住这篇文章的写作特点，掌握倒叙的写作方法。

又如，《半截蜡烛》（苏教版六年级下册）一文，在结构上有以下两个特点。

一是文章运用了悬念法。文章开始部分通过藏情报等描写，在读者心中设计了一个悬念：藏好的绝密情报是否会暴露呢？此悬念引起了读者强烈的好奇心，而作者故意不急于揭开这一疑团，直到文章的最后才揭开悬念，写出结局。文章曲折，富有魅力，引起了读者浓厚的阅读兴趣。通过悬念的设置与解决，直接而充分地展示了三个重要人物的特点，使人物形象更加丰满。

二是文章情节一波三折，跌宕起伏。伯诺德夫人藏情报于蜡烛中，德国军官点燃蜡烛；夫人熄灭蜡烛，德国军官再点燃；杰克想办法移走蜡烛，军官夺回；杰奎琳设法拿走蜡烛，蜡烛熄灭，最终保全情报。伯诺德夫人和大儿子杰克两次用计，却两次受挫，加上课文中的描写："烛焰摇曳，发出微弱的光，此时此刻，它仿佛成了屋子里最可怕的东西。"更把紧张的气氛渲染到了极致，在这千钧一发之际，杰奎琳化险为夷，保住了情报，也保住了家人的性命，从而看出了伯诺德夫人、杰克、杰奎琳三人强烈的爱国之情，以及在危难面前镇定自若的良好心理（其文章结构见下图）。

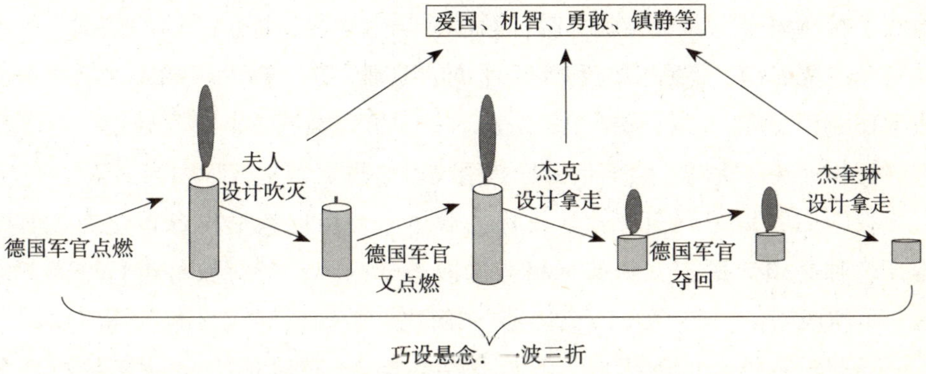

结构上的这两个特点，是本文的独特之处。学习本文，理应引导学生初步学习、了解一些文章构思方面的特点，以有利于学生掌握文章的结构特点，有利于学生学习结构表达的方法。

第二节　个性化课堂怎样选择教学内容

了解了个性化课堂应选取什么样的教学内容之后，接着应考虑如何选择这些内容。个性化课堂要针对学生特点，恰当地选取教学内容，有效地解决"教什么"的问题。

教材中的语文本体性内容，一般情况下可分为基础性内容和发展性内容。每篇课文中的生字、新词及课文朗读等为基础性教学内容，无论是在第一学段还是第二、三学段，都将作为课堂教学中必须落实的教学内容，应放在首要位置。除了落实这些基础性教学内容外，还应教学一些其他的语文知识、阅读和写作方法等，并进行必要的语文技能训练，这些内容为发展性内容。在教学时，发展性教学内容必须集中、明确、恰当，要依据语文课程标准、文本体式特点、编者意图、学情等，精心地筛选和取舍。

一、依据语文新课标选择教学内容

语文新课标是国家对基础教育课程的基本规范和要求，包括前言、课程目标与内容、实施建议三个部分。其中，课程目标与内容中规定了学生在知识与能力、过程与方法、情感态度与价值观三个方面应达到的目标，是理念落实、教材编写、课程实施、教师教学、学生学习、评价反馈的依据，是指导整个课程编制、课程实施和课程评价的准则。语文新课标颁布之后，语文教学在课程实施、教材选择、教法选取、评价反馈等方面，都较过去有了重大改变和突破。所以，语文新课标是语文教学选取课堂教学内容的依据。

教学内容是完成相应教学目标的载体，要想把教材内容转化为教学内容，教师必须依据语文新课标精心选取教学内容，并对教材进行增删、取舍、重组或创新的艺术加工和处理，以解决“教什么”“怎么教”等问题。

要想选择恰当的教学内容，首先必须深入了解和把握语文新课标中的课程目标及其分类。知识与能力目标，是要重点掌握的，学生只有掌握了基本知识与能力，才能更好地发展；过程与方法目标，重在关注学生学习的过程和学习的方法，重在引导学生学会学习，此目标的达成有利于其他两个目标的实现；情感态度与价值观目标，重在体验与感受，它渗透于前两个目标之中，它的实现能更好地促进整体目标的落实，培养全面发展和个性发展的人，实现语文工具性与人文性的同步发展。

在选择教学内容时，还必须依据语文新课标中关于各学段目标与内容的要求，选择符合课程理念，特别是符合学段目标的教学内容。如教学中要确定“默读”的目标，必须依据语文新课标中的学段目标来确定：第一学段，要求是“学习默读”，教师在确定目标时必须引导学生定位于“初步学习”；第二学段，要求是“初步学会默读，做到不出声，不指读”，确定目标时必须定位于“初步学会”；第三学段，要求是“默读有一定速度，默读一般读物每分钟不少于300字”，确定目标时必须考虑要有一定的默读速度。确定了教学目标后，再结合教材内容、学情等，准确选出本课的教学内容，使教学内容既不高于也不低于学段内容要求。当然，对于学优生来说，要求可适当提高，做到上不封顶；对于学困生来说，一般情况下应做到下要保底。

二、依据文本体式特点选择教学内容

文本体式特点就是所谓的“文本的个性”，它可能是显性的，也可能是隐性的，但必须是该文本独特的或突出的特征。

王荣生教授认为，阅读是对某一种特定体式、特定文本的理解、解释、体验、感受。阅读是一种文体思维。对文本的解读，对具体作品、具体文章的理解，要依据它的文本体式进行。依据文本体式来阅读，是阅读的通则。依据文本体式来解读课文，来把握一篇课文的教学内容，是阅读教学的基本规则。

在教学时，要找准文本所独有的情趣的激发点、知识的引申点、学生的疑惑点、发展的生长点、培养的技能点、合作的讨论点、训练的困难点、思维的发散点、教育的育人点等，再在此基础上精选出教学内容。

要依据文本体式特点，确立语文的核心价值。关于“语文核心价值”，上海师范大学郑桂华教授有独到而精辟的阐释。她指出：“一篇课文在存在许多教学价值点的情况下，教学设计不仅应该关注文本的核心价值，更要抓住‘语文核心价值’。重点挖掘课文隐含的语文学习价值，重点训练学生对语言的感受能力和表达能力，重点完成语文课应该完成的教学目标，而适当弱化文本中可能隐含的其他教育价值，比如科学普及价值、社会生活认知价值、思想品德养成价值、生活能力指导价值等，一句话，尽量把‘语文课’上成真正的‘语文’课。”

我认为，要准确选取文本中有独特价值的课文本体性内容，必须经历对教材的四次全方位解读。第一次解读，先要整体了解和把握全套、每册、各单元的教材编排特点、结构特点、训练体系、知识点的分布等；第二次解读，站在一个普通读者的角度，针对课文自主进行个性化解读，把握内容、领悟思想、挖掘情感、掌握写法等；第三次解读，在个性化解读的基础上，借助教学参考书和其他参考资料，完善、补充或纠正自己的解读，最终准确、全面、深刻地理解和把握文本；第四次解读，站在学生学和教师教的角度，与新课标、教科书编者等进行全方位对话，更加全面、准确、深入地把握文本，然后依据九个操作点（知识拓展点、语感训练点、能力培养点、思维发展点、方法操作点、拓展延伸点、生活联系点、能力迁移点、人文渗透点），选出恰当的教学内容。

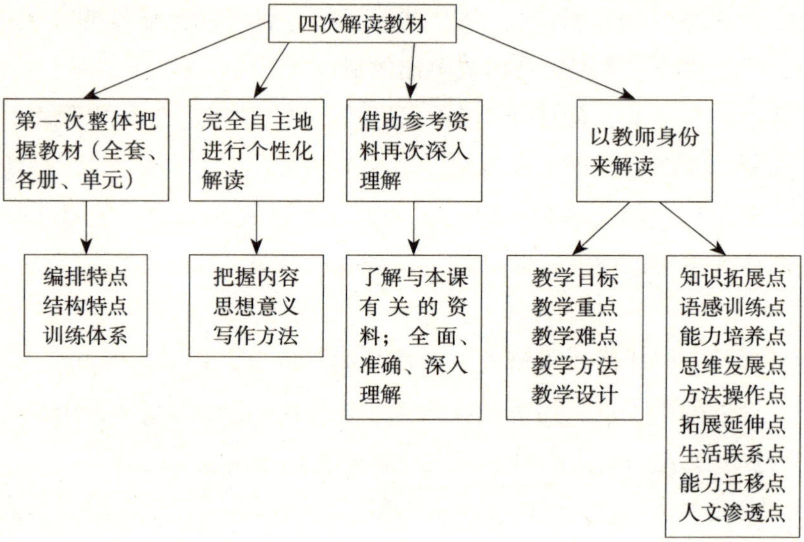

仍以《长城》为例（前面已分析了该文本的学习点），下列训练点都有着明显的语文学科特征，但哪些是同类文本共有的特征？哪些是该文本的个性？哪些本体性内容最值得学习、最具迁移价值？经过四次解读文本之后就可以发现该文本的个性。

第一，“结构”。从整体上看，先写见闻后写联想。联系整套教材来看，从整体上先写见闻后写联想的文章不多，该特点确实是这一文本所独有的。

第二，“章法”。起承转合，这篇文章的章法极其严谨，这类章法在古诗中很常见，但在现代散文中不常见。因此，“章法”也是该文独有的个性特征。

第三，“语言”。该文语言平实、精确。这类语言风格的文章很多，显然不只是该文独有的。

第四，“基调”。感情凝重、内敛，这类基调的文本也不少。

第五，“句法”。数据说明和想象还原的句法都能在其他文本中经常看到。

所以，就“文本的个性”来看，在选择训练点时，应重点放在第一和第二个内容上。

除了看文本特征外，还要看这一内容有没有迁移的价值，是不是语文的核心价值，能不能发展学生的语文核心素养，有没有关注学生的长远利益等。

《长城》一文，从“结构”上看，模仿“先写见闻后写联想”这一结构方式进行构思谋篇，对第三学段的学习具有迁移价值。因为语文新课标中，对第三学段的习作提出的目标是“养成留心观察周围事物的习惯，有意识地丰富自己的见闻，珍视个人的独特感受，积累习作素材”。

再看“章法”，起承转合的章法对极少数能力特别强的学优生而言可能比较简单，但对大多数中下等水平的学生来说较为困难。依据学情再来思考，这个训练点就不能选了。要选，也只能作为一个课外拔高的拓展内容，作为提升学优生水平的学习补充内容。

至此，结构上的“先写见闻后写联想”，体现了该文本独特的特点，符合学情，极具学习价值和迁移价值，理应成为《长城》这一文本的语文核心价值内容，理应是个性化课堂中的重点教学内容。

三、依据编者意图选择教学内容

在具体确定某篇课文的教学内容时，除了以语文新课标、文本体式特点为依据之外，明确编者意图，即编者希望学生学习的内容，也是选择教学内容的重要依据。

教材从选择文本开始，到组成教学单元，再到编写每篇课文的助学系统、作业系统，都熔铸了编者对文本核心价值的深刻认识和语文核心教学元素的精心筛选。教师如果能正确地与编者进行对话，准确地把握编者对全套、每册、各单元、每篇教材的编写意图，科学地确定文本的核心教学价值，借助于教材的助学系统和作业系统，就能科学高效地确定文本的核心教学内容。

如何依据编者意图来选择教学内容呢?

要依据编者意图选取教学内容就要先弄清编者的意图是什么。就一套教材而言，编者的意图往往体现在课文前面的导读和课文后面的练习之中，把教材中的单元导读、课文前的阅读提示、课文后的研讨与练习认真揣摩一番后，就能基本了解编者的意图，从而确定一篇课文应该教什么，再依据学情，科学地选出适合学生的教学内容。

首先，可以借助教材的单元导读和阅读提示，确定该单元文本的基本教学内容。

单元导读是单元教学内容的总纲，能对学生学习本单元里的这一组课文起到一个方向性的引领作用。单元导读的内容一般情况下包括两个方面：一是提示这组文章表现的主题；二是提示这组文章应该着重训练哪些知识点。教师可以根据单元导读的建议及学生的学习水平进行合理取舍，每组课文确定一至两个重要的训练点。

如人教版六年级上册第三单元的单元导读：

有一首歌唱道："接受我的关怀，期待你的笑容，'人'字的结构就是相互支撑……"本组课文如一首首心灵之歌，唱出了动听的爱的旋律，唱出了人间真情。让我们通过本组课文的学习，共同感受真情的美好，并让爱在我们的心灵深处扎根。

学习本组课文，要在读懂课文、体会情感的基础上，学习作者是如何通过环境、人物心理活动等方面的描写，抒发美好情感的。

由以上导读不难看出本单元有两个训练的重点：一是学习作者是如何通过环境和人物心理等方面的描写，刻画人物、抒发美好情感的；二是渗透美好情感的熏陶，铸就美德。明确了编者意图，就可以恰当地选择教学内容了。

确定训练点后，再看阅读提示（人教版语文教材的课前都会有一个短小精悍的提示，或是创设情境，让学生提前进入文本的意境；或是提出问题，引起学生对文本的思考；或是对重难点进行提示，明确学习的目标；或是补充文本，便于学生更好地理解；或是揭示文本的情感，为理解文本搭建桥梁，等等)，进而确定文本的教学内容。

其次，可以借助课后的练习，确定某一篇课文的核心教学内容。

要想具体精准地确定某一篇文章的教学内容，还可以研读教材后的练习。王荣生教授认为："对选文的阐释，对选文类型乃至编撰水准的把握，关键是在教材的练习题设计。"这一论述，说明课后练习题对选取课堂教学内容起着重要作用。练习的目的是巩固所学内容。教材中，真正能够反映编者处理课文内容，并具体指引教师从课文中选择相关信息来生成教学内容的就是练习题。练习题是对学生学习某一篇课文或某一主题后做的检测，是对学生所学内容的一种巩固。如《穷人》(人教版六年级上册）课后练习第2题："从课文中找出描写环境和人物对话、心理活动的语句，有感情地读一读，说一说从这些描写中，可以看出桑娜和渔夫是怎样的人。"《唯一的听众》(人教版六年级上册）课后练习第1题："有感情地朗读课文。说说'我'在学习拉琴的过程中，心理和行动发生了哪些变化，为什么会有这些变化。"这一单元的口语交际·习作三："这次习作，我们就来写一写体现人们相互关爱的事情……写时注意人物的语言、动作、心理活动等，要表达真情实感。"回顾·拓展三："本组有几篇课文对环境和人物心理进行了细致的描写……找出这样的语句，结合课文内容，体会这样写的好处，并和同学交流交流。"从课后练习题、单元训练和导读要求来看，都旨在引导学生学习环境和心理描写对刻画人物形象和抒发美好情感的作用。

因此，在常态教学中，我们如能以教材的单元导读、阅读提示和课后练习题为依据，通过系统研读和思考，就能准确把握编者的意图，并以此来确定教学的内容，就能在一定程度上确保教学内容取舍的合理性、针对性、科学性和有效性。

四、依据学情选择教学内容

对已有教学内容的取舍，在考虑了上述几个标准之后，还要从学情出发进行研选：一是从学生的学习需要、学习动机、学习兴趣、学习习惯、个性心理等出发；二是从学生已有的生活经验出发；三是从学生的学习规律和学习状况等出发。即从学生的个性需要、生活基础、学习基础等入手，对原有教学内容进行合理取舍，力求做到立足文本、超越文本、创新运用。

其中，尤其应该关注学生学习的需要点。学生学习的需要点，指学生的学习起点、兴趣点、疑难点等。找到学生的学习起点，就可避免浅层次重复；了解学生的学习兴趣点，就能选取学生感兴趣且喜欢的内容；关注学生的学习疑难点，就能解决学生学习中存在的难以解决的困惑。如《姥姥的剪纸》(苏教版六年级上册）中"密云多雨的盛夏，姥姥怕我溜到河里游泳出危险，便用剪纸把我拴在屋檐下”的“拴”字，与我们平常用到的“拴”的意思不同，“拴”字原本是针对动物的，一般不用在人身上。预习时有些学生对此感到困惑，产生了疑问。教学时，教师要引导学生抓住“拴”字，体会作者的童真、顽皮。在这里，一个“拴”字能很好地表现出姥姥的剪纸吸引了作者，同时能反映出姥姥对作者的关心、慈爱和严厉。

选择和重组教学内容，一定要以学生为本，坚持适量、适度、适合的原则。适量，就是在教学内容的量上要控制好，内容太多，学生难以消化，内容太少，学生又“吃不饱”；适度，指的是要控制好教学内容的难易程度和教学深度；适合，就是符合学生的学习现状，实施有针对性的教学。

教学内容难度与深度的确定是保障课堂有效性的重要方面。教师一定要把握好所选择的教学内容的难易度。如果课堂教学内容过难，学生不易理解，容易挫伤学生的学习积极性；过易，又会影响学生的学习兴趣。长此以往，就会造成学生不善于动脑分析和解决问题，学生的智能也得不到应有的发展。

要立足于学生实际，使所选取的教学内容的难易度适中，使学生在教学中有一种“跳一跳”就能够得着的满足感，从而不断开发新的最近发展区，促进学生的全面发展。

这样依据学生的学情去选取的教学内容，才能真正适合每一个学生，体现以生为本，实现以学定教。

五、依据教学目标选择教学内容

教学目标是课堂教学的依据，是一节课教学的起点和归宿，是教学活动的核心和灵魂。教学目标决定着教学内容的确定与安排、教学方法的选择与运用。教师都是根据教学目标来选择教学内容，并合理组织和推进课堂教学进程的。

教学目标的确立，必须建立在准确把握新理念和课程标准的基础之上，建立在全面把握教材的基础之上，建立在深入解读文本之上，建立在学情之上，做到全面、明确、具体、可操作、可检测、有针对性。

许多专家认为，当前，小学语文教学的一个普遍问题就是对教学目标把握不准确，存在教学目标越位、缺位、不到位等现象。对此，教育部语文课程标准专家组核心成员崔峦明确指出，要吃准教学目标，应该逐级明确语文课程在小学阶段的总目标，不同学段、年级的阶段目标、单元教学目标和课时教学目标。在学段目标的把握上，教师首先应该明确课程标准对于不同学段、不同课型的要求，学段不同，教学重点也不同，相同的教学内容在不同学段的教学侧重点也不相同。

就阅读教学而言，第一学段中，识字、写字无疑是教学目标的重中之重，同时包括词和句的训练、初步的朗读训练等。第二学段是第一学段向第三学段的过渡阶段，要继续进行词句训练，理解词句在表情达意方面的作用是这一阶段的重要目标，同时要加强段的训练，注重对段的理解、积累与运用。第三学段，应注重引导学生从整体上把握文章的内容，体会文章的情感，品味文章的语言，领会表达的方法。其间，揣摩并运用表达方法是需要加强的一个训练重点。

要依据教学目标选择课程内容，就必须先明确教学目标。那么，如何明确教学目标呢？

首先，要了解学段目标。在确定一篇课文的教学目标之前，教师要对语文新课标的理念非常熟悉，尤其要对各学段的目标、内容等了如指掌，如同样是默读，但三个学段对其的目标、内容要求是不一样的，是螺旋上升的。如果不熟悉语文新课标的话，就不一定能准确确定教学目标了。

其次，要了解单元重点。语文教材中的每一个单元都有导语，它很明确地告诉我们该单元的教学重点与编写意图，这是我们确定教学目标的一个凭借。一篇文章，其内涵丰厚，语言精妙，涉及的语文知识点很多，但哪些是这篇课文的教学重点，哪些是这一课时的训练重点，应根据单元重点与编者意图来确定。

再次，要了解课后练习题。在确定教学目标时，我们还要特别注意课后练习题。一篇课文的内容是极为复杂的，我们要选择那些最能体现课文特征的内容来教，而课后练习是语文课程内容建设一个不可或缺的组成部分。

最后，要了解学情。要充分了解学生已有的知识、认识和学习能力等，找到学生的最近发展区，从而确定教学目标，促进学生发展。

如《花钟》是人教版三年级上册的一篇讲读课文。语文新课标中关于第二学段的阅读目标有九条，而以下四条特别重要。

1. 用普通话正确、流利、有感情地朗读课文。

2. 初步学会默读，做到不出声，不指读。学习略读，粗知文章大意。

3. 能联系上下文，理解词句的意思，体会课文中关键词句表达情意的作用。能借助字典、词典和生活积累，理解生词的意义。

4. 能初步把握文章的主要内容，体会文章表达的思想感情。能对课文中不理解的地方提出疑问。

该篇课文是第四组的第一篇，第四组的单元导语的关键句是“认真阅读本组课文，一起去了解作者发现的秘密。我们还要留心观察，看谁有更多的发现”。课后三道练习题的关键句分别是“把喜欢的部分背下来”“用自己的话说一说，为什么不同的植物开花的时间不同”“用不同的说法来表达鲜花的开放”。

依据语文新课标的学段目标、单元重点和课后练习题，结合课文特征及学情，《花钟》的教学目标可确定为以下几点。

1. 会认、会写生字，正确读写“争奇斗艳”等词语。能正确、流利、有感情地朗读课文，并背诵第一自然段。

2. 认真阅读，用自己的话说出为什么不同的植物开花的时间不同，初步培养留心观察周围事物的习惯。

3. 学习运用多样的句式表达事物特征的方法。

目标确定后，就是选择教学内容。一篇课文包含的知识点很多，我们不可能把自己在解读文本时的独特理解、丰富体验全部转化为教学内容。哪些知识点应该纳入教学设计，并对其进行梳理、重构、整合，再通过恰当的方式加以呈现，需要我们深入解读文本，根据教学目标，对教材进行二度开发，寻找语文学习的核心价值内容，甄选出有效的教学内容。

统观《花钟》一文可以发现，能体现这些教学目标的最有价值的内容在第一自然段，而其他自然段则可以作为一般的教学内容让学生大致理解。在第一自然段中，作者运用比喻、拟人等手法生动地描写了九种花开放的时间和情形，并以花的开放时间为序连句成段。形象生动的描写是作者“造句”的特点，以花开的时间为序连句是作者“组段”的特点，而且整段文字中的每句话又同中有变，语言节奏错落有致，有着美妙独特的语感。这些语言特点都是三年级学生应重点学习的。所以，教学《花钟》时，我们要把重点放在第一自然段上。

上海师范大学吴忠豪教授认为，所谓教学目标就是教什么，教到什么程度，这是教学的核心问题。教学目标不清的原因在于不少教师在确定教学目标时都是凭借个人经验。在语文教学实践中，语文教师要不断地锤炼自己，练就一双慧眼，在教材的密林深处发现文本的核心价值，确定适切的教学目标，选择适宜的教学内容，提高课堂教学效率。只有这样，才能让语文课散发出个性魅力，让学生全方位提升语文素养。

另外，每个教师都有自己的兴趣爱好、性格特点、教学个性等，因此，在把握学情、确定教学目标之后，教师还可以根据自身特长，围绕听、说、读、写设计出个性化的教学过程。这样选出的内容才能更适合学情，从而构建个性化的课堂，全面提升学生的语文素养，发展学生的个性。

第三章

个性化课堂的教学目标制订

美国著名心理学家、教育家布卢姆说："有效的教学，始于期望达到的目标。"教学目标是师生通过教学活动预期达到的结果或标准，是对学生通过教学以后将能做什么的一种明确的、具体的表述。教学目标既是教学的出发点，也是教学的归宿，具有导向性、激励性、调控性和评价性。

教学目标支配着教学的全过程，主要由教学理念、社会需要、文化传递、课程目标、学科特点、学生个性需求等几个方面决定。个性化课堂教学目标的制订与一般课堂不同：个性化课堂更加关注学生的差异和个性需求，既关注学生的眼前利益和长远利益，又关注国家利益。

第一节　教学目标制订要凸显全面性

制订教学目标要全面、具体、适宜。教学目标分为总目标、学段目标、学年目标、单元目标、课时目标。特别是课堂（课时）教学目标的制订，要关联总目标、体现阶段目标、紧扣单元目标、突出课时目标。课堂教学目标包含三个维度：知识与能力，过程与方法，情感态度与价值观。

一、要全面体现语文教育的目标和任务

曹明海教授在《语文教育目标和任务的探讨》一文中指出："对语文教育目标及课程内容的探讨，应当持守两个原则：一是从语文本体出发，摒弃一切非语文的东西，切实把握语文教育的语用本体，不可离开语文本体和语用本体来谈语文教育的目标和内容。二是从实着眼，重在求实，探讨实实在在的、可以抓得住、摸得着的好实施和可操作的语文教育目标和内容。"具体到一节课的目标制订时要考虑本体构成的要素：一是语用目标，即培养学生语言文字运用的基本能力——听说读写的语用基本能力、语用思维能力、语用审美能力等；二是素养目标，即提高学生的语文素养——语文知识素养、文学艺术素养、语言文化素养等。这两个构成要素，不是各自独立的，而是融于一体的。

要依据语文新课标、课程目标、训练体系、文本体式特点、学情等制订教学目标——体现工具性与人文性的统一（见下页图）。工具性主要是指语言

知识、语言技能和方法策略等。人文性则主要指下图中的文化意识和情感态度价值观。当然，制订全面的教学目标并不是指下图中的每一项内容都要面面俱到，而是指一定要体现工具性和人文性，做到将工具性与人文性相统一。

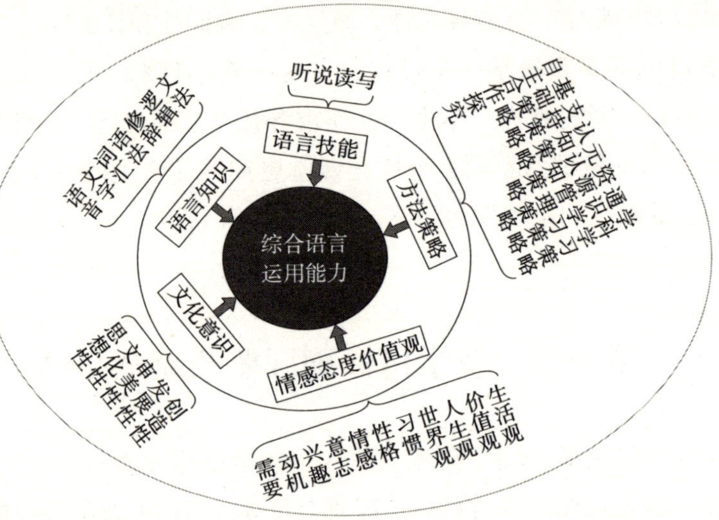

二、要全面分析、理解并准确把握课程内容

全面分析、理解并准确把握课程内容是制订课堂教学目标的基础，对内容不了解是无法制订准确、合适的教学目标的。要分析课程内容就要把握课程标准，把握教材内容、中心思想、要表达的情感等，真正吃透教材，理解文本。在此基础上，再进一步挖掘文本中的十个着力点（如右图所示）。

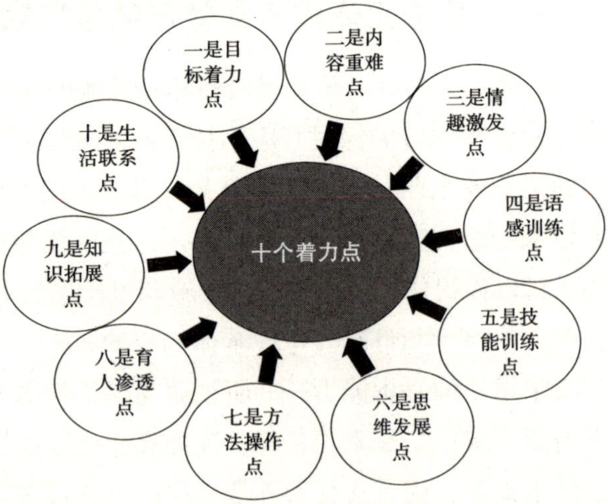

三、要全面了解学情

了解学情是制订教学目标的关键，也是教学成功的前提。现实告诉我们，学生并不是一张白纸，在平时的生活中他们已积累了一些知识和经验，

并且每个学生都有自己的个性，对同一事物会有不同的认识，因此教师应通过多种途径了解学生的现有学习水平、学习需要、学习环境、学习态度、学习方式、学习习惯、思维特点、生活经验、最近发展区、心理特点和认知规律等，特别要重点了解不同学生的个性差异并以此为依据，合理地制订教学目标，使学生切实得到发展。

四、应考虑目标的层次性

三个维度的教学目标可分为两大类。一类是结果性目标，包括知识与能力目标。知识目标的层次体现为“了解—理解—应用”；能力目标的层次体现为“技能动作（模仿）—独立操作—迁移运用”。另一类是体验性目标，包括过程与方法目标、情感态度与价值观目标。过程与方法目标的层次体现为“感受—掌握—内化”；情感态度与价值观目标的层次体现为“反应—领悟—行为外化”。要制订全面科学的目标，不仅要考虑各维度目标内的层次，还要全面考虑目标的四个层级“基础层、动力层、实施层、操作层”（如下图所示）。要从四个层级全方位地进行整体思考，进而设计全面科学的教学目标。

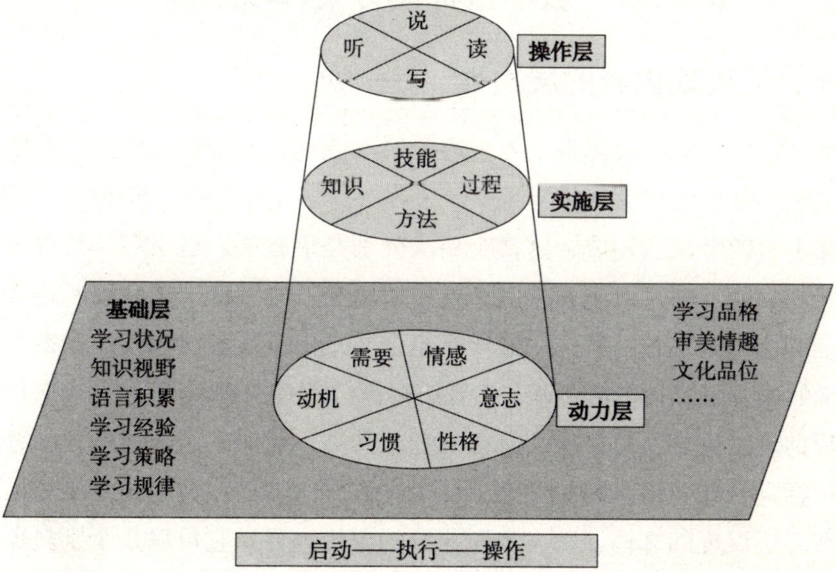

如一位教师制订的《彭德怀和他的大黑骡子》（苏教版五年级下册）一文的教学目标：

1. 学习生字、新词。（知识）

2. 说出彭德怀的美好品质。（知识）

3. 体会彭德怀对大黑骡子的感情及对战士的爱。（情感）

分析以上目标可以发现，它只包括知识和情感目标，缺少了其他维度的目标，且各维度目标制订不全面，缺乏层次。

修改后的教学目标如下：

1. 会读、会写生字、新词；能概括课文主要内容；能正确、流利、有感情地朗读课文。（知识与能力）

2. 学习运用自主探究、辩论的方法理解课文内容；能说出本文的表达方法，学优生能迁移运用，学困生能初步了解。（过程与方法）

3. 受到彭德怀忠于革命、爱战士胜过爱自己的美好情感的熏陶。（情感态度与价值观）

修改后的教学目标就比较全面了，不仅体现了三个维度、关注了多个层面，而且体现了语文学科的特点——重在学习语言文字运用。

第二节　教学目标制订要体现层次性

一、要体现内容的层次性

制订教学目标时要体现学习内容的层次性，我比较赞同罗曼·英伽登的四层次说。20 世纪波兰现象学家罗曼·英伽登在《文学的艺术作品》中提出，文学文本由四个层次构成，这四个层次分别是语音层、意义层、再现客体层及图式观相层。制订教学目标时，要考虑以上四个层次。语音层“是文本的第一个层次，指字音及其高一级语音组合，是由语音素材来传达的携带可能的意义的语音组织，包括声调、谐音、格律、节奏、押韵等”，它用来传达语意、帮助理解语意。意义层“是由字音及其高一级语音组合所传达的意义组织，包括词、句、段和篇章等各级语言单位的意义”。再现客体层“是文本通过意义层展现的客体，即文本所描绘的虚拟世界。它可以是个别对象如人物、事物、过程、事件等，也可以是复杂多变的事态群”。图式观相层“指被感知的客体的生动呈现方式。其重点是作者与现实的关系问题”。[①] 同一知

① 王荣生，宋冬生．语文学科知识与教学能力 [M]．北京：高等教育出版社，2011.

识点的教学或相应能力的培养，在不同年级的课堂教学中，目标要求也是不同的；同一篇课文在不同的课时教学中存在循序渐进的关系，体现着层次性。同一篇课文如果分两课时完成的话，这两课时教学目标的设计就应该有鲜明的课时特征，教学目标应由浅入深，层层深入。

在制订课时教学目标时，要细读文本，挖掘文本中有价值的内容，要体现出不同的内容训练点，只有这样才能体现训练的层次性，从而收到个性化的、高效的教学效果。

二、要体现学情的层次性

学生的学习动机、学习兴趣、意志品质、学习性格，学习基础、学习能力、学习方法、学习速度、学习习惯，以及学生的认知结构、家庭环境、生活经验等都存在差异，教学目标应体现这种差异。

教师需要制订适合不同层次的学生的教学目标，做到共同性目标和个性化目标的有机结合。共同性目标是基于所有学生设计的，是基本的教学目标，要求全体学生都要达到。个性化目标是根据不同层次的学生分层、因人设计的。学优生在达到基本目标的基础上，挑战更高层次的目标和内容；中等生在掌握基本目标的基础上，可挑战较高层次的目标和内容；学困生除了要尽量完成基本目标外，还要有针对性地查找不足，补充完善。

对于个别学生，还可以适当单独为他们制订合适的教学目标。让教学目标真正体现学生间的差异和学生个体内的差异，适应不同学生和学生自身不同方面的不同需求。

三、要体现学习能力的层次性

学习能力的核心是思维能力，思维发展有高低之分，既有浅层学习，又有深度学习，因此教学目标理应体现思维能力的层次性。按照布卢姆认知领域学习目标分类所对应的记忆、理解、应用、分析、评价和创造这六个层次，“浅层学习的认知水平只停留在‘知道、理解’这两个层次，主要是知识的简单描述、记忆和复制；而深度学习的认知水平则对应‘应用、分析、评价、创造’这四个较高级的认知层次，不只涉及记忆，还注重知识的应用和问题的解决。因而，较为直观的表达为：浅层学习处于较低的认知水平，是一种低级认知技能的获得，涉及低阶思维活动；而深度学习则处于高级的认知水平，面向高级认知技能的获得，涉及高阶思维活动。高阶思维是深度学习的核心特征，发展高阶思维能力有助于实现深度学习，同时深度学习又有助于促进学习者高阶思维能力的发展”。①

深度学习是一种以促进学生学习语言运用、进行批判性思维和发展创新精神为目的的学习。在教学目标制订过程中，应有记忆、理解的层面，但这个层面的教学只能教会学生认识世界和按图索骥地执行任务，而不会成为学生改造世界和创造性学习的助推器。所以还应将应用、分析、评价和创造作为教学目标的重点关注对象，培养学生的高阶思维能力，制订引导学生深度学习的目标。

此外，教学目标还要体现能力目标的层次性，制订能力目标时要体现循序渐进的原则，分层进行能力培养。以朗读能力为例，朗读能力可分为以下几个层次（见下表）。

知识内容	能力水平					
	记忆	理解	运用	分析	评价	创造
朗读规律 （内容感受、引向规律等）						
具体感受 （形象感受、逻辑感受）						
态度感情 （态度分寸、感情色彩、基调）						
朗读技巧 （停顿、重音、语气、节奏等）						
文体朗读 （散文、诗歌、小说等）						

第三节　教学目标制订要具有针对性和可操作性

好的教学目标要具备针对性和可操作性，这样我们才能用它去指导教学。

① 安富海. 促进深度学习的课堂教学策略研究 [J]. 课程・教材・教学. 2014（11）.

一、以学情为基础，设计有针对性的教学目标

学生是学习的主体，学生之间存在水平和层次的差异，他们的知识储备、心理素质、所掌握的技能及各自的学习需求，都会对学习结果产生深刻的影响。作为指导教学的航标，教学目标更要以学情为基础，根据学生的实际情况来制订，使其符合学生的接受水平和需要，这样才能有的放矢，增强目标的针对性。

二、从实际出发，设计可操作的教学目标

1. 从使用的需要出发，目标的语言描述要行为化

要使教学目标具有可操作性，就不能在目标的设计上用一些比较含糊或空泛的词语，如“掌握”“了解”“明了”等动词，因为这些词语只能表示内在意识和心理状态，不具备可操作性。如果用上“读出”“听懂”“写出”“表演”等动词，就可以将目标表述得具体明白，这样在教学中才会产生实效。

2. 从现实出发，教学目标不能过于理想化

教学是在一定的时间和空间里进行的，因此，教学目标的设计不能过于理想化，不能不考虑现有的教学条件。脱离现实的目标设计是失败的，是无法操作的。

以《郑和远航》（苏教版五年级下册）第一课时的教学目标设计为例，第一稿教学目标设计如下：

1. 学会本课生字、新词，理解“扶老携幼”“惊叹不已”“严阵以待”“化险为夷”四个词语。

2. 在熟读课文的基础上，学会用列提纲、补充资料、想象画面的方法，复述郑和第一次远航的过程，提高复述能力。

3. 以复述促理解，感受郑和的美好品质和精神。

第二稿教学目标设计如下：

1. 会读并能理解本课生字、新词，重点理解“扶老携幼”“惊叹不已”“严阵以待”“化险为夷”四个词语，并能说出词语的意思。

2. 在熟读课文的基础上，（学优生、中等生）能运用列提纲或想象画面等方法复述郑和第一次远航的过程（学困生初步学习复述），提高复述能力。

3. 以复述促理解，感受郑和爱好和平、勇于探索的美好品质，激发对人物的敬佩之情以及强烈的民族自豪感。

将第二稿教学目标与第一稿进行比较分析，可看出第二稿教学目标更具针对性和可操作性。

① 目标表述科学、具体明确，具有可操作性

第一稿目标 1 中“学会本课生字、新词”，其中的“学会”，不是很明确，改为“会读并能理解本课生字、新词，重点理解‘扶老携幼’‘惊叹不已’‘严阵以待’‘化险为夷’四个词语，并能说出词语的意思”，这样的表述更为具体清楚、明确。

第一稿目标 2 中“在熟读课文的基础上，学会用列提纲、补充资料、想象画面的方法，复述郑和第一次远航的过程，提高复述能力”没有体现出层次性和个性化，关注不到不同差异的学生，因此针对性不强。修改后的目标，学优生和中等生可运用各种方法进行复述，要求学困生初步学习复述，既考虑到了差异性和层次性，又考虑了个性化，有针对性，可操作性强。

第一稿目标 3 中“以复述促理解，感受郑和的美好品质和精神”把郑和的品质用“美好”这个词笼统地概括出来，但具体是什么品质，不明确。修改后的目标“以复述促理解，感受郑和爱好和平、勇于探索的美好品质，激发对人物的敬佩之情以及强烈的民族自豪感”的表述更为准确具体，更符合五年级学生的阅读能力和理解水平，可操作性强。

② 目标制订符合学情

学会复述无疑是本课的一个重点教学目标，在教学过程中，渗透适当的复述方法，能体现为学生终身发展奠基的教学理念。但是在这一教学目标达成的过程中，学生是第一次接触复述，所以复述会比较困难。语文新课标在第三学段的阅读目标中要求学生“阅读叙事性作品，了解事件梗概，能简单描述自己印象最深的场景、人物、细节，说出自己的喜爱、憎恶、崇敬、向往、同情等感受”。所以，在第二稿教学目标中，学优生和中等生可以学得更好些，同时对学困生降低了难度，体现了个性化，根据学生实际，为学生制订不同的目标，有利于目标的达成，更有利于促进学生自信心的形成。

除此之外，教学目标制订的过程要科学，要符合设计规律和系统论原理。具体是指教学目标的制订要依据新课标，体现先进的教学理念；要依据

课程内容和学情，考虑不同学生的学习个性；要研究目标制订、编写的规范性，所制订的目标既要包含短期目标、长期目标，又要体现国家目标。

当然，在制订的教学目标中还应包含四个要素：行为主体、行为动词、行为条件、表现程度。如“在自学和合作学习中（行为条件），学生（行为主体）能迅速无误地读出和写出（行为动词）本课的5个生字词（表现程度）”。

目标制订后，还要运用有效的教学策略进行实施，继而又会在教学过程中形成新的生成性目标，这样就有了预设目标和生成性目标相结合的科学的教学目标。之后，通过落实及时反馈。对学生落实三维目标情况的反馈信息，教师应该做到接收敏感、判断准确、处理果断。反馈的方法有提问、观察、质疑、训练、作业等，通过反馈收集不同层次学生的目标达成情况，从而有效反馈目标的落实情况，以学定教，提高课堂教学的效率。

教学目标的制订要和教育目标、课程目标密切相关，要与师生的发展紧密联系，其最终是为了促进师生的共同发展，真正实现有效教学，提高教育质量，发展学生个性！

第四章

个性化课堂的教学模式构建

要真正发展学生的个性，课堂上必须构建适合学生个性发展的教学模式。“教学模式”一词最初是由美国学者乔伊斯和韦尔等人提出来的，1972年，他们出版了《教学模式》一书，系统地介绍了22种教学模式。结合国内外学者对教学模式的阐释，以及我的教学实践，我将教学模式定义为依据教学理念、教学思想和教学规律，在教学实践中形成的较为稳定有效的教学程序及策略体系。

第一节　个性化教学模式的构成要素

教学模式是教学理论的具体化，包含着教学思想、教学目的、操作程序、教学策略和教学评价等，具有可操作性。教学模式直接指导教学实践，是教学理论与教学实践之间的桥梁。教学模式具有独特性、可操作性、稳定性、灵活性等特点。

一、教学思想

教学模式是一定的教学思想的反映，是一定教学思想指导下的教学行为规范。在不同的教学思想的影响下，往往形成不同的教学模式。教学思想在教学模式结构中既自成独立要素，又渗透或蕴含在其他各要素之中。

二、教学目的

教学目的是教学模式的重要组成部分。每一种教学模式都是针对特定的教学目的而设计的，不同于针对具体教学任务和具体教学对象提出的教学目标，其反映的是教学模式设计者的教学思想。

三、操作程序

每一种教学模式都有特定的逻辑步骤和操作程序，它规定了在教学活动中师生先做什么、后做什么，以及在各步骤中应当完成的任务。操作程序只能是基本的、相对稳定的，而不应是僵化的、一成不变的。

四、教学策略

教学策略是为完成教学目标所采用的方式、方法的总和。教学策略具有针对性和灵活性，同一教学目标可采用不同的教学策略，不同水平的教师也可采用不同的教学策略，教学策略直接制约着教学结果。

五、教学评价

教学评价是依据教学目标对教学过程及结果进行价值判断的活动，是对教学活动现实的或潜在的价值做出判断的过程。由于不同的教学模式所要完成的教学任务、达到的教学目标和使用的程序不同，所以其评价的方法和标准也有所不同。目前，除了一些比较成熟的教学模式已经形成了一套相应的评价方法和标准外，还有不少教学模式没有形成自己独特的评价方法和标准。

个性化课堂提倡使用一定的教学模式，但反对使用一成不变的教学模式，更反对模式化。教学有法，教无定法，贵在得法。要落实新理念必须有一个可操作的教学模式，那么怎样才能构建个性化的课堂教学模式呢?

古今中外，凡是真正个性化的课堂都有着成功的、独特的教学法，这些教学法又都有着富有个性的教学模式，而富有个性的教学模式有利于促进学生个性的形成和素养的发展。如李吉林的情境教学、邱学华的尝试教学法、洋思中学的“先学后教、当堂训练”教学模式、杜郎口中学的“三三六”教学模式等，都是富有个性且颇具影响力的。这样的教学法或教学模式能有效提升学生的素养，有利于促进学生的全面发展和个性形成。

传统阅读课堂的教学模式为“介绍背景，整体感知，教师讲解，揭示中心和写法，布置作业”或“介绍背景；初读课文；教师提问，学生回答；教师总结；布置作业”。

以上教学模式，不仅不会引发学生的个性化阅读，而且教师琐碎的分析或师生间的一问一答会占用学生大量自主阅读的时间，代替学生的自主理解和感悟，使学生难以产生深层次理解，难以获得发展。在这样的课堂上，教师是课堂的主人，学生只是被动的接收者。

只有个性化的阅读教学模式才能引导学生自主学习，形成个性。成功、富有个性的学习并不是取决于教师的讲授，而是取决于学生的问题解决、自主探究等。以意义建构为取向的教学模式，才是真正能使学生实现自主学习、促进学生个性发展的教学模式。

经过研究，我认为个性化阅读的教学模式应为“自主学习，预习交流，发现问题；筛选问题，批注阅读，合作探究；交流分享，点拨引导，解决问题；领悟方法，迁移运用，拓展学习”。

第二节　个性化课堂的典型教学模式

在构建教学模式时，应将系统动力学与认知科学、深度对话理论、建构主义理论等深度融合，形成科学的教学模式。个性化课堂的教学模式有很多种，易于学生个性化发展的主要有以下几种。

一、自主探究教学模式

在让学生自主预习的基础上，先让学生自主发现并提出问题，然后让学生讨论、筛选出普遍存在的问题，进行自主学习、合作探究。教师要引导学生进行问题的筛选，所选择的问题最好既能反映学生学习的难点，又能突出教材的重点，还能体现教科书编者的意图。其一般的教学流程为以下几个环节。

1. 创设情境，引发兴趣

教师运用多种策略，为学生创设一个富有情趣的生活情境，以引发学生的学习动机，激发学生的学习兴趣，诱发学生的学习内驱力。

2. 确定问题，自主学习

教师引导学生结合课文的重难点等，共同讨论，选定有探究价值、普遍存在的重点问题作为探究学习的中心问题。

先给学生充足的时间，让学生带着问题自主探究、批注阅读，进而发现问题，提出解决策略。在该环节，应注意培养学生自主学习的能力，包括确定学习内容的能力、获取相关信息的能力、提炼概括的能力、理解感悟的能力、评价有关信息与资料的能力等。

再让学生初步自主解决问题，以提高学生分析问题和解决问题的能力，发展学生的思维能力。

3. 合作探究，解决问题

根据需要，学生以小组的形式围绕问题进行探究、讨论。通过不同观点的碰撞、补充、完善、校正、分享等，学生在合作中理解并初步解决问题。

教师主要在关键处、难点处、易错处，给予学生适当的点拨和引导，以使学生更准确、更全面、更深刻地理解问题，进而解决问题。

4. 方法迁移，形成个性

让学生针对解决问题的策略、学习的效果、学习的主动性等进行自我评价，并初步掌握提出问题、解决问题的方法，然后进行迁移运用。学生在问题解决、方法迁移运用的过程中，逐渐提高了阅读能力，形成了个性，培养了理解、应用、分析、评价和创新等能力，最终达到“自能读书”的目的。

在这一教学模式中，每一个环节的设计都是以学生为本的，都凸显了学生的个性化阅读，这样就避免了教学过程的模式化。

二、探究体验教学模式

皮亚杰指出：“要全面客观地认识客体，就必须动之以手。”他认为，人对客体的认识是从人对客体的活动开始的，思维发展的过程就是在实践活动中主体对客体的认识结构不断构建的过程。人的思维、智慧实际上就是人的外部操作活动内化的结果，若没有大量的外部实践活动，就不会有思维和智慧的发展。在语文教学中，无论是字、词教学还是阅读教学，都有很多可以让学生自主操作的内容，精心设计能引导学生参与体验自主探究的语文实践活动，有助于学生独立理解教学内容，培养学生语文实践能力和自主探究能力。

探究体验教学模式的一般流程：创设情境，引发兴趣；初读感知，整体浅悟（体验的第一个层次）；精读品析，探究体验（体验的第二个层次）；升华情感，领悟方法（体验的第三个层次）；尝试运用，拓展迁移（体验的第四个层次）。

在课堂上，教师可以精心设计和组织“表演课本剧”“当小导游”“辩论赛”“实话实说”“记者采访”“小组竞赛”等丰富多彩的语文实践活动，引导学生发现问题，解决问题，促使学生提升语文素养，发展个性。

下面以《颐和园》（人教版四年级上册）一文的教学为例具体介绍探究体验教学模式。

1. 创设情境，引发兴趣。

创设“当小导游”的情境，让学生以小导游的身份向游客介绍颐和园，引发学生探究课文内容的兴趣。教师在此基础上引导学生自主读懂课文，并适时点拨，使学生了解颐和园中每处景点的特点。

2. 初读感知，整体浅悟。

学生四人一组合作学习，理解课文内容。教师相机在关键处给予必要和恰当的引导。学生先把握颐和园中景点的特点，然后把它记在心里。

3. 精悟品析，探究体验。

在初知特点的基础上，让学生就景点特点、写作顺序等进行精读品悟，自读批注，然后交流分享，解决疑难问题和困惑。在教学中，教师没有过多地讲解，只是给予适当点拨，学生就能自主地掌握颐和园的特点，而且大多数学生还能背诵自己喜欢的段落，有些学生甚至能加上自己的语言对原文进行科学的再创造。

在学生自学的基础上，再让学生以小导游的身份介绍颐和园各景点的特点。这既培养了学生的口头表达能力，使学生品悟了语言文字的魅力，发展了学生自主学习能力，也让语文课堂教学更加有趣。

教师创设情境引导学生进行自主阅读后，学生或多或少会产生这样或那样的问题。在此基础上，教师再次组织学生阅读文本，进行深入探究。之后，让学生进行交流分享。此时，如果学生还读不明白或对课文理解不深刻，教师再适时地给予恰如其分的引导、点拨，通过引导、点拨，将学生对文本的感性认识上升到理性认识，同时修正学生片面或不正确的理解和感悟，直至学生形成个性化的理解和感悟并学会必要的阅读方法为止，这样就能达到叶圣陶先生提出的“教是为了达到不需要教”的目的。

4. 升华情感，领悟方法。

培养学生对颐和园的喜爱和赞美之情，使学生领悟阅读方法和写作方法。

5. 尝试运用，拓展迁移。

让学生尝试运用按顺序、抓特点的方法，介绍自己熟悉的一处院落，实现方法的迁移运用。

三、“五步导学”教学模式

“五步导学”教学模式是以学生为本的教学模式，是一种重在引导学生学会学习的教学模式，其操作流程为以下五个步骤（见下图）。

“五步导学”教学模式

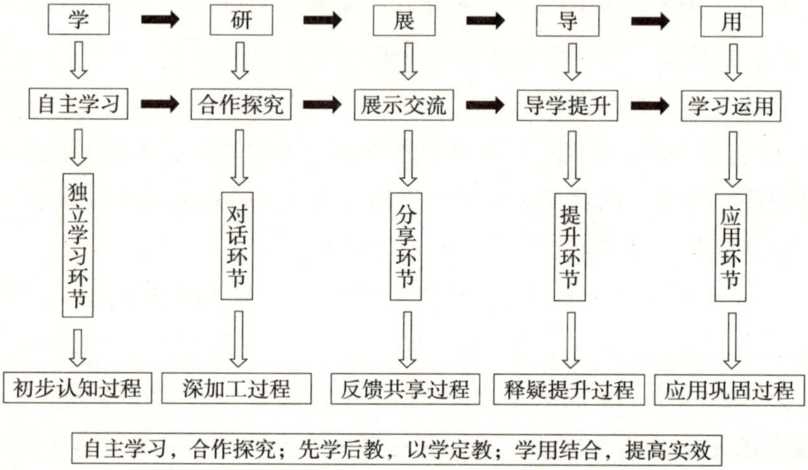

第一步，自主学习。此环节为独立学习环节，学生课前先进行自学，完成预习单和课前自测，找出疑难点、困惑点和兴趣点等，对文本形成初步的整体认识。

第二步，合作探究。此环节为对话环节，主要是生本、生生、师生、生与编者进行对话。学生先在小组中通过生生对话交流预习的情况，再围绕疑难点进行小组合作探究，然后教师对学生进行学法指导和激励性评价，提高学习小组的合作探究效果，提高课堂教学效率。

第三步，展示交流。此环节为分享环节。学生先在组内交流学习成果，之后，以小组为单位分享展示，交流学习成果及学习方法等。

第四步，导学提升。此环节为提升环节。教师针对重难点，对学生合作解决不了的问题，有重点、有选择地进行精讲、启发、导学，以引导学生突破重点、解决难点、提炼方法、达成目标。

第五步，学习运用。此环节为应用环节。让学生在掌握方法的基础上，练习巩固，以达到学以致用的目的。教师最后总结方法，评价学生的学习效果，引发学生新的思考。

“五步导学”教学模式，最终体现了“自主学习，合作探究；先学后教，以学定教；学用结合，提高实效”的个性化课堂教学理念，其各环节都有利于促进学生的个性培养与潜能挖掘，能有效地培养学生的个性。

四、问题解决教学模式

问题解决教学模式以问题解决为中心，注重问题解决者的独立活动，是依据建构主义理论形成的一种发展学生个性，培养学生发现问题、解决问题、自主学习等能力的教学模式。在问题解决教学模式中，教师为学生提供技能帮助和活动空间，使他们进行研究，并最终解决问题。以阅读教学为例，问题解决教学模式一般有以下几种。

模式一：创设情境；自主阅读，产生问题；反复阅读，教师引导；再次自主阅读，解决问题；教师点拨，读懂文本，掌握方法。

模式二：创设情境；自主阅读，产生问题；反复阅读，生生合作，解决简单问题；教师引导，解决有价值的疑难问题；读懂文本，掌握方法。

模式三：自主阅读，产生问题，深入批注阅读，自主解决问题，形成独特的自主阅读方法（需要达到的最高境界）。

五、范例引领教学模式

范例引领教学模式是以获得某类知识为目的的教学模式。德国教育家施滕策尔提出了范例教学模式的一般程序，即范例性地阐明“个”的阶段，范例性地掌握规律，范例性地获得关于世界与生活的经验。我根据施滕策尔的范例教学及自己多年的教学经验尝试构建了范例引领教学模式的一般步骤：确定目标，激发兴趣；精选范例，引领方法；方法迁移，自主学习；自我评价，形成个性。

除以上五种教学模式外，还有自主批注阅读教学模式、微课使用教学模式、翻转课堂教学模式、朗读指导教学模式、指导复述教学模式等多种有利于促进学生进行个性化学习，能有效培养学生个性的教学模式。

当然，个性化课堂教学需要有基本的模式，但决不能模式化，而应根据学情、文本、目标等实际情况，进行有针对性的改变，既有常式，又有变式，旨在促进学生的个性化发展。

同一课的不同教学设计

《去年的树》(人教版四年级上册) 教学设计一

【设计理念】

根据新课程理念，将阅读课变为学生自主学习的语文实践活动课。依据课程目标与学情，采用专题式阅读教学法，突出童话的特点，课上让学生学习阅读方法，课后让学生进行方法的迁移运用，并引导学生学会独立阅读。

【学情分析】

1. 四年级的学生虽然在课内外阅读过许多童话，但对童话的写作特色、表达方式等了解并不多。因此，在学习本文时，可引导学生重点了解本文的语言简洁等写作特点。

2. 概括内容是本阶段学习的一个重点。学习本文时可指导学生通过运用人物关系图的方法概括主要内容。

【教学目标】

1. 学会本课生字，能正确、规范、端正地书写“融”和“伐”等字，正确区别并运用“融化”“溶化”。

2. 能利用抓主要人物、串联画面的方法概括文本的主要内容（学优生能掌握，学困生能了解）。学习运用人物关系图的方法概括文本内容。

3. 体会“天天”“看了一会儿”等关键词在表现树和鸟儿之间深厚情感方面的作用；比较故事结尾两次“看”的不同，想象人物心情。能分角色、有感情地朗读第 5 ～ 17 自然段。

4. 感受童话想象丰富的特点，学习“关注人物、展开想象”的童话阅读方法。

【教学课时】

2 课时

【教学过程】

第一课时

课前引导学生借助预习单自主预习。

一、谈话导入，激发兴趣

通过介绍日本作家新美南吉的童话，引发学生学习本篇童话的兴趣。

二、检查预习，重点指导

1. 反馈预习情况。学生出示自主学习预习单汇总表，教师结合预习单，引导学生关注生字，思考把字写正确、写端正的策略。

2. 小组自主交流。

预设：易错字“融”字的指导策略。

（1）写正确：学生自主提出“融”字的易错点，左边“冂”里面只有一横，并交流识记方法。

（2）写端正：投影学生预习时写的“融”字，请写得漂亮的学生介绍自己的小窍门。教师相机指导关键点，并范写。

（3）学生练写。

（4）引导学生结合刚才指导的关键点进行有针对性的评价。

（5）互评、自评，再次练写。

三、整体感知，把握内容

1. 找出主要人物，串联故事画面，概括主要内容。

（1）默读课文，故事中有哪些人物？（将人物写在黑板上）看着这些主要人物，回想课文，哪些画面浮现在你的脑海中？

（2）学生交流画面，教师相机板书，板贴。

① 找出人物。随着学生回答，教师把“鸟儿”和“树”的图片贴到黑板上，并板书“树根、大门、小姑娘、灯火”。

② 交流发生的事情。按照顺序把画面内容连起来就是课文的主要内容。

（3）学生自由练习，教师指名概括。教师点拨指导：要说正确、说简练、说通顺。

（4）再次练说主要内容。对照人物关系图，同桌互说，掌握通过人物关系图概括文本主要内容的方法。

2. 总结概括主要内容的方法，迁移运用，阅读新文。

（1）总结方法。像这种故事性较强、人物较多的童话，可以用抓住主要人物、串联画面的方法来概括主要内容，并且把同类情节进行合并。

（2）迁移运用。快速阅读童话《白蝴蝶》，找出主要人物，串联画面，概括主要内容，学以致用。

四、细读想象，感悟情感

1. 关注重点词语的反复使用，体会其作用。

（1）学习第 1、2 自然段。指读，引导学生自主发现这两个自然段中出现的几个“天天”，并引领学生在比较中，体会这几个“天天”在表情达意上的作用。

（2）小结：作者就是通过词语的反复使用，突出鸟儿和树之间的深情厚谊的。

（3）练习有感情地朗读。注意朗读策略：把自己当成故事中的角色，想象当时的情境，体会人物的情感，突出重点词语，就能读出感情。

（4）鼓励学生运用这些方法，再读第 1、2 自然段。

2. 添加提示语，体会童话语言简洁的特点。

（1）学习第 3、4 自然段。展开想象，体会鸟儿和树的难舍难分之情，认识语言简洁的特点。

① 语言对比，体会特点。出示第 3、4 自然段，学生齐读。再出示第 10 课《幸福是什么》中的一句人物语言，比比看有什么不同的地方。(《去年的树》一课没有提示语)

课件出示：

树对鸟儿说：“再见了，小鸟！明年春天请你回来，还唱歌给我听。”

鸟儿说：“好的，我明年春天一定回来，给你唱歌。请等着我吧！”

——《去年的树》

“我为你们三个人的健康喝了三口。”她微笑着说。

——《幸福是什么》

② 结合第 1、2 自然段，展开想象，给鸟儿和树的对话添加提示语，并说明理由。

预设：树说话时可能是依依不舍地、深情地、伤心地；鸟儿说话时，可能是痛苦地、难过地、肯定地。可引导学生结合前面的“天天”等词语，说说自己的感悟。

③ 小结：有了提示语，语言很生动，更容易读出人物的情感；没有提示语，语言很简洁，但是简洁的语言能让我们展开丰富的想象，读出的情

感会更丰富！

④ 根据所填词语，同桌分角色读，然后互换角色读，进一步体会鸟儿和树难舍难分的情谊。

（2）小组合作，依照“添加提示语”和“有感情地朗读”的方法，继续想象其他三次对话时鸟儿的心情。

① 小组合作，结合当时的情境，给鸟儿说的话加上提示语。

课件出示：

“立在这儿的那棵树，到什么地方去了呀？”鸟儿（　　）问树根。

鸟儿落在工厂的大门上。她（　　）问大门：“门先生，我的好朋友树在哪儿，您知道吗？”

在一盏煤油灯旁，坐着个小女孩。鸟儿（　　）问女孩：“小姑娘，请告诉我，你知道火柴在哪儿吗？”

② 全班交流。找两组学生说说他们填写的内容，并说出理由。

预设：只要学生所填的提示语能反映出鸟儿越来越伤心、越来越着急的心情即可。若所填词语不合理，教师就要组织其他学生进行纠正、补充、完善。

③ 有感情地朗读。每个学生都当鸟儿，根据各组所填的词，有感情地自由朗读，然后指名读。

④ 小结：从简洁的语言背后，我们读懂了鸟儿的疑惑、关爱、着急、担心，以及百折不挠的决心，因为它和树是好朋友。

⑤ 指导朗读。教师指导学生读出鸟儿的心情。

（3）总结方法：读童话时，要边读边想象，可以先想象画面和语言，再想象人物的内心、动作，这样就能更好地体会人物情感，读出感情。

（4）运用方法，分角色朗读。

3. 品味结尾，想象练笔。

（1）聚焦最后三个自然段，引导学生关注鸟儿两次对着灯火“看了一会儿”，想象一下，这时鸟儿的心中在想什么。联系上下文，想象写话。

（2）交流写话，解释疑难。请几名学生展示所写的话，师生合作评价。结合学生所写，领悟友谊、诚信、留恋、环保等方面的内容。此处，评价有三个标准：一是情感体会是否到位；二是语言表达是否恰当；三是书写是否工整。

（3）齐读最后三个自然段，进一步感受语言简洁的魅力，体会鸟儿和树深厚的友谊。

五、有感情地朗读，升华情感

再次有感情地朗读全文，升华情感。

六、作业设计

1. 推荐新美南吉的其他作品《小狐狸买手套》《红蜡烛》等。如果喜欢新美南吉的其他童话，课后可找来阅读。

2. 继续练习有感情地朗读。

第二课时

一、谈话导入，回顾童话特点

1. 激趣谈话导入，回想本文表达的情感和本文的语言特点。

2. 作者新美南吉用平白如话的语言讲述了一个感人的故事，语言简洁平实，这也是一种美。带着自己的感受再读全文，体会一下这一特点。

二、根据语言特点，改编童话

改写这个童话故事。原文是以鸟儿为线索写的，我们可以设想一下：鸟儿回到南方以后，树发生了哪些事呢？写一篇以树为主要人物的童话故事。

要求：注意学习本童话语言简洁的特点。

三、合作评价，修改童话

1. 师生合作评价童话，教师点评指导，发现学生独特的视角，给予表扬。

2. 根据上面的讲评，鼓励学生对自己的文章进行评价，修改自己的文章。

3. 同桌互相欣赏、评价。

4. 自荐或推荐满意的作品进行交流。

四、书写生字，掌握词语

1. 规范书写本课的所有生字。

2. 区分“融”和“溶”，并正确运用。

（1）出示“融”字的甲骨文写法：，字形像很多蛇从地里钻出来。造字本义：冬眠的虫蛇在暖春复苏（本义只见于古文）。虫，既是声旁也是形旁，表示冬眠后蠕动的小动物。

（2）选词填空：融化　溶化

春天来了，冰开始（　　）了。

红糖放入水中，不一会儿就全（　　）了。

五、作业设计

1. 阅读其他童话。

2. 把自己写的童话读给家人听。

《去年的树》（人教版四年级上册）教学设计二

【设计理念】

语文新课标中指出："各个学段的阅读教学都要重视朗读和默读。各学段关于朗读的目标中都要求'有感情地朗读'，这是指，要让学生在朗读中通过品味语言，体会作者及其作品中的情感态度，学习用恰当的语气语调朗读，表现自己对作者及其作品情感态度的理解。朗读要提倡自然，要摒弃矫情做作的腔调。"依据这一要求，结合学情，该教学设计既突出童话"对话多"的特点，又通过语文实践活动，指导学生练习有感情地朗读，培养学生的朗读能力。

【学情分析】

本班学生分角色朗读水平不高，而本文恰好对话比较多，适合培养学生的朗读能力。

依据文本特点，结合学情，重点指导学生有感情地朗读课文，提高学生有感情地朗读课文的能力。

【教学目标】

1. 认识并会写本课生字；能正确读写"融化""剩下"等词语。通过分角色朗读课文第 5 ～ 17 自然段，理解课文内容，体会童话揭示出的信守诺言、珍惜友情等做人的道理。

2. 提升有感情朗读的能力和理解能力，学会阅读童话的方法。

3. 尝试展开想象，续编故事。

【教学课时】

2 课时

【教学过程】

第一课时

一、单元导入，激趣揭题

1. 谈话激发兴趣。

（1）同学们，你们以前都读过哪些童话故事？哪一篇给你留下的印象最深？简要说说理由。

（2）小结引导：读书不是只读就可以了，还要思考，要有所悟，这才是会读书。

2. 单元整体导入。

（1）同学们都喜欢童话，这节课我们就一起走进奇妙的童话世界，跟随四年级上册第三组课文，去了解童话故事，品味童话语言，体会童话特点。

（2）这一组课文有哪几篇童话呢？请大家快速看看目录。

课件出示：《巨人的花园》《幸福是什么》《去年的树》《小木偶的故事》。

（3）这节课我们先精学《去年的树》这篇课文（师板书课题，生齐读课题）。

二、初读课文，整体感知

1. 检查预习：同桌互相检查生字掌握情况和课文朗读情况。

2. 整体感知：初步概括童话内容。

（1）谁能概括一下童话中讲了谁和谁之间的一件什么事啊？引导学生简要概括。

（2）全班交流，教师指导。

指导对策：因为鸟儿和树根、大门、女孩之间的对话有共同点，相同类型的内容可以合并、归纳在一起。

（3）学生自由练习。

（4）交流汇报。

（5）总结概括主要内容的方法。

三、探究对话，朗读感悟

1. 导学鸟儿与树的对话，体会鸟儿与树之间的情感。

（1）自由读第 1 ～ 5 自然段，边读边思考：鸟儿为什么要寻找树呢？

（2）引导学生交流感受。

① 抓重点词语“天天”“必须”、重点句子“我明年春天一定回来”、标点“！”等，感受鸟儿与树这对好朋友的依依惜别之情，以及它们对明年相见的期盼，体会鸟儿和树之间的情意之深与分别时的难舍难分等。

② 指名读，读出感情来。

以读促悟。学生读完后，教师追问：能说说为什么要这样读吗？引导学生抓住词、句、标点等在读中感悟、体会。

③ 引导学生有感情地朗读第 1 ～ 5 自然段。

再次感受鸟儿与树的约定，有感情地朗读。

④ 教师小结朗读方法：我们在字里行间体会到了好朋友分别时的留恋、难舍之情，感受到了它们对明年相见的期待，所以在朗读时，既要注意突出词语、句子所传递出来的信息，又要注意标点所表达的情感。

2. 探究三次对话（与树根、大门、小女孩的对话），体会小鸟的心情变化，感悟鸟树情深。

（1）批注阅读。

鸟儿带着美好的约定飞走了，在春暖花开的季节，又从遥远的南方飞回来了，没有想到的事却发生了，鸟儿面对变故，心情会是怎样的？请默读课文第 6 ～ 14 自然段，边读边想象，并进行批注。

① 学生针对重点词、句、标点等，进行批注、感悟。

② 师生交流，汇报感悟：面对变故，鸟儿的心情是怎样的呢？

汇报鸟儿与树根的对话（第 7 ～ 9 自然段），体会鸟儿在问树根时的着急、奇怪、惊讶等。男女生分角色朗读体会。

汇报鸟儿与大门的对话（第 10 ～ 12 自然段），体会鸟儿问大门时，心情又是怎样的，感受鸟儿对朋友的牵挂及担心。

③ 汇报鸟儿与小女孩的对话（第 13 ～ 14 自然段），体会鸟儿此时的伤心。

（2）有感情地朗读。

联系生活实际和上下文等批注重点词、句，谈感悟，再进行有感情的朗读。

① 自己找伙伴读：读出鸟儿特别着急的心情。

特别着急可以换成什么词？焦急、心急如焚等。学生再次“心急如焚”地朗读。

预设：学生读不出着急的心情。

指导：教师用课件出示故事画面，并语言创境，假如你就是那只鸟儿，天天给树唱歌，你们约定明年再相聚。第二年，你历尽千辛万苦，长途跋涉来到相约的地方，可是树不见了，只剩下树根在那里。此时你会想什么？

引导学生想象。在想象的基础上，相机引导学生再读鸟儿的话。

小结朗读方法：读童话时，要边读边想象，才能更好地体会文中人物的情感，读出小鸟越来越急切的心情，读出感情。

② 同桌间带着自己的感受分角色读第 10 ～ 12 自然段。

③ 教师总结：要抓住重点词句，然后联系上下文、结合实际，来谈自己的读书感受。感悟不同、理解不同，朗读时的感情就不一样。让我们带着自己的感受，自由练读鸟儿与大门的对话，感受鸟儿心情的变化吧。

④ 从鸟儿与小女孩的对话中，你能体会到鸟儿的心情又发生了怎样的变化吗？自主学习鸟儿与小女孩的对话（第 13 ～ 14 自然段），体会鸟儿此时的心情。

（3）多媒体出示三次对话，对比理解。

想一想，鸟儿的心情是怎样的？（伤心、难过等）通过朗读感受鸟儿的心情。

（4）师生创造性地朗读第 6 ～ 14 自然段，读出感情。

学生自由练读，自由组合读，小组读。

指导：可以把自己当成故事中的角色，想象当时的情境，体会它们之间的感情。此外，在朗读时还要注意语速、节奏、重音等。

（5）小结：同学们在朗读时融入自己的感情就能感受到鸟儿寻找朋友的执着和艰辛。有感情地朗读是一种很好的读书感悟方法。

3. 品读文章结尾，体会心情变化，感悟鸟树情深。

鸟儿千里迢迢来找好朋友——树，可找到的却是树做成的火柴点燃的灯火，面对灯火，鸟儿是怎么做的呢？请朗读课文第 15 ～ 17 自然段。

（1）学生有感情地朗读第 15 ～ 17 自然段。

引导学生在朗读时注意并重读“睁大”“盯着”等词语，并让学生齐读

“鸟儿睁大眼睛，盯着灯火看了一会儿”。

“盯着”灯火看是怎样看？灯火近在眼前，为什么要“睁大”眼睛看？灯火很明亮，为什么还要“盯着”看？引导学生在进行多元感悟的基础上，一边读一边想。

（2）昔日的朋友已化为灰烬，只有朋友做成的火柴点燃的灯火还亮着，鸟儿此时在想什么？齐读第 15 ～ 17 自然段。

（3）教师总结：“睁大”“盯着”“看”，多么平凡的词语啊！透过这些词语，我们能感受到鸟儿对树的深情，能感受到朋友间的深厚情谊。让我们再次齐读第 15 ～ 17 自然段，感受鸟儿对朋友的那份真情吧。

四、感悟写法，升华情感

1. 回归语言，领悟写法。

童话在表达人物的情感时与其他文学体裁不太一样，教师要引导学生：感受这篇童话在写法上有哪些突出的特点。

（1）反复使用词语，如“天天”。

（2）对话特点突出。引导学生体会对话的几种形式。

（3）语言简洁。

（4）情感丰富。

2. 激发想象，学习运用。

（1）配乐激情，引发表达欲望。

教师播放背景音乐同时引导学生：灯火不是树，鸟儿只是找到了留有树的一丝气息的灯火，是用树做成的火柴点燃的灯火，鸟儿纵有千言万语，又能说什么，又能对谁说呢？它深情地凝视着，这情景让人多么忧伤、多么感动啊！此时此刻，假如你就是那只鸟儿，你一定有很多话想说，拿起笔，写下你心中最想说的话，注意用上表达情感的好词好句。

（2）学生写话，教师巡视指导。

（3）交流自己所写内容，巩固朗读方法。

五、布置作业，创编童话

假如树依然在，鸟儿飞回来见到树时会是什么样的情景，它们之间会发生怎样的故事，它们之间又会说些什么呢？请同学们大胆想象，用简洁的语言来创编一则童话，注意写好人物之间的对话。

第二课时

一、学生互批，全班交流

学生课下已经续创了故事，本节课进行交流。

1. 师生按一定顺序共同批阅学生创编的故事。

（1）批改错别字，修改不通顺的句子，使文章文通字顺。

（2）从文章的想象是否合理，是否延续了鸟儿和树之间的感情，有没有写到人物的心情、动作等方面对创编的故事进行评价，并给出修改建议。

（3）对话描写是否合理。

（4）语言是否简洁。

2. 小结：虽然同学们创编的故事角度不同、结局不同，但都让我们感受到了鸟儿和树之间深厚的情谊。

二、自我评价，修改作品

1. 根据上面的讲评，鼓励学生对自己的文章进行评价，并修改自己的作品。

2. 同桌互相评价。

3. 自荐或推荐满意的作品进行全班交流。

三、回顾课文，巩固复习

1. 读一读：复习本课的词语。

2. 听写本课的生词。

3. 演一演：配上歌曲《朋友》，分组表演。

4. 总结提升。

通过这两节课的学习，你有什么收获？可以谈一谈童话的特点、朗读的方法等。

四、布置作业，拓展阅读

1. 课外拓展阅读（必做题）。

（1）读新美南吉的《小狐狸买手套》《红蜡烛》等童话。

（2）自主阅读其他反映朋友情深的童话或信守承诺的文章。

2. 自主布置作业（选做题）。

学完这篇课文后，你想给自己布置什么作业？学生自主布置作业。

对《去年的树》不同教学模式分析

虽然两个教学设计都践行了新课程理念，但设计理念、教学目标、教学过程不同。

“教学设计一”重在引导学生“理解语言，学习语用”。“教学设计二”重在引导学生“理解感悟，有感情地朗读”。两个教学设计依据学情、文本体式特点等，确定的能力训练侧重点各不相同，真正体现了课堂教学的个性化。

1.“教学设计一”的侧重点是“理解语言，学习语用”

“教学设计一”紧紧围绕“理解语言，学习语用”这一能力训练点展开，将阅读课变为学生学习语言文字运用的语文实践活动课。该教学设计依据课程目标、学情、童话的特点等进行了板块式设计，给人耳目一新之感。

（1）了解学情，找准教学起点，以学定教，顺学而导

奥苏伯尔认为：“影响学习的唯一的最重要的因素是学习者已经知道了什么。”上课伊始，教师通过个人教学经验以及对学生预习单进行统计等，了解学生的学习基础和学习需求。通过了解发现学生学习的难点集中在以下三个方面。

一是童话涉及人物较多，情节相对复杂，学生难以快速把握课文的主要内容。

二是与本单元其他文章中形象生动的语言特点不同，这篇童话语言简洁、平实，学生很难从朴实的语言中感受人物深沉的情感。

三是不少学生对故事结尾的两次“看”感到不理解。

教师找到学生学习的难点后，结合语文新课标和教材内容找到了教学的重点和起点。从学生学习的难点和教学的重点入手进行教学设计，有利于以学定教，顺学而导。

（2）精选内容，组织实践活动

教师如何搭建学习的“支架”，让学生掌握童话的阅读方法，把握童话的写作特点呢？下列几个实践活动很有特色。

活动一：概括主要内容，学习方法，学以致用

这篇童话中的人物较多，教师先引导学生找出5个人物，再引导学生找出主要人物，然后串联故事画面，最后概括主要内容。这样的引导，为学生把握课文主要内容提供了依据。基于之前的交流，肯定会有学生将鸟儿与树

根、大门、小女孩这三个人物的对话合并在一起说，这样概括的内容就简洁多了。“串联故事画面”和“合并同类情节”，方法实用，能化难为易，收到很好的效果。

总结出这一方法之后，教师又引导学生阅读一篇新的童话，并让学生运用此方法概括童话内容，使学生能学以致用。这样的实践活动，遵循了技能掌握的基本规律，即学习领悟，迁移运用。

活动二：品味关键词句，体会情感；感悟、练笔，学习语用

文章开头的“天天”，结尾的两次“看”等，含义深刻。组织学生体会关键词句在表情达意方面的作用，了解童话的特点、写作的特色，设计想象练笔等一系列实践活动紧密结合，能有效地引导学生进行语言的学习与运用。这样的设计真正体现了“语文课程是一门学习语言文字运用的综合性、实践性课程”的学科特点，有助于发展学生的语言理解能力和语言表达能力。

活动三：学习“展开想象，添加提示语，体会情感”的方法

针对该童话语言简洁、平实的特点，教师引导学生学习“展开想象，体会人物情感”的方法。如在引导学生学习人物对话时，让学生进行“添加提示语”的实践活动，通过该活动引导学生理解、感悟鸟儿与树的情感，把握对话特点，这有效地激发了学生的学习兴趣，使学生体会到对话的特点，了解了对话的形式。

这一教学设计的目标不是指向对课文内容的理解，而是指向学习方法的掌握。该教学设计中有多个培养学生语言表达能力的实践活动：概括故事主要内容、添加提示语、分角色朗读、想象练笔、拓展运用等，是以方法掌握和能力培养为主的。

2.“教学设计二”的侧重点是“理解感悟，有感情地朗读”

该教学设计恰当地利用了课文对话多的特点，结合学情，面向全体学生，设计了有利于学生语文能力发展的语文实践活动，旨在培养学生的朗读能力。

这一教学设计符合语文新课标中提出的“各个学段的阅读教学都要重视朗读和默读。各学段关于朗读的目标中都要求‘有感情地朗读’，这是指，要让学生在朗读中通过品味语言，体会作者及其作品中的情感态度，学习用恰当的语气语调朗读，表现自己对作者及其作品情感态度的理解。朗读要提倡

自然，要摒弃矫情做作的腔调”的教学建议。

（1）以学定教，因文定标，训练朗读

只有充分了解学情，找准学生的最近发展区，教学才能避免“从零开始”。在该教学设计中，教师通过预习单，对本班学生进行了解，结合预习朗读检查，发现学生的对话朗读水平不高，于是根据学情，结合本篇童话对话多、语言简洁、富有特色等特点，以及根据语文新课标中对第二学段关于阅读的评价要求“能用普通话正确、流利、有感情地朗读课文”，确定了“有针对性地引导学生进行有感情地朗读，培养学生朗读能力”的目标，这不仅能满足学生的学习需求，而且真正体现了以学定教、因文定标的理念，同时能聚焦学生的阅读短板，重点攻关，使得学生的学习和朗读能力相对提升较快。这样的教学设计很科学。

（2）设计活动，掌握方法，提升能力

给学生时间，让学生充分实践，这样才能提升学生的语文能力。泰勒说：“学习是通过学生的主动行为而发生的，学生的学习取决于他自己做了些什么，而不是教师做了些什么。”在课堂教学中，如果没有充分的时间让学生去朗读、实践、运用，将不能完成语文新课标中提出的“着重培养学生的语文实践能力”的任务。给学生充分的时间和空间让其进行自主实践，是发挥学生主体性的有效途径，也是教学目标得以落实的根本保障。

有了时间，再引导学生在实践活动中掌握学习的方法，做到有法可依，学生就能获取更多的知识，形成更强的语文能力，学会自主学习。该教学设计就非常重视以方法和策略为导向的学习。例如，在概括主要内容这一实践活动中，教师引导学生了解角色、想象画面、归类合并、串联情节等，环环相扣，步步推进，让学生学会了归纳童话主要内容的方法。

同一篇课文却有着截然不同的教学设计，这主要源于学生的差异、班级的差异，源于学生学习起点、兴趣点、困惑点的不同，针对班级学生的实际情况进行不同的教学设计，能满足不同学生的学习需要和个性差异，实现针对性教学，提高课堂实效，构建个性化的生本课堂，培养富有个性的学生。

第五章

个性化课堂的教学策略

什么是教学策略？国内外学者对它的界定，可谓仁者见仁，智者见智。

施良方教授曾指出："教学策略是指教师在课堂上为达到课程目标而采取的一套特定的方式或方法。"

袁振国教授认为，所谓教学策略，是在教学目标确定以后，根据已定的教学任务和学情，有针对性地选择与组合相关的教学内容、教学组织形式、教学方法和技术，形成的具有效率意义的特定教学方案。教学策略具有综合性、可操作性和灵活性等基本特征。

邵瑞珍教授认为，教学策略是教师在教学过程中，为达到一定教学目标而采取的一系列相对系统的行为。

尽管对教学策略的内涵有不同的认识，但通常情况下，人们将教学策略理解为在一定的教学条件下，为达成特定的目标所采用的教学手段和谋略。

在实施因材施教，促进学生全面发展的今天，在个性化课堂中，教师应采用何种教学策略来促进学生的自主学习，挖掘学生的创新能力，展现学生的生命活力呢？

第一节　研究学情，以学定教策略

语文新课标中指出："学生是学习的主体。"课堂教学应树立以生为本的理念，要以学生的学习为核心，着眼于学生学会学习。教学过程既包括教师的教，也包括学生的学，教和学是教学过程的两个方面，彼此联系，不可分割。教师的教是为了促进学生更好的学，是服务于"学"的，而且学法决定着教法。在以学为主线的前提下，要想让学生在课堂上学得高效，教师必须在了解学情的基础上，审视和定位教的目的。正如陶行知先生所说，教的法子必须根据学的法子，先生的责任不在教，而在教学，而在教学生学。虽然学生的学是主线，但教师的教同样是不可或缺的，教的内容则由学情决定。研究学情包括以下几个方面：一要致力于研究学生的智力因素和非智力因素。智力因素包括注意力、观察力、思维力、想象力和记忆力等；非智力因素包括动机、兴趣、情感、意志、性格、个性和习惯等。二要致力于研究学生的学习状况和学习规律，如知识水平、能力水平、学习方法、认知规律和个人独特的学习偏好等。三要致力于研究学生已有的生活经验，了解其生活基础、学习环境等。通过研究学情做到以学定教，让教真正适合学生，满足学生的学习需求，促进学生的主动学习、自主学习和有效学习，进而构建个性化课堂。下面来谈一谈如何研究学情，以学定教。

一、了解学生学习动机，以学定教

学生的学习受多种因素影响，如人生目标、学习能力等。心理学认为，人的行为规律是需要决定动机，动机支配行为，行为指向方向目标。当一个目标完成，某种需要得到了满足，就会产生新的需要、动机和行为，以及实现新的目标，而这一系列的循环往复，必须在一定的环境中进行。其中，学习动机是促使学生主动学习以达到某种目标的内部动因，是激励学生学习的内在心理过程和内部动力，是影响学生学习的重要因素（见下图）。

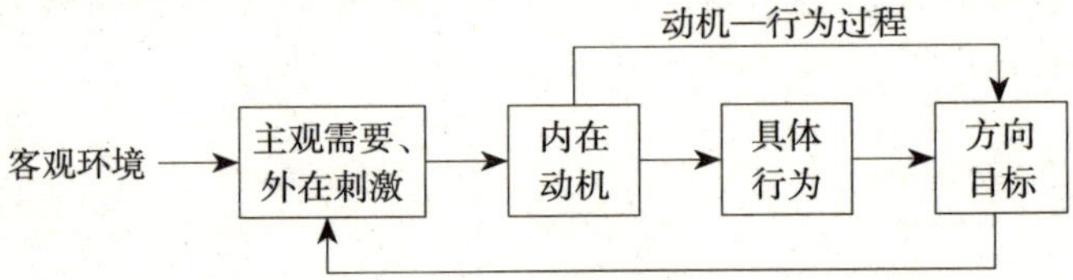

学习动机具有激活、指向、维持和调整等功能，能有效激发学生的学习兴趣，支配学生的学习行为。学习动机包括内在动机和外在动机。内在动机是由内在需要而引起的，具有内在动机的学生主要受好奇心、兴趣、满足感等驱动，对问题更加敏感并努力去解决问题。外在动机是在外界环境的要求、刺激下所产生的，外在动机促使学生把注意力主要放在取得外部奖赏或避免惩罚上。学习动机一旦形成，学生就会表现出浓厚的学习兴趣。

了解学生的学习动机并采取一定的教学手段激发和培养学生的学习动机，促进学生主动学习、个性化学习，是十分有必要的，这是以生为本、发展学生个性的前提，也是提高教育教学质量的根本保证。怎样才能了解学生的学习动机呢？

1. 通过课堂学习习惯了解学习动机

学习习惯属于非智力因素，1935年，美国心理学家亚历山大在其论文《具体智力与抽象能力》中首次提出了“非智力因素”。动机属于非智力因素，是人在后天养成的一种自主学习的心理倾向，是直接推动学生进行学习的内在动机，具有外显性。学习习惯与学习动机密不可分，学习习惯是学习动机的外在表现。学生在课堂上呈现出的各种学习习惯，能够反映出学生内在和外在的不同学习动机。

学生在课堂上呈现出来的学习习惯有很多，如预习的习惯、质疑的习惯、倾听的习惯、表达的习惯、自主学习的习惯、探究的习惯，等等。通过对学生课堂上各种学习习惯的观察，教师能有效推断出，哪些学生有学习兴趣、内在学习动机及强烈的学习内驱力；哪些学生需要外力干预才能进行学习，从而有针对性地对学生进行引导，提高课堂效率。

如在学习《新型玻璃》这篇文章时，一上课，我就从学生的表情中发现，只有极少数学生对这篇文章感兴趣，大多数学生无精打采，毫无兴趣。于是，我依据学情及时调整教学方案，创设了一个“我当小小推销员”推销新型玻璃比赛的情境。由于这一外在的刺激，大部分学生立即产生了兴趣，准备一较高下。不过，还有四五个学生仍无动于衷。虽然创设了情境，但个别学生，仍需老师的特别关注、引导和激励，甚至还需要批评等外在因素的影响，才能勉强进入学习情境。从以往学生学习新授课时的学习习惯来看，这类学生一旦没有有效的外在影响，便会毫无主动学习的需求和欲望，学习积极性也难以调动。对此，我有针对性地对学生进行了引导，调动了学生的学习积极性。

2. 通过作业完成情况了解学习动机

学生能否完成作业，完成作业的目的、态度、效率、质量等是检验学生有无学习动机的“检测仪”。比如，学完《新型玻璃》后，可布置三类作业：一是必做题，抄写生字、新词，查阅其他类型玻璃的有关资料了解其特点；二是选做题，阅读其他说明文；三是拓展题，展开合理想象，用从本课学到的说明方法，介绍一种自己想象发明的新事物。教师通过观察学生完成作业的情况，来进一步了解学生的学习动机。如果学生能克服困难、自觉主动地完成必做题和选做题，而且完成作业的态度积极、认真，则可以判断这类学生有着良好的内在学习动机。反之，如果学生不能按时完成作业，且完成作业的态度不认真、不积极，需要他人督促，而且对待作业的态度一直如此，则可以判断这类学生是没有内在学习动机的。

除此之外，我们还可以将学生倾听时注意力是否集中、口头表达时是否认真、思考问题时是否专注、合作探究时态度是否积极、在与人对话过程中是否全神贯注等作为衡量学生有无学习动机的重要指标，以此推测出学生有无学习动机。

只有了解了学生的学习动机，才能对症下药，有的放矢地找到激发不同学生内在动机的教学策略，提高课堂教学效率。如果教师能了解、读懂、培养、激发学生的学习动机，就能实现以学定教、顺学而导的目标，从而使学生获得全面发展和个性发展，提升学生的生命价值。

二、确定学生最近发展区，以学定教

维果茨基的最近发展区理论认为，学生的发展有两种水平：一种是学生的现有水平，指独立活动时所能达到的解决问题的水平；另一种是学生可能的发展水平，也就是通过学习所获得的潜力。两种水平之间的差距就是最近发展区。了解学情，合理确定学生的最近发展区，是以学定教，促进学生有效学习，构建个性化课堂的前提。

在日常教学中，很多教师往往不重视学情，不注意研究学生的最近发展区，常常是学生已经会的还花大力气教，耗时低效，事倍功半。其实，学生在学习新知之前，并非零基础，他们有生活经历和学习经验，甚至有自己特定的思维方式。教师如果教学学生已掌握的内容，会使学生觉得学习内容太浅显，没有学习兴趣；教师如果教学太难的内容，又会超出学生的可接受范围，使学生感到难度太大，难以学会，同样没有学习兴趣。

在教学前，教师应先了解学生的心理特点、已有生活经验和学习状况，结合学生的年龄特点、认知水平、思维水平，以及语文新课标中的学段目标，确定学生的最近发展区，确定教学内容与教学方法等。如在指导第二学段的学生学习“默读”时，教师应结合学生的学习状况，依据语文新课标中对第二学段阅读教学的要求“初步学会默读，做到不出声，不指读”，确定在最近发展区之内的教学目标，这样才符合第二学段学生的学习需求，才能充分调动学生主动学习和自主学习的积极性，提高阅读的实效。如果在制订教学目标时用第四学段的目标“养成默读习惯，有一定速度，阅读一般的现代文，每分钟不少于500字”来要求第二学段的学生，对第二学段的学生来说，就大大超出了他们的可接受范围，学生极难做到。如果用第一学段的要求“学习默读”来要求第二学段的学生又会太低。

只有了解学情，合理确定学生的最近发展区，才能提高课堂教学效率，才可能收到理想的教学效果。

三、捕捉有效生成点，以学定教

课堂教学是课程创设与开发的过程，是预设与生成、封闭与开放的矛盾统一体。“生成”是新课程倡导的一个重要的教学理念。学生作为一个鲜活的生命，是带着自己的知识、经验、情感等参与课堂学习的。在课堂教学中，教师、学生不断与文本进行对话，思维碰撞的火花不断迸发，在对话的过程中，课堂上会不断生成一些新信息、新问题，而这些新生成的资源，有的又会成为学生学习过程中新的学习增长点。如果教师能充分运用教学机智，抓住课堂生成，并和课堂预设有机融合，就能充分调动学生学习的积极性和主动性，真正落实学生的主体地位，提高课堂教学实效。在预设的基础上捕捉有效生成点的课堂教学，是顺应学情、以学定教的体现，这样的课堂教学才能使学生焕发出生命的活力。

1. 利用生成的错误资源，以学定教

课堂资源丰富多彩，而学生本身就是重要的资源。“学生的全部既有经验、智慧、知识和学习的内在积极性都应当为教师的教学所用，应当成为动力之源、能量之库。而且，它不仅是教育的一般性资源，更是基础性资源；其他的资源，最终必须同学生资源相结合或相化合，才能发挥效益。形象地说，生本教育体系的重要思想，就是‘借力’，‘好风凭借力，送我上青云’，依托学生资源来进行教育，而获得事半功倍之效。”[①] 在课堂教学中，学生难免会出现一些理解上的偏差甚至错误，教师如果能抓住学生生成的这些错误资源，依据学情进行有效对比分析，引导学生辨别正误，就能收到理想的教学效果。斯霞老师在引导学生学习“祖国”一词时，就利用学生生成的错误资源，依据学情进行了教学，收到了良好的教学效果。

师：“祖国”是什么意思呢？

生：祖国就是南京。(好多学生笑了)

---

① 郭思乐．教育走向生本 [M]. 北京：人民教育出版社，2001.

师：不要笑，祖国是南京吗？不对！南京是我们祖国的一个城市，像北京、上海一样。大家再想想。

生：祖国就是一个国家的意思。

师：祖国就是一个国家的意思，对吗？

生：不对。

师：美国是一个国家，日本也是一个国家，我们能说美国、日本是我们的祖国吗？

生：不能！

师：那么，什么是“祖国”呢？谁再说一说？

生：祖国就是我们自己的国家。

师：说得对，祖国就是我们自己的国家。那么，我们的祖国叫什么呢？

生：中华人民共和国。

师：对了，我们的祖国叫中华人民共和国，大家都热爱我们的祖国。

从具体到抽象是儿童认识的正常过程。对一年级的学生来说，理解“祖国”这一抽象词语，确实不易，出现理解偏差和错误在所难免。当学生出现“祖国就是南京”“祖国就是一个国家的意思”等错误理解时，斯霞老师没有视而不见，而是立即抓住这一错误资源，联系学生已有的生活经验，以北京、上海等城市为例，引导学生领悟南京和北京、上海一样都是城市，从而帮助学生纠正了“祖国就是南京”的错误认识，使学生明白了城市和国家的区别。当有学生认为“祖国就是一个国家”时，斯霞老师又立即将美国、日本同祖国进行比较，使学生认识到祖国和国家的异同，并明白了“祖国就是我们自己的国家”，最终获得了“祖国”一词的准确含义。课堂上斯霞老师依据学情，巧妙利用学生生成的错误资源，运用联系、比较等方法，引导学生学习词语，使学生既理解了城市、国家和祖国三个抽象的词语，区分了城市、国家与祖国之间的异同，获得了“祖国”一词的准确概念，又认识了不同的事物，丰富了知识，发展了思维，激发了爱国之情，可谓一举多得。

课堂上，教师如果能运用灵活多样的教学方法，将生成的有价值的资源与要传授的知识相结合，就能使学生获得正确的认识。这是依据学情，以学定教，提高教学实效，构建个性化课堂的重要环节。

2. 利用生成的疑难问题，以学定教

课堂上，学生在与文本、同学、教师、作者和教科书编者对话的过程中，除了会出现一些错误的理解外，还会不断生成一些新问题。如果新生成的问题与教学重难点及本体性知识有着密切的联系，则属于“正效生成点”，教师应充分利用新的“正效生成点”，在课堂上引导学生及时探究，进而以学定教，顺学而导。

例如，执教《跳水》（北师大版四年级下册）一文，在学习“父亲开枪逼孩子跳水”这部分内容时，有学生提出：“我认为船长救孩子的这个方法不是很好，万一孩子跳到海里淹死了怎么办？”问题提出后，学生们议论纷纷，有赞同的，也有反对的。新的问题恰恰体现了学情，此时该如何处理才能顺应学情呢？我是这样做的。

师：既然有同学说船长救孩子的这一方法不是很好，那么请同学们思考一下，还可能有哪些救孩子的方法呢？

生：可以将棉被或棉垫子铺到甲板上，或在甲板上放上气垫船，让孩子跳到上面。

生：还可以在下面拉一张巨型的网，让孩子跳到上面。

生：让水手爬上去救他或接应他。

生：让水手围成圈，当孩子掉下来时接住他。

……

师：同学们都很爱思考，想了这么多的方法，请同学们再读读全文，看看船长为什么不用这些方法，而用让孩子跳进海里这个方法呢？联系全文思考，到底哪一种方法更好？从文中找找依据。

（生读课文，小组合作交流。）

通过比较、分析、辩论，学生一致认为还是船长的方法更好些。首先，从孩子的处境看，用学生们想的方法，时间上来不及。从“摇摇摆摆”“只要孩子一失足，他就会跌到甲板上，摔个粉碎。即使他不失足，拿到了帽子也难以转身走回来”“脚底下就摇晃起来”等词句可看出当时的情况很危急。其次，从当时的情况看，海上“风平浪静”——海面上的危险不大；“船上的人都站在甲板上”——便于及时下海救人；“四十秒钟以后——大家已经觉得时间太长了，孩子的身体浮上来了。水手们把他抓住，拉到甲板上”——由结果可看出此法有效。

通过比较，学生能体会出船长的经验丰富、沉着冷静、处事果断。抓住有价值的疑难生成点，引导学生通过比较理解文本，使学生真正读懂了文本，读出了语言文字背后的人物品质，培养了发散思维和聚合思维，教学效果比预设的还要好。

然而，如果新生成的问题与本节课要学习的本体性知识关联不大，不但不能有效促进学生的学习，而且会影响本节课的学习，这类问题教师可置之不理或和学生约定课下讨论。

例如，一位青年教师指导学生学习《太阳》(人教版三年级下册）一文时，在学生自主学完太阳的特点后，一名学生产生了疑问："太阳离我们那么远，表面温度又那么高，人们是怎么测出来的?"这一有思维深度的问题一提出来，立即引起了大多数同学的共鸣。此问题的确很难，就连执教教师也不知道答案。于是该教师立即抓住这一全班学生都感到困惑的生成点，引导学生展开探究。学生查阅工具书，进行小组讨论，20 分钟过去了，还没有讨论出正确的答案。

很明显，学生所探究的内容并不属于语文本体性知识而属于科学常识。课堂上，教师如果抓住这样的问题大做文章，学生不仅学不到语文本体性知识，发展不了语文能力，还会影响对重点内容的学习，浪费宝贵的时间。

可见，只有抓住课堂上那些有利于理解文本重难点的内容，有利于语文本体性知识学习和语言文字运用的有效生成点，以学定教，才能使学生更深入地理解文本，否则会适得其反，影响课堂教学效率。

此外，找准学生学习的兴趣点、依据学生的课后练习情况等进行以学定教，也是提高学生课堂学习效率的重要环节，有利于提高教学质量。

总之，重视研究学情，以学定教，是提高课堂教学实效，引导学生学会学习，促进学生快速发展，全面提高学生语文素养，构建个性化课堂的前提与关键。

第二节　精选教学法策略

确定合适的教学法是教师构建个性化课堂，引导学生进行个性化学习的一个不可或缺的环节。教师科学地选择教学法，有利于引发学生的学习动机，发挥学生的个性特长，提高课堂教学实效，提升学生的生命价值，发展学生的个性。

一、易于发挥学生主体性的优秀教学法

优秀的教学法是符合先进的教育理念、科学实用并富有实效的，有利于培养学生的自主学习能力和个性。易于发挥学生主体性的优秀教学法大致有以下几类。

1. 以直观感知为主的教学法。如实验操作教学法、演示教学法、参观教学法、角色扮演教学法、示例演练教学法、体验教学法等。

2. 以自主探究为主的教学法。如问题教学法、质疑解疑教学法、自主探究教学法等。

3. 以实践为主的教学法。如尝试教学法、练习教学法、实验教学法、反馈教学法、范例教学法、程序教学法、迁移教学法、读写结合教学法、实践教学法等。

4. 以情境创设为主的教学法。如情境教学法、游戏教学法、活动教学法、暗示教学法、角色扮演教学法等。

5. 以互动对话为主的教学法。如启发式教学法、对话教学法、讨论教学法、小组合作教学法等。

6. 以语言传递为主的教学法。如故事教学法、读书指导法等。

这只是其中常用的一部分，我们可以结合教学实践，创造出更多、更好、更富有个性的教学法。

二、选择教学法的依据

首先，多读一些关于教学法的书籍，如《经典教学法 50 例》《新课程小学语文实用教学 90 法》等，从书本上了解各种教学法的特点、操作模式、适用范围等。其次，多学习其他教师的成功教学法，听听他们的课，看他们是怎样在课堂上灵活运用各种教学法的。最后，多实践应用。感知了、理解了、运用了，才能渐渐掌握，才能用好。

教无定法，贵在得法。教学法有很多，关键是要选出富有个性的、最具实效的、最适合学生的教学法。可依据下列几个方面来选择教学法。

1. 依据理念与理论选择教学法

一是依据语文新课标提出的新理念选择教学法。如语文新课标中提出“学生是语文学习的主体”，据此就可以选择能发挥学生主体性的教学法，如自主探究教学法。二是结合多种有效学习理论选择教学法。如可结合美国缅因州的国家训练实验室研究成果——“学习金字塔”（见下图）选择实践教学法，以促进学生的学习。

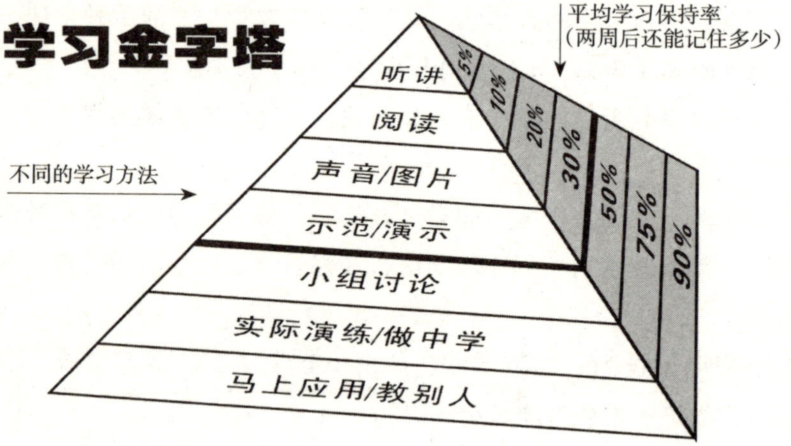

2. 依据教学目标选择教学法

教学目标既是教学的出发点，又是教学的归宿，它支配着教学的全过程，是教学法选择和教学过程设计的导航仪，包括三个维度：知识与能力、过程与方法、情感态度与价值观。如果教学目标确定的重点是发展学生的某项能力，就可以选用以实践为主的教学法；如果教学目标确定的重点是以学习知识为主，则可以选择以语言传递为主的教学法；等等。

3. 依据课程特点选择教学法

因课程内容特点各异，所以选择教学法应因文而异，因课程内容而异。如《去年的树》这篇课文是一篇童话，故事性较强，且宜于培养学生的想象能力；此文对话较多，适合分角色朗读。据此就可选择体验教学法、读书指导法、角色扮演教学法等，这些教学法有利于培养学生的想象力和分角色朗读的能力。

4. 依据学情选择教学法

因学生在知识水平、智力水平、学习动机、心理特征、认知方式与学习习惯等方面存在差异，因此在选择教学法时还应因学情而异，要特别关注学生的差异，所选的教学法要有利于培养学生的个性。如学习《去年的树》一文时，如果班中学生分角色朗读的能力普遍较高，教师不想把培养朗读能力作为本节课的教学重点，而想重点训练学生对“对话”这种表达方式的运用，就可以选择读写结合教学法，引导学生进行读写训练，使学生掌握“对话”这种表达方式。

5. 依据训练点选择教学法

语文新课标指出：“九年义务教育阶段的语文课程，必须面向全体学生，使学生获得基本的语文素养。”语文素养包括多个方面，教师可依据语文素养的培养点来选择教学法。一般情况下，教师可以针对下列十个“点”来选择教学法：知识积累点、语感训练点、能力培养点、思维发展点、方法操作点、拓展延伸点、生活联系点、能力迁移点、语言运用点、人文渗透点。

6. 依据教学条件选择教学法

根据现代化教学设施、环境、空间、时间等教学条件，选择能充分发挥教师和学生个性特长的教学法。如果学校没有相应的实验设施，在教学中选用实验教学法就难以收到理想的效果。

7. 依据不同课型选择教学法

选择教学法时，还要考虑具体的课型。就教学法而言，新授课和复习课不一样，起始课和延续课不一样，朗读课和背诵课不一样，理解课和读写结合课不一样，因此应依据不同的课型选择不同的教学法。

8. 依据教师个性选择教学法

教师的表达能力、思维品质、教学经验、调控能力等各不相同，在选择教学法时，教师一定要充分考虑自身的个性、特长，发挥自身优势，让学生得到最好的发展，并逐渐形成自己的教学特色和教学风格，从而发展学生，成就自身。

需要说明的一点是，在教学时，我们所选用的教学法往往不是单一的，一般会多种方法综合运用。

三、如何选择教学法

在学习同一篇课文时，不同教师制订的教学目标和选用的教学法是不同的。以《去年的树》为例，看下面两位教师是如何选择和运用不同的教学法的。

第一位教师制订的教学目标和选择的教学法如下。

一、教学目标

1. 学会本课生字，能正确地书写“融”和“伐”。

2. 能通过抓住主要人物、连接画面的方法，把握主要内容。

3. 体会“天天”“看了一会儿”等关键词在表现鸟儿和树之间深厚情谊方面的作用；想象人物心情，分角色朗读第 5 ～ 17 自然段；学习“关注人物、展开想象”的童话阅读方法。

4. 在结尾处展开想象，续编故事。

二、教学方法

据此目标，结合自身特点和学情等，选用朗读指导法、体验教学法、读写结合教学法等进行教学。

1. 在落实目标 2 时，依据故事性强的文本特点，选用了体验教学法，并引导学生运用抓住主要人物、连接画面的方法进行内容的概括归纳。

（1）自读课文，看文中出现了哪些人物？（板贴学生所说人物）

（2）结合人物回想课文，哪些画面浮现在脑海中？

（3）学生交流画面，教师随机板书、板贴。

（4）按顺序把画面内容连起来就是课文的主要内容。

（5）学生自由练习、汇报。

（6）小结概括文章主要内容的方法。

2. 在落实目标 3 时，根据文本特点，选择情境教学法、体验教学法、分角色朗读教学法，通过关注重复词语的使用，引导学生想象画面，分角色朗读。

（1）学习第一幅画面的内容：出示画面，结合第 1、2 自然段中出现的三个“天天”，引导学生体会“天天”在表情达意方面的作用，领悟作者通过词语的反复运用来突出鸟儿和树之间感情深厚的表达方法，之后进行有感情的朗读。

（2）创设情境，学习鸟儿找树时的几幅画面：引导学生进行角色互换，展开想象，体会鸟儿的情感；通过换位想象，引导学生进入情境，体会鸟儿的担心、着急，以及渴望找到树的迫切心情；小组合作分角色朗读第 5 ～ 17 自然段，读出鸟儿越来越急切的心情，培养学生有感情朗读课文的能力。

（3）小结方法：读童话时，边读边想象，可以先想象画面，再想象人物的内心、动作，这样就能更好地体会人物的情感，把课文读好。

3. 在落实目标 4 时，选用读写结合法，引导学生续编故事。

（1）了解新美南吉的童话的特点。

（2）读写结合，续编故事。鸟儿对着灯火看了一会儿，就飞走了。鸟儿会怎么想，怎么做呢？请想象鸟儿飞走后的情景，续编故事。

（运用思维导图，引导学生多角度想象并续写。）

（3）交流续写的故事。

第二位教师制订的教学目标和选择的教学法如下。

一、教学目标

1. 认识“伐”字，规范书写 4 个生字，正确运用“融化”“溶化”。

2. 画出人物关系图，说出故事的主要内容。

3. 给人物的对话添加提示语，分角色朗读，提高朗读能力。

4. 比较故事结尾两次“看”的不同，想象练笔，体会人物丰富的情感。

二、教学方法

1. 在落实目标 2 时，该教师也选用了体验教学法，但与第一位教师不同的是，该教师具体运用了画人物关系图的方法，引导学生概括主要内容。

（1）默读课文，找出故事中的人物，思考：这些人物之间发生了什么事情？

（2）全班交流：学生交流故事中出现的人物，教师相机板书“树根、大门、小女孩、灯火”，之后，学生交流发生的事情。

（3）点拨学法：对于人物比较多的童话，可用画人物关系图的方法来概括主要内容，并把同类情节进行合并。

（4）学生对照人物关系图，再次练说（说给同桌听）。

2. 在落实目标 3 时，根据教材特点，选择实践教学法、分角色朗读教学法等，引导学生通过添加提示语来体会人物情感，分角色有感情地朗读课文，从而培养学生的想象力、理解能力和朗读能力等。

（1）学习第一次对话（鸟儿和树的对话），体会鸟儿和树的难舍难分之情，认识该童话语言简洁的特点。

① 出示两种对话（一种对话有提示语，一种对话没有提示语），引导学生对这两种对话进行对比，进而领悟二者的异同。

② 结合第 1、2 自然段展开想象，给鸟儿和树的对话添加提示语，并说明理由。

③ 小结：有了提示语，语言很生动；没有提示语，语言很简洁，能让读者展开丰富的想象。

④ 加上添加的提示语，同桌分角色朗读。

（2）小组合作，通过添加提示语和有感情地朗读，想象鸟儿和树根、大门、小女孩对话时的心情。

① 小组合作：结合当时的情境，给鸟儿说的话加上提示语。

② 全班交流所填提示语。

③ 学生有感情地朗读添加了提示语的课文。

3. 在落实目标 4 时，选择读写结合教学法，引导学生想象练笔。同是练笔，与第一个教学设计的不同之处是，该设计重在引导学生想象人物的内心世界，同时注重引导学生理解内容，学会表达。

（1）自读最后三个自然段，学生质疑问难：为什么要两次写鸟儿“盯着灯火看了一会儿”？抓住两个简单的“看”，引导学生想象。

（2）联系上下文，想象人物心情，练习写话。

（3）交流写话。

可见，教师可根据教材特点、学情等灵活选择不同的教学法，即使选用相同的教学法，具体教学流程也会因学情而异。正所谓，教学有法，贵在得法。所以，教师在选择教学法要因内容而异、因目标而异、因学情而异，同时应注意突出自己的个性特点和创新之处。

第三节　记叙文教学策略

教师在进行记叙文教学时，应在注重实效的前提下，抓住关键点，亮出个性特色。唯有如此，方能给人耳目一新之感，方能使课堂焕发生命的活力。那么，如何进行记叙文教学才能突出特色、彰显创意呢?

一、注意各环节之间的联系

教师在备课时要注意教学理念、教学目标、教学过程和练习反馈之间的内在联系。

一节好课，首先要有先进的教学理念做指导，教学理念引导着教师的教学行为，有什么样的教学理念就会有什么样的教学行为。教师备课时，要先了解并确定本节课要体现和落实的先进教学理念；然后围绕先进的教学理念，结合记叙文的文本体式特点和学情，科学地确定教学目标；接着再根据教学目标设计教学过程；最后通过设计多样化的课堂练习和课后作业来反馈教学目标的达成情况。教师在设计教学过程时，要充分考虑能有效突破教学重点、解决教学难点、落实教学理念和教学目标的教学策略，继而达成教学目标，落实教学理念。

备课的整体规划和教学过程中的各个环节，是相互联系并一脉相承的。教师只有在备课时注意了这几个部分之间的联系，才能设计出理念先进、目标恰当、过程科学、策略有效、效果突出的好课，才能体现出教学特色。下面以《草原》(人教版五年级下册）一文为例进行介绍。

一、备理念：本节课力求落实“学习语言文字运用”这一理念。

二、依据这一理念，结合学情，确定下列教学目标。

1. 学习本课生字、新词，借助图片理解词语“襟飘带舞”；厘清第1自然段的写作顺序。

2. 通过抓关键词句谈感受、结合具体语境理解词语、有感情地朗读、展开想象等方法，感受草原的景美、人美及蒙汉情深。

3. 体会反复使用“飞”“握”“敬”等动词的表达效果，学习“动作传情”的写作方法，迁移运用，学写片段。

三、依据以上目标，确定教学过程。可从下列几个板块落实理念，实现目标。

1. 谈话导入，激发兴趣。(略)

2. 整体感知，了解大意，初步感知蒙汉情深以及草原的景美和人美。（略）

3. 精品细读，理解感悟，深入体会蒙汉情深，领悟用词的准确，体会语言的特色。

（1）品读重点部分，找出重点语句，抓住重复使用的动词“飞”“握”“敬”等，体会蒙古族人民的热情好客，感悟蒙汉情深。

（2）学习作者反复使用动词表情达意的描写方法，体会文章的语言特色。

（此环节能较好地落实目标2和目标3。）

4. 读写结合，拓展延伸，学习运用动词写话，进一步感悟用词之准、语言之美。

（1）理解“蒙汉情深何忍别，天涯碧草话斜阳”这一诗句。

（2）想象离别时的情景，通过想象写一段话，并能反复、恰当地运用动词来表达美好的情感，进一步通过想象表现蒙汉情深。

在该教学设计中，“学习语言文字运用”这一理念体现得十分明晰，且各板块和各教学环节之间环环相扣，体现了其内在联系。

二、注意教学内容的层次性

学习记叙文应掌握哪些内容？各学段又该掌握哪些不同的内容？

教师在选择记叙文的教学内容时，除了要关注学生应掌握的基本字词、句段篇章、写作方法等内容外，还要关注不同学段的不同内容掌握要求。第一学段：教师要注意引导学生对感兴趣的人物和事件产生自己的感受和想法，并乐于与人交流。第二学段：教师要注意引导学生初步把握文章的主要内容，使学生能体会文章表达的情感，复述叙事性作品的大意，感受作品中生动的形象和优美的语言，关心作品中人物的命运和喜怒哀乐，并能与他人交流自己的阅读感受。第三学段：教师要注意引导学生在阅读中了解文章的表达顺序，体会作者的思想感情，使学生初步领悟文章的基本表达方法。

三个学段的内容掌握要求是有变化、有差异、有层次，螺旋上升的。教师在教学时要充分考虑这些内容，要依据课标、年级、文本体式特点以及学情等，科学大胆地取舍记叙文的教学内容。如上述《草原》一课的教学，其教学目标就是依据语文新课标中对第三学段“阅读叙事性作品，了解事件梗概，能简单描述自己印象最深的场景、人物、细节，说出自己的喜爱、憎恶、崇敬、向往、同情等感受”的这一要求来确定的，三个教学目标，既符合学段要求、教材特点，又符合学情，且围绕教学目标所选择的教学内容新颖有特色且针对性强。

三、注意文本的独特性

记叙文是以记叙人物的经历或事物的发展变化过程为主的一种文体。根据写作对象的不同，记叙文可分为写人记叙文、叙事记叙文、写景记叙文、状物记叙文。一般情况下，写人记叙文通过描写人物的外貌、语言、动作、心理活动等刻画人物性格，塑造人物形象，反映作品的主题；叙事记叙文以叙述事情的发生、发展、高潮和结果为重点，通过事件表现作品的主题；写景记叙文以描写景物为主，通过写景寄托情怀，表现主题；状物记叙文以描写物为主，通过写物抒发情感，寄托志向。即使同是写人、叙事、写景、状物的记叙文，也会因写作方法及写作内容的着力点不同，而有所不同，所以在教学记叙文时，教师一定要认真研读文本，深入了解该记叙文独特的文本体式特点，并根据其独特性进行教学设计，以彰显文本的特色及教师的教学特色。

除了以上几种记叙文类型之外，现今还有一种独特的记叙文类型——文包诗。

文包诗既不同于一般文章，又不同于诗歌，而是根据一些千古名诗的创作背景或诗人的创作经历编写成一个饶有趣味的小故事，并在恰当的地方自然引出要学习的古诗，根据古诗的内容和学生的学习需要，对古诗的重点内容、深远意境，配合插图进行形象再现，对古诗中比较生僻的词语和难理解的诗句，也相机做出通俗的解说。在文包诗中，“诗”是“文”的故事中心和思想升华，“文”是“诗”的背景材料和形象说明，“诗”与“文”浑然一体，相互补充，在文包诗这类文章的学习中，学生既可以“借文学诗”，即借助短文读懂诗的内容，提高阅读能力；又可以“借文赏诗”，即借助短文研读古诗，领悟诗的丰富内涵，接受美的熏陶；还可以边读文边吟诗，两相比较，诗文同赏。一篇课文，使学生既能读文，又能学诗，其文本特点特别鲜明。

如《李广射虎》(苏教版三年级下册)就是一篇优美的叙事文与唐代诗人卢纶的诗《塞下曲》相结合的“文包诗”记叙文。基于以上文本体式特点，教师在教学“文包诗”时，可着力设计好以下几个环节。

第一环节：明确方向，初读课文，整体感知

明确方向：初读这类文章前，要先让学生了解其基本特征，明白学习这类文章既要学习文中的古诗，又要学习能帮助他们学好该诗的有关叙述内容。

初读感知：学生初读课文，整体感知课文内容，了解古诗，厘清文章脉络。引导学生借助脑海中浮现的画面，根据“李广夜晚射虎”“白天寻找猎物”这两个主要场景，概括课文的主要内容。

要特别注意引导学生感知“文”与“诗”之间的联系，思考借文学诗的方法；要充分预测学生对古诗的整体理解程度，找出学生学习的疑难点和兴趣点，以学定教，顺学而导。

第二环节：细读课文，“文”“诗”对照，品赏感悟

引导学生抓住概括出的两个主要场景和每个场景中短文与古诗联系紧密的重点段落及主要字眼，进行“文”“诗”对照，感受人物特点和诗文所蕴藏的情感。在引导学生精读课文时，要让学生认真朗读、感悟，将短文中的重点语句与古诗的诗句对应起来，进行细读比较，进而找到内容上的联系和语言表述上的差异，由此突破学习难点。

1. 引导学生学习画面一“李广夜晚射虎”。

引导学生结合“树木野草发出‘沙沙’的声音”“发现前方的草丛中，影影绰绰蹲着一只老虎”，以及“拈弓搭箭，运足气力，拉开硬弓。‘嗖’的一声”等句子，体会李广将军警惕性高、从容镇定、胆大威猛、功力非凡、身手敏捷、神勇无比等特点。

2. 总结学习方法，引导学生自主学习画面二“白天寻找猎物”，并让学生尝试运用学到的方法自主解决问题，提升语文素养。

引导学生结合“全都惊呆了”“巨石”“深深地扎进”“怎么拔也拔不出来”等词语，深入体会李广将军射术出众、力大无穷的特点，体会作者在字里行间流露出的对李广将军的赞美、敬佩之情。

引导学生进行诗文对照，分析每一句诗分别与哪些段落所描写的情景相

对应。引导学生进行诗文对照赏读、吟诵，不但能使学生提高古诗鉴赏的能力，而且能使学生从中学习语言，提高理解与表达的能力。

第三环节：借文赏诗，升华情感，学习方法

引导学生反复对比诵读，升华情感，接受语言结构美的熏陶。依据此文学法，引导学生迁移运用，让学生自主学习一篇新文章，进而使学生学会方法，提升语文素养。

整个教学设计抓住了“文包诗”这种记叙文的特点引导学生运用抓重点词、突出细节、诗文对应的方法学习本文，使学生掌握了学习这类记叙文的方法。

然而，教师在教学记叙文时，不仅要关注记叙文的独特性，还要关注记叙文的表达特点，将记叙文上出个性，上出特色，如此才能提高课堂教学实效，构建个性化课堂。

第四节　高效阅读策略

阅读就是一个信息加工的过程，这个过程一般包含了对阅读物的识别、吸收、理解、保留、回忆若干阶段，只有这些阶段都走完了，我们的阅读才能够真正完成，才是高效的阅读。阅读的实质就是对以文字为主的各种信息进行加工与理解的过程。阅读活动最终的结果，在大多数情况下并不是由阅读者机械地把原文说出来，而需要阅读者对原文进行加工和处理，并用自己的话复述出来，这就需要阅读者真正理解原文的主题思想、逻辑关系、人物情节和故事全貌。该如何引导学生进行高效阅读，构建个性化课堂呢？我认为应从以下几点着手。

一、体验式阅读

在体验式阅读教学中，学生是学习的主体。体验总是个性化的，会因人而异，所以体验式阅读能真正实现个性化阅读。

引导学生进行体验式阅读大致要让学生经历四个阶段：一是直觉感知阶

段；二是涵泳口味阶段；三是意义顿悟阶段；四是迁移运用阶段。

1. 直觉感知阶段

这一阶段是预备情感和接受心境的阶段，重在整体感知体验。

上课伊始，教师创设情境，引导学生对文本进行感知体验。教学情境大致可以分为生活情境、问题情境、交流情境三类。美国教育家杜威认为，教学过程中，学生要有一个真实的经验情境，并在这个情境内部产生一个真实的问题作为对思维的刺激。教师可以通过创设多种多样的有趣的情境，激发学生的阅读兴趣，利用学生的阅读期待，激发学生的阅读欲望，引导学生从整体上感知文本内容，进而使学生产生初步的情感体验。

2. 涵泳品味阶段

注意抓住文本中的关键词句进行品读体验，通过探究重点问题，体会作者的思想感情，在探究中获得丰富的阅读体验。

（1）在语境中细读体验

语境指人们在利用语言进行信息传递时所处的特定语言环境，它制约和影响着传递过程中言语意义的确立。因而在体验式阅读教学中，要在学生整体感知的基础上，引导他们从语言文字入手，深入感悟语言文字背后的含义，并与作者的思想、作品的写作背景等要素联系起来，以求能更准确地理解作品的主旨。

（2）在诵读中体验

诵读是学生感知教材和获得审美享受的基本途径。诵读是在多种感官协调配合下进行的体验活动，它要求我们通过采用比较读、想象读等方法深入了解文本，并将自己的主观感受同作品统一起来，以达到身临其境、融会贯通的境界。教师要引导学生把文本中的神情理趣在诵读中传达出来，从而获得深切的体验。学生在诵读时要注意把握声调和节奏，以求传达出语言特有的音韵美，进而深入体验作品内在情绪的起伏。

（3）在角色换位中细读体验

体验式阅读教学既重视学生对文本的接受和把握，又强调学生对文本意义的理解。教师要引导学生站在文中人物的立场对文本进行个性化的解读和创造性的诠释。

（4）在师生对话中体验

学生知识水平、理解能力等的不同，决定了学生对文本的感受不仅存在深浅之分、宽窄之别，还会有对错之差。这就要求教师在解读文本、强调个性化感受体验的同时，还必须引导学生进行思想的碰撞、言辞的交锋、意见的交换，从而使学生形成超越自我的体验与认识，使学生的体验走向多元、完善与深刻。

（5）在质疑探究中体验

教师要引导学生敢于在阅读中提出问题，并带着问题细读文本，找到答案，进而深入理解文本。有的文本叙述好像有漏洞，有的内容初看起来好像没有什么意义……这些都需要学生在质疑中细读探究，感悟体验。

比如，《少年王冕》一文中有一段写景的内容，是学生理解的难点，也是学生体会人物特点的一个重点。在理解这部分内容时，教师可引导学生质疑：题目表明这篇文章是写人的，但文中为什么会有大段的景物描写？问题提出后，让学生联系上下文，结合王冕的身世等，进行深度的探究体验，最终引导学生体会出大段景物描写的作用：一是可以看出王冕是个善观察、会观察的孩子，具备成为画家的天赋；二是可以看出王冕热爱生活，不热爱生活的人对美景只会熟视无睹，热爱生活的人才会画出好的作品；三是正因为景美，所以才触动了王冕的心弦，才使他产生了画下来的愿望，这次观景是他学习画画，成为画荷花高手的起因和转折点；四是通过写景抒发了作者对王冕刻苦好学精神的赞美之情。

如果没有这样的质疑和探究体验，就不会有学生对文本的深度阅读，也就不会有学生的深度学习和高阶思维训练。

3. 意义顿悟阶段

在阅读过程中，引导学生通过文字想象画面，从而使学生体会出作者的表达意图，这一过程就是意义顿悟的过程。

在学生细读文本体验了情感之后，会与文本、作者产生情感共鸣，这时他们会由“局外人”变为“局内人”，从而产生更深刻的理解和体验。当学生随着人物的情感进入无我之境时，自我仿佛移入对象中，与其融为一体。学生由“近”而“真”，由“真”而“亲”，一步一步走进人物的内心世界，从而深刻地感受到人物的情感。此时，学生已置身文本之中，能设身处地地体验作者写作时的情感，缩短与作者、文本的距离，理解文本的意义。

4. 迁移运用阶段

教师引导学生领悟、学习文本的阅读方法和写作方法，在学生独立感悟之后，引导学生进行实践，并在实践中迁移运用。

由此我们可以总结出体验式阅读教学的通用模式：初读感知，整体浅悟；部分精读，感悟体验；体验悟情，升华情感；领悟方法，迁移运用。

《师恩难忘》（苏教版五年级上册）教学设计

【教学目标】

1. 能正确读写本课的生字、新词，能联系上下文理解新词，能较好地理解课文，并能正确、流利、有感情地朗读课文。

2. 运用体验式阅读法，抓住重点内容理解课文，体会情感，学会阅读。

3. 能体会作者对自己的老师的感激和怀念之情，懂得热爱和尊敬他人的道理。

【教学过程】

一、联系生活，激趣导入

1. 联系生活导入：同学们，从上学到现在教过你的老师有很多，哪一位老师最令你难忘？简要说说理由。

2. 这节课，我们一起来学习《师恩难忘》这篇文章，看看作者难忘的又是什么。

3. 交流信息，介绍作者。

（1）学生交流自主查阅的关于作者的信息，教师结合学生的介绍进行梳理。

（2）教师引导学生交流，有针对性地重点交流作者所取得的文学成就。

[设计意图] 从学生的生活入手，让学生谈自己的老师，能一下子拉近学生与文本之间的距离，容易激发学生学习文本的欲望。介绍作者及其主要的文学成就，既可以让学生了解作者，又能制造悬念，引发学生思考与学习的兴趣。

二、初读感知，整体浅悟（体验的第一个阶段）

1. 自主阅读课文，读准字音，读通内容，自主学习生字、新词。

2. 教师检查并进行重点指导。

（1）小组合作检查生字、新词的掌握情况。

重点指导易读错的字："戛（jiá）然而止"的"戛"字最易读错，可指导学生通过辨析"嘎"与"戛"的异同，记住"戛"的读音。

（2）同桌互查易写错的生字。

重点指导易写错的字：教师范写并注意指导"恭恭敬敬"中的"恭"字。

（3）检查朗读情况。

随机指名读文，看学生是否读通顺了。

3. 引导学生整体感知课文内容，并思考：课文主要写了什么事？

4. 教师小结。

［设计意图］本环节力求通过学生自主朗读，达到读通课文、扫清字词障碍的目的。教师在关键处给予重点指导，体现出教师的引导者角色。同时，根据阅读教学"整体—部分—整体"的原则和学生的认知规律，引导学生从整体入手，初步感知课文内容，使其对课文产生浅层次的感悟和体验，从而为深层次的感悟和体验打下基础。

三、部分精读，感悟体验（体验的第二个阶段）

（一）自主阅读，读中质疑

1. 自主阅读课文，运用批注阅读法把读不懂的内容做上标记，进行批注、感悟。

2. 学生质疑。教师引导学生将提出的问题进行归类、筛选，直至形成有价值的重点问题。

预计形成的重点问题：（1）田老师上课爱编故事对"我"有什么影响？（或为什么说是田老师在"我"心里播下了文学的种子？）（2）师恩指什么？（3）"我"为什么会难忘师恩呢？

（二）自主探究，感悟体验

教师引领学生解决最有价值的问题：田老师上课爱编故事对"我"有什么影响？

1. 教师引导：同学们，读哪些自然段就能解答这个问题？引导学生浏览课文后找出第 7 ～ 10 自然段，让学生细细品读这些重点段落并进行自主探究，理解感悟。

2. 全班交流。教师在关键处、难理解处进行点拨与引导，并进行语言文字的训练。

（1）引导学生抓住第7自然段中“我听得入了迷”一句，体会田老师对“我”的影响之大。

① 抓重点词语理解感悟。如结合“身临其境”“发呆”“惊醒”等词语理解感悟，先理解词语的意思，再体会田老师所编故事引人入胜，以至于让“我”入境动情，由此可看出田老师编的故事对“我”的影响之大。

② 教师小结：抓住重点词句进行理解，是一种不错的读书方法。

③ 指导学生有感情地朗读第7自然段。

（2）结合第8自然段中的“听了上千个故事”“有如春雨点点”等，体会田老师编的故事对“我”的影响之大。（这一段也是理解的难点之一）

① 要突破这一难点要从两个方面入手。一是抓住重点词语、联系上下文进行品赏感悟；二是联系已有知识，如古诗《春夜喜雨》和课文《春天的雨点》等进行理解。引导学生抓住“上千个”体会田老师所编故事的数量之多，然后联系上文，想一想田老师所编故事都有些什么样的内容，从而体会田老师编的故事有思想、有人物、有形象、有情趣的特点。这样的好故事听了上千个，使“我”受到了深刻的教育。所有这些故事都不露教育痕迹地影响着“我”，是一种润物无声、潜移默化的熏陶和感染，就像春雨一样，虽然很细小，但在不知不觉中滋润了万物。

② 教师小结：田老师所编故事对“我”的影响“有如春雨点点”，滋润了“我”的心田，所以“我”才在文学上取得了不错的成就。

（3）引导学生抓住第9自然段中“我深深感谢老师在我那幼小的心田里，播下了文学的种子”这句话，体会田老师编的故事对“我”的影响之大。

教师小结：第一次上田老师的课，田老师编的故事就让“我”入了迷，四年，上千个故事对“我”产生了潜移默化的影响，并在“我”幼小的心里播下了文学的种子，对“我”走上文学之路影响深远。

（三）学习“故事”，感悟作用

1. 引导学生找出田老师所讲的那个小故事。

2. 默读思考：你觉得这个故事编得怎么样？结合有关词句说说理由。

3. 引导学生从语言文字入手体会所编故事的特点：能让我们很好地理解诗的意思；贴近学生的生活，生动有趣，学生愿意听；内容具体，具有教育意义，不仅使学生学到了知识还使学生受到了教育。

4. 自己先读一读这个故事，再讲给同桌听，讲完后同学互相评一评。

5. 从田老师上课爱编故事这件事上，可以体现出田老师是个怎样的老师？（会教学、爱学生、工作负责等）

6. 如果你是作者，此时，面对你在文学上取得的成就，你想对田老师说些什么？（谈感激之情，谈田老师所编故事的重要作用等；让学生自由谈）

7. 教师小结：难怪作者会这么喜欢这个故事，对它这么感兴趣，以至于始终难以忘怀。下面请同学来说说师恩指什么，“我”为什么难忘。

（四）学最后两个自然段，体验师生情

1. 田老师在文学方面对“我”影响这么大，“我”又是怎么做的呢？（感激——行礼、终生难忘）指名读最后两个自然段。

2. 引导学生体会文章表达的思想感情，指导学生有感情地朗读课文。

3. 教师小结师生情深。

［设计意图］美国学者布鲁巴克说过：“最精湛的教学艺术，遵循的最高准则就是让学生自己提出问题。”在本环节中，教师先引导学生自主读书与质疑，再让学生带着问题自主探究。学生在教师的指导下通过品味语言，合作交流，较好地解决了疑问，并在积极主动的思维和情感活动中加深了理解和体验，发展了质疑能力与自主学习能力。在解决问题时，教师采用了变序的方法，以理解重点问题——田老师“编的故事对‘我’有什么影响”为切入点，引导学生先体会故事对“我”的影响之大，再回到对田老师所编故事内容的学习上，这样更易调动学生的学习积极性。学生通过品赏感悟，较好地体会了老师所编故事的精彩和作用之大。

四、回归整体，升华情感（体验的第三个阶段）

1. 教师小结：田老师上课最大的特点就是爱编故事，是他在“我”幼小的心里播下了文学的种子，并使“我”取得了今天这样的成就。“我”始终像40年前一样尊敬田老师，终生都不会忘记他，永远都会尊敬和感激他。

2. 生活中除了你的老师之外，还有哪些人也让你感受到了他的恩情？

［设计意图］在学生有了情感体验之后，再引导他们由感激老师拓展到感激生活中的其他人，从而让学生受到美好情感的熏陶，真正实现语文学科工具性与人文性的统一。

五、领悟方法，迁移运用（体验的第四个阶段）

一是引导学生领悟抓住典型事例表现人物品质的方法：在相处的四年里，有关田老师的事情多如牛毛，作者却只用了一件事来表现田老师的教学有方。

二是引导学生领悟从正面、侧面多角度刻画人物的方法：哪些地方是直接描写田老师教学有方的？为什么文中虽然没有直接、正面地描写田老师，却能让我们感受到他教学有方？让学生明白什么是正面描写，什么是侧面描写，两者结合可以更为传神地表现人物的特点。

三是引导学生领悟点面结合勾勒人物形象的方法：既然田老师教学古诗一事足以表现他的教学有方，那课文第7自然段是否属于画蛇添足呢？让学生在争议、辩论中懂得点面结合对表现人物品质的重要作用。

迁移运用：请你选择以上方法来写一写你印象最深的一位老师。

[设计意图]叶圣陶先生说："语文教材无非是个例子，凭这个例子要使学生能够举一而反三，练成阅读和作文的熟练技能。""阅读是吸收，写作是倾吐，倾吐能否合乎于法度，显然与吸收有密切的联系。"中国教育学会小学语文教学研究会崔峦先生也说："在我们的语文教学中，一方面要加强阅读教学，另一方面要加强读写联系，做到读写渗透，读写结合。"这些都说明写作能力的提高是以"多读"作为手段和途径的。教师在教学中指导学生利用教材这一范例领悟写作的方法，并找到由"读"到"写"的切入点，读写结合，使学生在经历了以上体验后，能很好地把握方法，学以致用。

六、依据差异，布置作业

1. 读一读：《我最好的老师》（大卫·欧文）。

2. 写一写：写生活中对自己影响最大的一个人。

3. 找一找：收集一些赞颂老师的名言。

二、批注式阅读

在传统的阅读教学中，教师往往喜欢把自己对文本的理解和感悟传授给学生，学生只是被动地接受，这不能有效落实学生的主体地位，更不可能实现学生的个性化阅读。语文新课标指出："阅读是学生的个性化行为。阅读教学应引导学生钻研文本，在主动积极的思维和情感活动中，加深理解和体验，有所感悟和思考，受到情感熏陶，获得思想启迪，享受审美乐趣。要珍视学生独特的感受、体验和理解。”在阅读教学中，教师应当引导学生自主阅读，使阅读成为学生自主探究、张扬个性的过程。实施批注式阅读，就是引导学生进行自主阅读和个性化阅读的一个非常有效的策略。

批注式阅读亦谓之“评点”，最早可追溯到梁代（见于清代大学者章学诚《校雠通义》一书）。唐代出现诗歌评点，宋代出现文的评点，后来又出现小说评点。明清时期评点之风达到鼎盛，文坛上甚至出现了无书不评的奇观。2004 年以来，这一话题更是备受语文教研员、一线语文教师和高等院校的教授等人的关注，并逐渐成为语文阅读教学研究的热点。我们也对批注式阅读进行了一系列的研究与实践。

1. 批注式阅读概述

（1）批注式阅读的目标

批注式阅读是深含中国文化意蕴的一种有效的传统阅读策略。它是以有效落实学生的主体地位、唤醒学生的主动阅读意识、实现个性化阅读、形成个性化的自主学习能力为主旨的一种阅读方法。

（2）批注式阅读的类型

识记批注，批注的内容是需要识记的有关字、词等。

质疑批注，批注的内容是在读课文时遇到的阅读障碍、产生的疑问或困惑。

感悟批注，批注的内容是在读书过程中得到的启迪、受到的教育、收获的感悟等。

归纳批注，是对文章句、段、篇进行归纳，概括主要内容等有价值信息的批注。

联想批注，是学生在阅读课文时，将由此及彼或联系生活等所产生的联想进行批注。

评价批注，是针对文章的内容、写法、语言、结构等表达自己的看法，发表自己的见解的个性化批注。

综合批注，综合以上各种批注类型进行的全面的综合性批注。

（3）批注式阅读的形式

① 从批注符号上分

符号批注，用各种符号加以标记。

文字批注，即把自己的感想、疑问、看法、评论等简明扼要地写在空白处。这种批注形式具有内容具体、表达明确的特点。

纲要批注，即把学习内容经过分析、归纳与整理，形成一个阅读纲要，以揭示内容的内在联系，使人从整体上对文路、主人公形象及主旨一目了然。

② 从批注样式上分

集中批注，就某些重点内容或关键内容，统一在文本的某个地方进行批注。

分散批注，在文本的各个地方进行批注。

③ 从批注时机上分

课前批注，在上课前通过自主学习进行批注。

课中批注，在上课过程中进行批注。

课后批注，上完课后进行课外的延伸批注。

（4）批注式阅读的着力点

在批注式阅读中，凡有所感处皆可批注。批注的着力点有很多，可以在下列各处进行批注：易错字处、字词句段处、特色标点处、插图系统处、文章题目处、文本内容处、文章结构处、写作方法处、情感抒发处、单元导读处、阅读提示处、课后习题处，等等。

（5）批注式阅读的批注方法

有“注”与“批”两种批注方法。注，指圈、点、勾画、旁注等。批，指针对自己对文本的疑问、体验、感悟等，用饱含情感的语言简洁精练地表达出自己个性化的阅读理解和赏评等。

（6）批注式阅读的突出特点

学生在进行批注式阅读时，意（批注）随文（文本）生，运用常用的批注符号和简洁精练的书面语言，直接在文章的字里行间、书眉页侧等处，谈感悟、提问题、写评语等，这能帮助学生理解、评论和赏析文本，提升学生的自主阅读能力，发展学生的表达能力。

批注式阅读，既符合语文新课标所倡导的珍视学生独特的体验、感悟和思考的理念，又有利于学生自读自悟，合作探究，养成不动笔墨不读书的习惯，能促使学生成为语文学习的主体。这种阅读方法，能使学生变“学会”为“会学”，变被动学习为主动学习，既能增强学生阅读的深度，又能使读与写相结合，提高学生的语言表达能力。

2. 如何进行批注式阅读

近年来我和河南省商丘市李斩棘老师就如何进行批注式阅读进行了研究与实践。

进行批注式阅读时，批注可包括眉批、旁批和总批等。眉批指在书眉处做批注。旁批就是在文章的旁边做批注。用简明、中肯的语言写下对某个词语、句子、段落、篇章等内容的个性化感悟，以及产生的疑问、独特的见解、评价建议等。总批是在一本书或一篇文章读完后，或写出个性化感悟，或总结出规律性的东西，或做出总的评价，或表明自己的观点等。

将批注式阅读引入语文课堂教学，结合学生、教师、阅读材料的实际情况加以运用，能真正发挥学生的主体作用，有效提高学生的自主阅读能力。进行批注式阅读时可以从文字展开联想，把“薄”书读“厚”；也可以突出要点，提要钩玄，提炼归纳，把“厚”书读“薄”。批注式阅读使得重难点以及学生对内容的理解、诠释，在书中一目了然，有利于学生复习巩固。经过圈点、勾画、批注、评赏等，学生的思维会变得灵活，自主学习能力会逐渐形成，学好语文自然水到渠成。批注式阅读正应了那句“不动笔墨不读书”的古训，同时是对个性化阅读这一理念的有效落实和具体体现，有利于学生掌握自主阅读的技能，提高自主学习的意识和能力，全面发展语文素养和阅读个性，有利于构建个性化课堂。

在阅读教学中，教师要引导学生自主进行批注式阅读，引导学生对文章的思想内容、精彩片段、重点语句、层次结构、表现手法等进行思考，并在思考、分析、比较、归纳、评价、创造的基础上，用线条符号或简洁精练的文字加以标记。

批注式阅读的操作流程大致如下。

（1）范例引领，激发兴趣

为激发学生批注的兴趣，从三年级开始，可以给学生一些批注范例，进行示范引领。教师也可以把自己对美文的批注展示给学生，向学生渗透批注的相关知识。这样，就能使学生初步认识什么是批注、批注什么、怎么批注、批注的作用等，从而激发学生给文章做批注的兴趣。

开始学习批注时可引导学生联系范例领悟批注的内容和基本方法等，并让学生尝试总结出方法；也可以让学生试着根据范例学习批注，提出一些浅显的问题，写出一些初步的想法等。在这一过程中，教师的要求不要太高，要多鼓励、多引导、少批评，可让学生采取自主、合作、探究的学习方式，自评、互评，学习批注的方法，激发批注的兴趣。

下面结合实例来论述如何进行范例引领，激发学生进行批注阅读的兴趣。

① 范例引领，学习批注内容

如《日记两则》(西师大版三年级上册）一文中有八处批注语。

哦，“日记”先要写上几月几日、星期几和天气情况。

把自己感兴趣的事记下来真有意思！

把自己听到的记下来。

把自己看到的记下来。

“喙”是什么意思呢？我去查一查。

把自己想到的记下来。

记下自己的收获。

我也要把自己感兴趣的事记下来。

引导学生结合课文，读这些批注语，从而领悟范例中批注的内容：一是批注自己对日记内容的初步思考与理解，如批注出不理解的字和自己的感悟等；二是对日记写作形式和日记内容进行批注，如日记要写出日期、天气情况等，日记可以写看到、听到、想到的，可以写感兴趣的事等。通过范例学习，学生不仅知道了日记的格式和写法，还初步明白了可以批注什么、如何批注等。学生了解了这些之后再尝试自己去写批注语，收获会很大。

② 范例引领，学习质疑释疑的批注阅读方法

如《威尔逊出游》(西师大版三年级上册）一文的批注语。

“信心十足”“我会……”表现了威尔逊的自信。

妈妈怎么不提醒威尔逊呢？

其实这些都是妈妈预料中会出现的问题。

妈妈引导威尔逊找出衣服带少了的原因。

妈妈用去另外一个地方引导威尔逊思考。

妈妈又引导威尔逊找出没带手电筒的原因。

我明白妈妈当时不提醒威尔逊的用意了。

上述范例中有七处批注语，先是在批注阅读中质疑，然后一步步在批注阅读中释疑。这样一来，学生在学习范例时，不仅理解了文章内容，培养了质疑释疑能力、自主探究能力，而且学习了质疑释疑的批注阅读方法。

教师除了注重“知识系统”——引导学生领悟批注的方法外，还应该特别关注“动力系统”——注重激发学生的批注兴趣。为激发学生的兴趣，教师可以向学生介绍从古至今优秀的读书批注传统、讲名人批注阅读的故事，也可以向学生展示名人做批注的方法和成果等，还可以与学生交流自己在阅读中的想法和体会，引导学生产生“我也想给文章做批注”的想法。通过启发和鼓励，引导学生在阅读中形成自主读、善思考、能批注的良好习惯，培养学生批注阅读的信心。

（2）学习批注，掌握方法

首先，认识批注符号。

对于文中精辟或重要的语句，为加深记忆、理解，可在语句下面画“____”；对于文中较难理解的字词，可在下面加“ . ”；对于文中的精彩语句，可在下面加“○”；对于某些有疑问的地方，可在后面加“？”。另外，可在表示感叹或惊奇的语句旁边加“！”；用“‖”和“｜”来划分段落与层次；在需要重读或摘抄的章节前面加“△”等。符号不要随意更换或交叉使用，要形成固定的用法，以便于阅读、批注和交流。掌握了充满神秘色彩的批注符号，便为下一步了解批注内容的类型，进行有效批注奠定了基础。

其次，了解批注内容的类型。

开始学习批注时，可以简单点儿，以单一类型为主。随着批注次数的增多、学生年龄的增长、学习的深入，可以逐渐由单一型向复合型过渡。教师要根据教材的要求，引导学生认识批注内容的类型：学习字词、解释意思、评析文字、分析含义、议论内容、畅谈感想、提出疑问、举例补充、评论写法、表达观点和概括梗概等。认识了批注内容的类型后，学生就能由开始的只批注内容、提出问题，发展到批注写法、赏析评点等，为学习批注方法打下坚实的基础。

最后，学习如何进行批注。

了解了批注内容的类型，又该如何进行批注呢？

《三月桃花水》（西师大版三年级下册）一文中的第一处批注：“‘醒’是指

河里的冰融化了吧？把河流当作人来写，真亲切。”这里不仅有对字词意思的思考，也有对拟人这一修辞手法的分析与评价。第二处批注：“把河水比作竖琴，把波纹比作琴弦，把浪花比作鼓点，它们在一起，会弹奏出些什么呢?”这是对比喻这一修辞手法的具体分析。

《南海上的明珠》(西师大版四年级上册）一文中的第二处批注：“‘先总后分’地写出了海南岛‘土地肥沃’‘物产丰富’的特点。”这里既有对文章结构的分析——“先总后分”，又有对文章思想内容的总结——写出了海南岛“土地肥沃”“物产丰富”的特点。

这些丰富的批注语言，不仅可以帮助学生理解文本含义，分析作者的写作手法，而且能有效引导学生懂得批注从何处入手、批注什么、怎样批注，还能引导学生展开想象，深入思考等，真可谓一举多得。通过引导，能使学生明白，批注原来就是要关注文本在内容和写法等方面的特点，即突出特色、抒发自己读书时的真实感受，进而使学生更深入地认识批注的作用。

（3）教师引导，批注实践

夸美纽斯曾说过：“一切语文从实践中去学习比用规则学习来得容易。”方法应该是从实践中提炼出来的，学好语文的方法应该是从听、说、读、写中提炼出来的，学生能在语言的实践中学会学习的方法，所以要让学生在做中学，在学中用。学生自己在批注实践中悟得的方法才是真正实用的、最易迁移的阅读方法。

掌握了基本的批注知识、简单的批注方法，并不意味着学生已经学会了批注式阅读，教师还要指导学生，引领学生进行批注实践，把散落的“点”穿成一条条“线”，让学生通过批注练习，把学到的知识转化为能力，学会批注式阅读。

初读时，要求学生在书上圈生字、标字音、释字意。在此基础上，要求学生把阅读的触角深入文本的字里行间，进而有所感、有所疑、有所悟。精读时，引导学生围绕文章主题，深入到字词、语句、细节、段落、思想、情感中去，挖掘文本内涵，感悟语言表达的精妙、文章布局的合理等。

批注实践可分为三个阶段：课前、课中、课后。

首先，课前将预习与批注相结合，有效进行批注式阅读。

预习时学生初次接触课文，此时，他们的疑点很多，想法、感受也很多。如字词、标点、精彩语句、特色段落、思想感情、表达方式等，都是学生感兴趣且应重点进行批注的内容。预习时，先由学生自主批注，给他们自主阅读、自由表达的机会，鼓励学生查找有关的阅读资料或借助已有的资料来学习新知，要先让学生阅读文本记下感受，然后让学生大量阅读相关资料，进一步研究文本，并进行批注。当学生课前进行批注式阅读时，教师应尽可能了解不同层次的学生的进展情况，以便更好地进行有针对性的指导。

其次，课中要充分运用批注语，有效进行批注式阅读。

课中批注这一环节，教师要在关注学生课前预习批注的基础上，引导学生围绕专题或疑难点、语言点等，进行探究、思考和批注。在学生思考、批注之后，引导学生展开交流讨论，使学生在交流讨论中深化对文本的理解，挖掘文章的内涵，并将批注与听、说、读、写的语文实践能力训练有机结合起来，提高语文素养。

在教学中，要引导学生充分运用批注语，加强批注训练，要引导学生在字、词、句、段等方面进行批注，引导学生对不理解的地方提出质疑，对感兴趣的内容追根问底，最终使学生通过批注语的运用，逐步掌握批注式阅读的方法。

下面以《黄河的主人》（苏教版四年级下册）一文为例介绍如何在教学中引导学生进行批注式阅读。

1. 在文章题目处批注。

题目往往能起到画龙点睛的作用，能吸引读者。有的题目交代了故事发生的时间、地点和人物，或者指出主要人物；有的题目概括了故事的中心事件；有的题目概括了文章的主要内容；有的题目揭示了文章的中心等。因此，在阅读时，就要引导学生关注题目，深入思考题目和内容之间的联系。

如读了《黄河的主人》这个题目，可引导学生思考批注："主人"是什么意思？它和客人有哪些不同呢？黄河到底是一条什么样的河？它有什么特点？它又不是家，怎么会有主人呢？

题目是一篇文章的眼睛，注意它并带着思考阅读文本，就能更好地把握文章内容——或能抓住文章的行文线索，或能领悟文章的中心思想，或能明确文章的主要人物等，这有利于学生整体把握文章内容，学会阅读方法。

2. 在关键词句处批注。

每一篇文章都有点睛之笔，都有突破重难点的关键词句。在教学中，教师可引导学生围绕重点词句进行自主研读，并进行批注，从而使学生更好地理解词语，理解文本，体会作者所要表达的感情，领悟文章的写作方法，体会文章的精妙之处。

在学习《黄河的主人》第1自然段时，可以先引导学生自由读文进行旁批，教师可给学生示范："'黄河滚滚''万马奔腾''浊浪排空'三个词写出了黄河气势之磅礴、流水之急、浪之高大、河之惊险。这一环境描写，既点明了故事发生的地点，又突出了当时险恶的水上环境，也是'我''胆战心惊'的原因。描写黄河的目的是什么呢？联系下文可知，是为情节发展做铺垫。"

教师要引导学生明白，这就是抓关键词进行批注，从而使学生领悟抓住关键词进行批注的方法，并在后面几个自然段里迁移运用。

在学习第2自然段时，引导学生抓住"小""轻""小小的""整个儿"等关键词进行批注。引导学生透过以上词语，体会出羊皮筏子的轻和小，再让学生联系上下文提到的黄河水流之险，体会筏子在前进时的惊险，从而使学生体会出作者当时紧张的心情。

学习第6自然段时，引导学生自主抓住重点词"沉着""专心致志""大胆"等进行批注，使学生将"环境：黄河水险；筏子：轻小人多；艄公：沉着大胆"等贯穿起来，进行系统的思考和分析，从而体会出艄公的从容、沉着、勇敢、智慧、镇静和机敏。

抓住关键词进行批注，有利于学生读懂文本，把握文本内涵，领悟理解词语的方法，并且能体现学生对词语的个性化理解。另外，抓住关键词进行批注还可以使学生学习作者的用词之精妙，掌握妙用词语的方法。

3. 在阅读疑问处批注。

"学贵有疑，小疑则小进，大疑则大进。"学生在阅读过程中经常会遇到一些难以读懂的地方并由此产生疑惑，教师要善于抓住学生之疑引发学生真正的思考。学生带着疑问，深钻细研，精品细读，就能真正走进文本，释疑解惑，产生新的感悟。于疑问处批注的阅读方法，有利于培养学生提出问题、解决问题的能力，更有利于学生理解文本内容。

如读到《黄河的主人》第2自然段"被河心一个什么东西吸引住了"时，学生自然会问到底是什么东西？题目是写主人的，写这个东西有什么用呢？

这时，教师可引导学生将阅读中的疑问通过旁批展示出来，进而使学生知道什么是于疑问处批注，并掌握这种阅读方法。学生带着疑问去阅读，就能有效地解决问题，理解文本内容。

如读到第6自然段时，学生又会产生新的疑问："黄河滚滚，羊皮筏子又轻又小，但羊皮筏子上的乘客们为什么还能谈笑风生呢?"学生有了这样的疑问，教师就可引导他们就此展开讨论，由此生成意外的精彩。这种于疑问处批注的阅读方法，有利于培养学生的质疑、释疑能力和探究精神，有利于学生深研文本，在互动对话中读出语言文字背后的精彩。

经过长期实践，学生就会在阅读中学会如何质疑、如何释疑，学会合作探究，长此以往就能提高阅读能力，真正实现个性化阅读。

4. 在文本空白处批注。

所谓空白，指作者在写一篇文章时，会运用"留白"艺术，对某些内容或故意不写，或写得简略，制造"空白"。文本给读者留下的空白，需要读者用想象去补充，补充的过程就是发掘意义的过程，是以自己的经验再创造的过程。给读者留白，便给了读者想象的空间，任由读者去揣摩、思索、想象、创造。教师可引导学生充分挖掘这些空白，并在此展开想象，进行批注。把写得简练的地方想象具体，把写得含蓄的地方补充明白，把没有写出来的内容补写或续写出来，这能活跃学生的思维，开阔学生的视野，使学生展开想象的翅膀，提高阅读和写作能力。

如读到《黄河的主人》第3自然段"这六个人，就如在湍急的黄河上贴着水面漂流"时，教师可以提出这样的问题："当你读到'贴'这个字时，你仿佛看到了什么?"让学生通过想象，进行补充批注，如此一来，学生就能体会到这六个人好像直接坐在了黄河的水面上一样，惊险刺激，十分可怕；体会到浪打来时的情景——几个人的头发和衣服都湿了，十分惊险。学生从一个"贴"字展开想象，想象"贴"字后面的内容，进而想象出诸多文中未写出的画面，从而更深刻地理解文本，体会作者所要表达的情感。

阅读第6自然段时，整段文字没有描写"主人"的语言，教师可以引导学生想象，如果"主人"能说话，此时会说些什么？学生就会通过想象批注出人物的语言。

这样的补白想象批注，有利于学生通过想象发掘文字背后的深层内容，实现深度学习，不仅可以使学生加深对文本内容的理解，而且可以提高学生的想象力和语言表达能力，使阅读更高效。

5. 在有感悟处批注。

学生在阅读时都会有或深或浅的感悟，教师可引导学生将阅读过程中产生的想法，以批注的形式大胆写出来。教师可适当引导学生在有内涵之处和情感丰富之处做批注，也可引导学生在文章的重点句段或细节之处进行重点批注。

如在阅读第 5 自然段时，学生可先结合“再定睛一瞧，啊，那上面还有人哩！不只一个，还有一个……一、二、三、四、五、六，一共六个人”进行旁批，结合水险、人多、筏小等，体会艄公作为主人之从容。之后，引导学生感悟出，像这样在阅读中将自己的感受进行批注，就叫在有感悟处批注。

利用这种批注方法学生可写出很多批注。比如，学完全文后，可将自己的感悟批注出来，如“在以后的生活中，要像艄公那样勇敢，做生活的主人”“艄公面对浊浪排空的黄河都不害怕，以后，我也要不怕任何困难”等。

6. 在情感共鸣处批注。

学生在阅读课文时，总会在某些地方与作者产生共鸣，共鸣之处即情感迸发之处。因此，在阅读时，就可在动情处，记下自己的情感体验，写出自己内心流淌的真实情感。学生在充分阅读思考的基础上，在与作者产生情感共鸣的过程中，丰富了情感体验，受到了美好情感的熏陶。

7. 在表达精妙处批注。

进行批注时，除了要关注内容外，还应关注文章表达的精妙之处，通过批注掌握表达方法。

在阅读《黄河的主人》一文时，引导学生边阅读边思考：作者都运用了哪些突出的写作方法？通过阅读学生会发现，文中的“对比描写”特别突出，可以由此进行批注。作者在描写了黄河惊涛骇浪的气势之后，又把目光聚焦到羊皮筏子上，采用的是对比描写：先写远望所见的羊皮筏子“小”“轻”“浮”，接着写近观所见，上面居然有六个人，表明人数之多。这就形成了对比：一是羊皮筏子的小、轻、浮与上面载人和物之多、之重形成对比；二是载有多人和重物的羊皮筏子与水流湍急的黄河形成对比——那么小、那么轻，浮在浪很大的水面上的羊皮筏子，竟然载有六个人和两袋重物；三是羊皮筏子那么小，在这水流湍急的黄河上随时会出现危险，而艄公却很沉着，这表现了艄公的勇敢、技高胆大、镇定从容。

语文新课标指出："阅读是学生的个性化行为。"在阅读中，学生这些各不相同的批注，不仅是他们思考的痕迹，更能很好地彰显他们的阅读个性。在进行批注式阅读时，教师要充分发挥好"扶"的作用，要允许学生合理解读文本，允许学生进行个性化批注，由"扶"到"放"，让学生留下思考的痕迹。即使学生的认识有偏差，但只要学生思考了，教师就应该多鼓励、多引导，并把一些值得商榷的批注放在课堂交流环节让大家对此进行讨论，这样有利于学生学会批注方法。

最后，课后迁移运用，有效进行批注式阅读。

在批注式阅读过程中，学生经过反复历练，潜心读书，涵泳文字，圈画批注，自主思考，发表个性化见解等，会逐渐养成批注的好习惯。但是，只学会方法、养成习惯还不够，还要在以后的学习中学会运用，以达到方法的迁移运用。在学生习得方法后，教师要给学生充分的时间和空间进行批注式阅读，以培养学生的自主探究能力，使学生将批注式阅读的方法迁移运用到其他课文或课外文本的自主阅读过程中。

要提高阅读能力，仅仅靠教材中有限的文章是远远不够的，学生还要重视课外阅读，多读书、读好书，采用边阅读边批注的方式，写读书笔记、日记等，使课堂上学到的批注式阅读的方法得到迁移和巩固。

阅读是长期的，是陪伴人终生的学习过程。批注式阅读可以提高学生的个性化阅读能力，使学生养成良好的阅读习惯，促进学生终身发展。俗话说："授之与鱼，不如授之与渔。"所以，在批注式阅读教学中，教师要正确引导学生借助旁批领悟批注方法，再逐步放手让学生自主批注，使学生在批注中经历"感受—理解—积累—运用"的过程。

批注式阅读能改变传统的以教师为中心的教学模式。在批注式阅读中，学生有充分的自主阅读时间，可以边读边思考边批注，这有利于学生对文章的分析与理解，有利于学生能力的提升，而且留在书上的批注，对学生日后复习大有裨益。批注式阅读教学不仅着眼于课堂，而且强调课内外结合，鼓励学生在阅读时把自己的感悟、思考、疑问等写出来，从而培养了学生不动笔墨不读书的好习惯。

学生由于遗传因素、社会环境、家庭条件和生活经历等的不同，形成了个人独特的心理世界。每个人的经历、知识水平、理解能力、悟性是各不相同的，这就决定了阅读批注的过程和结果是千差万别的。只要教师在教学中多关注学生间的差异，给学生足够的阅读时间和思维空间，真正落实学生的主体地位，充分发挥学生的主体性，让学生由易到难、循序渐进地进行自主批注，就能解决学生间的差异问题，即使是理解能力较差的学生也能参与其中，在他们的知识领域内有话可说，从而品尝到成功的喜悦。批注式阅读既尊重了学生在学习过程中的主体地位，又注重了学生的个性化阅读体验，还增强了学生阅读的深度，扩大了学生阅读的广度。

批注式阅读作为阅读教学的一种形式，起到了融合文本、彰显自我、砥砺思维、锤炼语言的作用，实现了读、思、悟、写等语用实践的有机结合，在结合中使得读与写都走向了个性化，真正让学生爱上阅读、乐于阅读。

总之，批注式阅读是以生为本的阅读，是有思考、有深度、有个性的阅读，更是快乐的阅读。学生通过批注式阅读，能有效培养自主学习的意识和能力，养成不动笔墨不读书的良好阅读习惯，发展阅读个性，最终达到“自能读书，不待老师教”的目的，真正实现个性化阅读。

草船借箭（人教版五年级下册）

——自主批注式阅读教学设计

【设计理念】

该教学设计根据学生的特点、认知水平和已有学习经验，运用“自主批注，点拨方法，品赏感悟，升华情感”的自主学习模式，力求让学生筛选出最有价值的重点问题进行自主学习，教师只给予方法的点拨或在关键处进行点拨。该教学设计旨在让学生在自主学习过程中，实现自主阅读，展示个性化阅读，提高自主学习能力，提高语文素养。

【教学目标】

1. 自学本课生字、新词，重点指导“曹”和“督”字，重点理解词语“神机妙算”。

2. 通过自主批注学习，理解诸葛亮、周瑜等人的特点，重点体会诸葛亮的神机妙算；在感悟诸葛亮德才兼备的同时，提高自主批注阅读的能力和收集、运用信息的能力等。

3. 领悟本文按事情发展顺序写作的方法，厘清事情的前因后果。

【教学课时】

2 课时

【教学过程】

第一课时

一、交流信息，激发兴趣

1. 谈话导入，激发兴趣。

2. 生生互动，交流信息。

小组交流课前在阅读中收集的信息。选择自己认为最有价值的信息在组内交流。

3. 选出代表，全班交流。

各小组选一位代表，介绍小组认为最有价值的信息。引导学生重点交流《三国演义》第 42 ～ 46 回中，周瑜两次欲杀诸葛亮及诸葛亮和鲁肃的有关信息等。

4. 简介背景，引发兴趣。

教师通过课件介绍时代背景：东汉末年，曹操、刘备、孙权各据一方，相互讨伐，当时曹操刚刚打败刘备，又率领八十万大军进攻孙权。刘备和孙权联合起来抵抗曹操，刘备派诸葛亮到孙权那里协助作战，周瑜见诸葛亮技高一筹，便决意杀之，但皆未成功，草船借箭的故事便发生于此。

二、整体感知，初知大意

1. 初读课文，自主学习。

学生初步了解草船借箭的前因后果及课文大意，同时自主解决生字、新词。教师重点指导“曹”字的笔顺，五、六笔为竖、竖；“督”字的笔画，注意“小”无钩。

2. 检查自学，关注学情。

自主学习后，都了解了什么？还有哪些疑问？重点引导学生初步了解课文的主要内容，了解草船借箭的起因、经过和结果。教师引导学生提出并筛选有价值的问题。一般情况下，学生会提出很多问题，经过筛选后，提炼出“诸葛亮草船借箭成功的原因有哪些”这一问题，重点进行自主探究。

三、自主批注，体验感悟

1. 自主批注，质疑探究。

自主批注，探究“诸葛亮草船借箭成功的原因有哪些”。

（1）自主学习，全面概括、梳理出草船借箭成功的原因的要点。

（2）自主学习方法：在进行探究学习时，画出有关语句，联系上下文并结合自己查阅的信息，深入理解感悟，在自己有所感悟的地方特别是文中的细节处，进行自主批注。

2. 学生批注，教师巡视。

学生自主学习，教师巡视并关注不同层次的学生的阅读方法和学习效果。尤其要关注学困生，给予其重点点拨、引导。

3. 小组交流，生生互评。

各小组在组长带领下交流自主学习成果，交流过程中生生互评。

4. 全班交流，品赏感悟。

全班交流。各小组选出本组认为有价值的批注同大家交流，教师可重点引导学生交流他们所批注的以下细节。

（1）成功原因之一：知天气。

引导学生抓住所批注的三个时间点：“三天”—“第三天四更”—“靠岸的时候……正好”来厘清“知天气”的时间脉络。知天气——此为“天时”。

① 抓住“第三天四更”理解感悟。相机出示重点句子：“第一天，不见诸葛亮有什么动静；第二天，仍然不见诸葛亮有什么动静；直到第三天四更时候，诸葛亮秘密地把鲁肃请到船里。”

策略一：抓重点词批注、感悟。

结合此句，抓住重点词“直到”“第三天四更”进行理解感悟和语感训练。

策略二：联系上下文理解感悟。

联系下文“大雾漫天，江上连面对面都看不清”中的“大雾漫天”“面对面都看不清”，体会“四更”这一借箭的绝佳时机，可谓千载难逢，天时地利，从而体会出诸葛亮有很强的预见性，能预见三天后有大雾，说明他知天气。

② 抓住“三天”“靠岸时候……正好”等，进行理解感悟。

点拨引导：除了能从这儿体会出诸葛亮知天气外，联系上下文（如开头、结尾部分）还可以从哪儿看出诸葛亮知天气？

引导学生从开头诸葛亮说的“只要三天”中体会。周瑜让诸葛亮十天之内赶造十万支箭时，诸葛亮不说用两天或四天，而是胸有成竹地说“只要三天”并立下了军令状，这说明了什么？说明诸葛亮在三天前就已知道第三天的天气情况，这进一步体现出他的神机妙算。

引导学生联系文章最后一个自然段深入体会出发时机之妙。“二十条船靠岸的时候，周瑜派来的五百个军士正好来到江边搬箭。”抓住“正好”一词，联系上下文内容学生能准确而深刻地体会出“四更出发”的时间之妙。五更则晚，三更则早，只有四更才“正好”。可见诸葛亮对当时的天气情况了如指掌。

③ 指导学生有感情地朗读“知天气”的句子。

（2）成功原因之二：知人。

引导学生结合自己的批注，理解诸葛亮知曹操、知鲁肃、知周瑜，即知人——此为“人和”。

① 知曹操。

引导学生从“假攻曹操，逼近受箭”等处进行体会。

课件出示：“天还没亮，船已经靠近曹军的水寨。诸葛亮下令把船头朝西，船尾朝东，一字摆开，又叫船上的军士一边擂鼓，一边大声呐喊。”“诸葛亮又下令把船掉过来，船头朝东，船尾朝西，仍旧擂鼓呐喊，逼近曹军水寨受箭。”

策略一：抓住重点词“擂鼓”“呐喊”体会诸葛亮知曹操。

“擂鼓”“呐喊”原因有二：一是在虚张声势，为了制造进攻假象，吸引曹操的注意力，引曹军出来射箭；二是可以让曹军明确射箭的方向。

策略二：运用比较词语法体会诸葛亮知曹操。

引导学生通过将“逼近”与上文“船已经靠近曹军水寨”中的“靠近”进行比较，理解两个词的不同意思，体会为什么要掉转船头逼近受箭。引导学生联系上文船头和船尾的摆放，以及由“靠近”到“逼近”的变化——开始是“靠近”，现在是“逼近”，体会诸葛亮知曹操。诸葛亮说：“雾这样大，曹操一定不敢派兵出来。我们只管饮酒取乐，天亮了就回去。”引导学生抓住

“一定”“只管”进一步体会诸葛亮知曹操。

策略三：利用信息感悟诸葛亮知曹操。

引导学生结合曹操上万大军，诸葛亮只带了几十个军士等敌强我弱的有关信息，结合以往曹操谨小慎微的事例，体会面对强敌诸葛亮竟然敢擂鼓呐喊，不怕曹军出来的原因，进而体会出诸葛亮了解曹操。

② 知鲁肃。

策略一：运用联系法体会诸葛亮知鲁肃。

引导学生结合“你借给我二十条船……不过不能让都督知道，他要是知道了，我的计划就完了”“鲁肃答应了……回来报告周瑜，果然不提借船的事”体会诸葛亮知鲁肃，这也是借箭成功的前提。如果鲁肃把事情一五一十地告诉周瑜，周瑜肯定会阻拦，那样借箭就不会成功了，从而看出诸葛亮知鲁肃。

策略二：运用有效信息体会诸葛亮知鲁肃。

补充《三国演义》第 42 ～ 46 回中的信息，引导学生深入了解诸葛亮为什么那么了解鲁肃。课件出示有关鲁肃以大局为重，为人忠厚，处处帮着诸葛亮的资料。

策略三：通过朗读体会诸葛亮知鲁肃。

③ 知周瑜。

诸葛亮了解周瑜，知道周瑜是想利用造箭来陷害自己，所以才不让鲁肃把借船一事告诉周瑜，这也是他借箭成功的重要因素。

（3）成功原因之三：知地理。

要成功不仅要知己知彼，更重要的是要知地理，正所谓天时、地利、人和。

引导学生从他们对第 9 自然段的批注中理解体会诸葛亮知地理。可引导学生抓住“借箭返回”“顺风顺水”进行理解体会。试想，为什么一开始要船头朝西船尾朝东？可引导学生抓住开始受箭时船头船尾的摆放到后来“掉转船头”等词句体会诸葛亮知地理。

（4）成功原因之四：谋划周密，富有创新思维。

这是本文中的一个难点，学生一般看不出来，需要教师的引导和点拨。请学生再自由地读一读课文，看诸葛亮借箭成功除了知天气、知人、知地理外，还有没有其他原因？(谋划周密、富有创新思维)

谋划周密：引导学生抓住下列词句体会。

准备草船——从船的数量，草把子的数量，军士的数量等都做了精确的安排。假攻曹操——引曹操放箭。一字排开——为了受箭面积大，受箭快，因为时间有限。船头船尾的摆放、掉转船头——为了两面受箭，受箭多，保持船的平衡，快速返回等。从这些地方可以体会出诸葛亮谋划之周密。

富有创新思维：周瑜、曹操、鲁肃等人都没有想到诸葛亮会去借箭。周瑜只想让其造箭，而诸葛亮另辟蹊径不造箭而去借箭，出乎众人的预料，体现了其创新思维能力。

教师小结：诸葛亮不仅知天气、知人、知地理，而且谋划周密，这是他草船借箭成功的主要原因，由此可以看出，诸葛亮的确是一个神机妙算的人且才智过人。

四、总结梳理，提炼方法

1. 引导学生梳理提炼要点的方法。

2. 引导学生总结本课的学习方法：理解感悟法、比较法、联系法、补充信息法等。

五、作业超市（自选一项完成）

1. 读《三国演义》，找一找，小说中还有哪些地方能体现出诸葛亮的神机妙算和高尚品格？读一读并讲给家人听。

2. 自主排演课本剧。

3. 学习本文写人的方法，写一写自己的同学。

第二课时

一、复习旧知，谈话导入

1. 谈话导入，激发兴趣。

2. 回归整体，认识人物。

从整体上感受诸葛亮草船借箭成功的原因。

二、深化理解，升华情感

1. 结合自主批注体会诸葛亮的人品。

从整个借箭的过程可以看出诸葛亮才智过人。除此之外，他还在哪些方面也很出色？引导学生从人品方面思考。

（1）让学生快速浏览课文，重点浏览课文第 1、2 自然段。

（2）结合开头周瑜让诸葛亮十天之内赶造十万支箭来看，诸葛亮明知道周瑜要陷害自己，还主动提出只要三天，并立下了军令状，从中能体会出什么?（除了可以体会出他才智过人外，还可以体会出他顾全大局、心胸宽广等）

2. 结合自主批注体会周瑜的人品。

（1）引导学生从“周瑜看到诸葛亮挺有才干，心里很妒忌”体会、感悟其心胸狭窄、嫉贤妒能等。

（2）补充信息，深入体会。补充周瑜欲杀诸葛亮的相关信息，深入体会周瑜的人品。

3. 有感情地分角色朗读课文，注意读出说话人的不同语气。

诸葛亮既表现出了过人才智，又表现出了出众人品，可谓德才兼备。请学生带着对诸葛亮的赞美之情再自由地读一读课文，进一步体会他的人品。

三、总结全文，感悟人物

1. 学完全文，你认为诸葛亮是个什么样的人?（结合神机妙算和顾全大局等加以思考）

结合课文内容完成练习：“草船借箭”之所以成功，是因为诸葛亮深知周瑜（　　），鲁肃（　　），曹操（　　），于是利用（　　　　）天气和（　　）条件，巧妙安排，利用（　　　　）前往曹营借箭。借箭成功，说明诸葛亮是一个既（　　　　），又（　　　　）的人。

2. 教师小结。

四、领悟写法，讲述故事

1. 作者是怎样写出诸葛亮的特点的？想一想故事的起因、经过、结果，学习按事情发展顺序进行叙述的方法。

2. 用自己的话讲讲这个故事。

五、作业超市（自选一项完成）

1. 读一读：读《三国演义》中的“空城计”“火烧赤壁”等有关诸葛亮的章节，深入了解诸葛亮。

2. 讲一讲：把这个故事讲给家人听一听。

三、单元阅读

20世纪20年代，梁启超提出了分组比较教学法，提出文章可一组一组讲，其主张应为我国单元教学的开端。尽管现在我国使用的教材版本很多，但几乎每个版本都是以主题单元的形式编排的，如果教师在阅读教学中，割舍了其内在联系，孤立地进行单篇教学，则会使语文阅读教学走向僵化。所以教师应该以单元为基础设计阅读教学，实现高效阅读。具体来讲，即教师对一个单元的教学内容进行全面规划、整体设计。

在单元阅读教学中，教师应先指导学生精读课例领悟方法，再引领学生略读课例依“法”自学，最后辅助学生通过补充的阅读资料达到自学用“法”，即指导学生精学一至两篇文章领悟写作方法，再自主略学一至两篇文章尝试运用方法，最后让学生自读其他文章将学到的阅读方法进行迁移运用，进而实现高效阅读。这样能使“精读”“略读”“自读”有机整合，课内与课外有效结合，最终促使学生形成自主学习能力和个性化的学习方法，从而全面提高语文素养。在设计单元阅读教学时，应注意下列几个方面。（以人教版四年级上册第一单元为例进行介绍）

1. 准确了解单元主题

了解单元主题，即了解某一单元选文的主题是什么。了解了单元主题，就能将课与课之间的内容更紧密地结合起来，有利于前后知识的衔接。

以人教版四年级上册教材为例，本册教材共有自然奇观、观察与发现、中外童话、作家笔下的动物、我国的“世界遗产”、人间真情、成长的故事、科技成就八个主题，这八个主题内涵丰富，贴近儿童生活，富有教育价值与时代感。第一单元的主题是描写自然奇观。

2. 分析单元教材内容

对教师而言，教材分析是其工作的重要内容，教师对教材的分析情况直接影响着其课程的设计、组织与实施，从而间接影响着教学质量的好坏，因此教材分析对教师而言有着十分重要的意义。对学生而言，教材分析有利于其掌握本组课文的主题，整体把握单元教学内容，了解单元教材的感情基调。下面继续以人教版四年级上册第一单元为例，介绍如何进行教材分析。

本单元围绕“自然奇观”这一主题精选了4篇文质兼美的文章，其中2篇精读课文《观潮》和《鸟的天堂》、2篇略读课文《雅鲁藏布大峡谷》和《火烧云》。

这4篇课文都紧紧围绕自然奇观突出了一个“奇”字，但选材各异，描写内容涉及水、山、树、云等不同景物。虽然同是写“奇”，但4篇课文各有特色，有的描写的是稀世罕见的自然景观，有的描写的是自然现象中的奇观，观察的景物不同且描写方法各异。

除了这4篇课文以外，本单元还安排了很多与主题密切相关的内容，如“资料袋”是相关背景材料的介绍；“口语交际·习作”要求学生就自己了解的自然奇观展开交流等。

教材中安排的各种语文活动，可以使学生感受到大自然如同一位神奇的魔术师在世界上留下了绮丽的自然风光和奇妙的自然现象，能使学生产生热爱大自然的思想感情。

3. 制订单元教学目标

在制订教学目标前首先要明确什么是教学目标。教学目标是一种在教学活动之前预期的学生学习的结果，即教师预设学生在学完这一内容后应达到的标准。它是教学的起点和归宿，影响着教学过程的设计，决定了教学内容的选择和安排，制约着教学方法和教学手段的选用。

为了提高学生阅读写景文章的能力，培养学生的自主学习能力，提升学生的语文素养，本单元教学目标主要为以下几点。

1. 认识、会写27个生字。

2. 能正确、流利、有感情地朗读课文；积累文中好词佳句，能背诵指定的段落和自己喜欢的部分段落。

3. 能运用“一边读一边想象画面”的写景文章的阅读方法进行阅读；能联系上下文或结合生活实际体会词句的含义；能用自己的话介绍课文内容，感受大自然的魅力。

4. 能领悟作者有条理、抓景物特点进行描写的方法，在领悟方法的基础上感受大自然的神奇，体会作者对大自然的赞美之情，产生热爱大自然的思想感情。

5. 收集有关自然奇观的资料，通过相互交流，提高口语表达能力；在此基础上描写一处自己喜欢的自然景观，注意按一定顺序写出自然景观的特点等，提高文字表达能力。

其中，目标3与目标4为本单元的教学重点和难点。

4. 整体设计，实施教学

单元教学的整体构想：整个单元教学可分为五个板块，约十课时。

（1）预习课文，以学定教

第一步，运用自学预习单，结合导读，激发学生学习兴趣，引导学生自主认字识词，初步感知课文内容。自主预习要求：能读准字音，读通句子，读熟课文。学生写出能自主学会的内容，写出疑难点和兴趣点。

第二步，进行小组交流，答疑解惑。教师根据学生的小组交流情况，找出与语文本体性内容有关且与课文重难点相契合的疑难点，以便以学定教，顺学而导。教师依据学情，纠正字音，解释字义，指导朗读方法和重点字的书写。

第三步，实践一边读一边想画面的阅读方法。如学习《观潮》时想象潮来时的画面：出现了一条白线——白线迅速移来——形成一堵两丈多高的水墙——千万匹齐头并进的白色战马，这有助于学生把握文本内容，有利于学生背诵。

（2）精学课文，领悟方法

以第一篇课文《观潮》为例。以“奇”字为突破口，找出自然景观的神奇之处。组织学生精心研读，了解大潮有哪些特点？景观“奇”在何处？重点指导学生运用一边读一边想画面的阅读方法进行阅读。

第一步，引导学生概括大潮的主要特点。

第二步，引导学生按顺序找出潮来前、潮来时、潮过后的特点，画出有关句子，感悟大潮的奇特。让学生学习运用一边读一边想象画面的阅读方法，想象当时的画面，体会作者的情感。在此基础上教师播放相关视频，使学生形成直观印象，并引导学生结合下面的表格学习写景文章。

课名	所写景物	景物特点	表达情感	突出写法
《观潮》				

第三步，让学生有感情地朗读课文，读出景观之“奇”，体会这天下少有的雄伟而美丽的景象。

第四步，进行学法指导和创新练习。总结阅读方法，让学生当小导游，通过想象画面尝试向“游客”介绍钱塘江大潮的壮观景象。

第五步，引导学生领悟表达方法，总结升华，拓展延伸。引导学生学习本文按照大潮的发展变化顺序和抓住重点进行描写的写作特点。

第六步，进行学习效果反馈，了解学生学习情况。

（3）群文阅读，丰富积累

第一步，让学生自主运用一边读一边想象画面的阅读方法，尝试阅读本单元其他三篇课文。阅读后，填写表格，然后小组交流，全班反馈，教师指导、修正。

第二步，运用两三个课时，让学生阅读课外的写景文章，学习运用一边读一边想象画面的阅读方法，进行群文高效快速阅读，使学生了解更多的自然奇观，掌握阅读方法，提高阅读效率，生发热爱大自然的美好情感。

（4）领悟写法，练习表达

第一步，引导学生在熟读课文的基础上，了解作者是怎样写出四处自然景观之“奇”的，学习作者按顺序、抓景物特点、动静结合、展开想象和联想进行描写的方法。

第二步，结合单元主题，组织“我所了解的自然景观”主题实践活动。学生结合读过的写景文章，以及假期旅游的所见所闻，介绍一个自然景观。介绍时，要注意顺序，要用上夸张、拟人、比喻等修辞手法，说出景观的特点，特别要注意说出景观的与众不同之处。

第三步，让学生将自己介绍的自然景观按要求作文，并进行修改。修改之后进行作文讲评，教师指导修改。指导学生学会自己修改：自读一遍之后，改正错字；再读，把不通顺的语句改通顺；再读，要特别注意结合本次习作的要求进行修改，写出景观的奇特之处，能让读者想象出画面，并能感受到大自然的奇妙。

（5）总结反思，效果反馈

第一步，总结方法。这几篇课文都描写了自然界的美景、奇景，引导学生总结出这类文章的阅读方法。学习按条理对景物特点进行生动描写的方法。

第二步，进行学习效果反馈，掌握学生的学习动态，及时调整教学。

第三步，拓展延伸。为了使学生逐步学会阅读，也为了使学生巩固学到的学习方法，引导学生进行课外拓展阅读或课外观察，并进行读写结合小练笔。

总之，以上五个板块是从单元出发进行教学设计的，具体到不同单元或某一篇课文，又要根据单元和课文的不同特点有所变化和侧重。在进行单元整体教学时，要因单元而异、因文而异，并根据学情进行设计和安排，这样才能收到较好的效果，才能全面提高学生的语文素养。

寻找榜样、偶像

——写人文章的整体设计复习课

【设计理念】

我们将苏教版五年级上册中的写人课文组成一个单元，进行整体复习。复习课重在举一反三，温故知新。本课旨在引导学生通过复习一篇写人的文章，掌握写人这类文章的复习方法，把握人物特点和思想情感，使学生既学会阅读方法，又学会写作方法。

【教学目标】

1. 复习本册中的写人文章，明确写人文章的基本内容：主要人物、典型事例、突出品质、写作方法等，巩固“提炼与概括”的方法。

2. 能通过运用抓住重点词句、联系上下文、边读边想、列表格等阅读方法提高阅读能力。

3. 迁移运用写人文章的写作方法，提高写作能力。

4. 在复习写人文章的同时，受到人物美好情感的熏陶。

【教学过程】

一、引用名言导入，激发兴趣

同学们，大教育学家夸美纽斯说过：“不复习的学习，犹如用筛子盛水，最终会一无所得。”而我国大教育家孔子也曾说过：“温故而知新，可以为师矣。”这都告诉了我们复习的重要性。在复习阶段，我们可以把文章重新归类组成单元，进行整体复习。如把写人文章，像串珍珠项链一样串起来，进行整体复习，以提高阅读能力。

二、回顾写人文章，复习方法

1. 梳理写人文章。

《在大海中永生》《艾滋病小斗士》《天火之谜》《厄运打不垮的信念》《诺贝尔》《林冲棒打洪教头》《少年王冕》

2. 引出阅读方法。

我们在阅读这些写人类的文章时，应该着力掌握什么呢？（主要人物、典型事例、突出品质、写作方法等）

我们可以通过一个表格将写人文章进行梳理，以帮助我们复习。

课名	主要人物	典型事例	突出品质	写作方法
《诺贝尔》				

三、复习典型课文，巩固方法

1. 回顾课文内容，填写上表。

学生自主复习后，独立填写表格。注意填写诺贝尔的典型事例，并以此了解诺贝尔是个怎样的人。

课名	主要人物	典型事例	突出品质	写作方法
《诺贝尔》	诺贝尔	发明炸药、创立诺贝尔奖	热爱科学、无私奉献、锲而不舍、舍生忘死	动作描写、语言描写、心理活动描写、烘托（侧面描写）

全班交流。哪些细节最能体现诺贝尔的热爱科学、无私奉献、锲而不舍等品质？

2. 小结。

刚才我们一起复习了《诺贝尔》一文，我们可以通过表格来帮助自己厘清思路（课件出示表格）。通过刚才的学习，我们收获了哪些复习方法？（板书：列表格、列提纲）

四、合作学习交流，反馈目标

1. 小组合作，自主复习。

（1）自主复习《天火之谜》《林冲棒打洪教头》等课文。

（2）小组合作，进行练习。

（3）展示复习成果——表格。

（4）师生进行评价、订正。

2. 实战复习，快乐闯关。

现在我们开始进行实战练习，用智慧开启名人坊的大门，就能找到自己的榜样！

（1）第一关，连线题。（寻找智慧金钥匙）

《天火之谜》	林冲	忍让谦和、武艺高强
《林冲棒打洪教头》	恩科西	顽强地与病魔做斗争
《艾滋病小斗士》	谈迁	信念坚定
《厄运打不垮的信念》	富兰克林	勇于探索、大胆试验

（2）第二关，填空题。（打开名人坊的大门）

王冕能成为著名的画家，主要原因是＿＿＿＿＿＿＿＿＿＿

谈迁能编写出500多万字的《国榷》，靠的是＿＿＿＿＿＿＿＿

法布尔能成为昆虫学家，靠的是＿＿＿＿＿＿＿＿＿＿

从他们身上你得到的启发是＿＿＿＿＿＿＿＿＿＿

由他们你还想到了哪个英雄人物，简要介绍其事迹：＿＿＿＿＿＿

＿＿＿＿＿＿＿＿＿＿＿＿＿＿＿＿＿＿＿＿

（3）第三关，思考题。

本册写人文章所写的名人中，你最想选谁做自己的榜样，请结合文章具体语句谈谈理由：＿＿＿＿＿＿＿＿＿＿＿＿＿＿

五、学习方法迁移，自主阅读

温故而知新：自主学习一篇新的写人文章。

生命赞歌

初春的一个早晨，我来到中山公园，四周雾茫茫的。突然，一阵奇怪的脚步声由远而近。我闻声望去，朦胧中，出现了一位军人，上身穿褪色的军绒衣，下身穿着绿军裤，一条裤腿却空着。他拄着一副拐杖，依靠那仅有的一条腿在练习跑步。一阵阵急促的拐杖触地声，在寂静的公园回荡。

我虽然与他素不相识，却情不自禁地跑到他面前关切地说："同志，歇一会儿吧！""不，还有两圈。"回答伴着喘气声，听起来那么不舒服。他不断地摆动着双臂，使劲撑着拐杖，昂着头，一条腿不停地跑着，跑着。突然，一根拐杖因他用力太猛，倾斜了一下，他失去了平衡，跌倒了。我赶紧上前，正要俯身扶他。“不，我自己能起来！”他的言语中有一股不可抗拒的力量。只见他右手吃力地撑着地面，艰难地挪动身躯。他那饱经风霜的脸上，露出了难以忍受的痛苦……

跑步声依然回荡着，可此时，我觉得它显得特别有力。那有节奏的触击声，就像一曲顽强的生命之歌。军人刚毅的面孔上，神情是那么专注，虽然初春寒气逼人，可他的脸上却渗出了晶莹的汗珠。

望着军人宽宽的肩膀、健壮的上肢和那一条不屈的腿，我想，前天他可能在运动场上奔跑；昨天，他可能在前线的炮火中冲锋；而今天，他失去了一条腿，然而他的生命之火正在更热烈地燃烧。他正用体内沸腾的热血，谱写最壮美的人生赞歌……

1. 自主完成表格。

课名	主要人物	典型事例	突出品质	写作方法

2. 自主阅读：请用不同的符号在文中标出突出人物品质的地方。

3. 交流学习情况。

（1）文章运用了怎样的方法描写这位军人。

（2）你怎么理解“他正用体内沸腾的热血，谱写最壮美的人生赞歌……”

六、活学活用写法，练习写作

小结学习方法与写作方法。

必做题：课外阅读写人文章；推荐阅读《海伦·凯勒》《名人卷》

选做题：小练笔，“我们班的______少年”（阳光、才华等）

板书：写人文章复习

事例

人物——————特点（品质）

写法

（课例整体设计：商德远、王冬宇）

四、专题阅读

专题阅读是一种高效阅读。与单元整体阅读教学不同，专题阅读教学打破了以往一课一设计或一单元一设计的方法，它要求教师全面分析教材、深入挖掘教材，以专题为单元灵活整合教材，将原本孤立的知识要素联系起来，并以专题的形式来组织、实施阅读教学，进行高效阅读方法的指导，引导学生将知识以整合的、情境化的方式存储于记忆中，以利于知识的构建、提取、迁移和运用。专题阅读能有效提高阅读速度，扩大阅读总量，培养阅读能力，使学生养成良好的阅读习惯。

1. 专题阅读概述

专题阅读的文本特点是以整合和补充后的教材为阅读材料，确定一个阅读专题。

阅读专题的确定：以提高学生能力的专题为主，辅之以其他方面的专题。

可以确定的专题：主题专题、内容专题、情感专题、题材专题、训练点专题、体裁专题、写法专题、阅读方法专题等。教师在确定专题时，可结合人教版、苏教版、北师大版等教材或其他补充材料，进行整体规划，通过分析、筛选、归类、整合，组织编排新的专题阅读材料，形成新的“大阅读专题”，进行整体教学。这样，既整合了教材，又抓住了文本之间的联系，可使学生对事物的认识更具层次性和系统性；既压缩了授课时间，提高了课堂教学效率，又使学生由一学期学习一本教科书变成围绕专题通过几节课来学习一本教科书以及其他课外资料，提高了学生的阅读量和阅读效率，达到了语文新课标所提出的“要重视培养学生广泛的阅读兴趣，扩大阅读面，增加阅读量，提高阅读品位”的目标。

专题阅读教学的特点：一是围绕专题进行材料的选择和整合，形成一个多种材料组合在一起的阅读专题；二是进行专题阅读教学时，不是一篇课文一篇课文地教，而是把多篇文章整合在一起整体进行教学设计；三是将专题阅读与高效阅读有机整合，精读与高效略读、自主阅读有机整合。

2. 专题阅读教学的思考与设计

在传统的阅读教学中，每篇课文一般需要三课时，其大致的教学设计如下：第一课时，初读课文，学习生字、新词，了解文章大意，再读课文；第二课时，复习生字、新词，讲读课文；第三课时，继续讲读课文，做作业。每篇课文都是一种模式，耗时低效，学生厌学。

通过实践，我将专题阅读分为六种课型，即精读悟法课、略读导学课、自主阅读课、阅读交流课、语用训练课、语文活动课。每一课型中学习的文本数量各有不同（4 ～ X，表示 4 至多篇）。

阅读范畴					
专题阅读的六种课型					
精读悟法课（1 篇）	略读导学课（2 ～ 4 篇）	自主阅读课（4 ～ X 篇）	阅读交流课（1 ～ X 篇）	语用训练课（X 篇）	语文活动课（X 篇）
教师				学生	
学习方法、训练能力	学用方法、引领提升	自主用法、形成能力	结合阅读、专题交流	语用训练、练习表达	积累运用、温故知新

专题阅读教学是对多套教材进行整体考量、打散重组之后进行的整体教学。那么，怎样进行专题阅读整体教学设计呢？可以把教材进行重组，将课内与课外的阅读材料，围绕一个专题，整合成一个新的学习整体——专题，然后围绕精心选取的专题训练点，整合文本，进行教学设计，做到一课一小得，一专题一大得。

3. 专题阅读教学的基本操作流程

专题阅读教学的操作流程大致可分为五个阶段。

（1）专题精读悟法课（1 ～ 4 课时）：激发兴趣，指导阅读，领悟方法

专题精读悟法课是精读课例的教学，先引导学生运用批注式阅读、体验式阅读等，精心学习一篇典型的课文，目的是进行阅读范例的引领，使学生学习阅读的方法、培养自主阅读的能力、养成良好的阅读习惯。

所谓精读课，就是从专题中挑选一篇富有代表性的佳作进行精读教学，引导学生充分运用画、注、批等形式进行深入品读，使学生准确理解文章内容，学会此类文章的阅读方法。在精读过程中，教师要以生为本，引领学生深入文本，进行个性化阅读，从而实现与文本、教师、编者、同学之间的平等对话，同时引导学生进行听、说、读、写等语文基本能力的训练。精读的文章就是叶圣陶先生“例子观”中的“例子”，要使学生以“例”悟“法”，

为后面的举一反三奠定基础。在精读教学中，我们不能只让学生收获课文中的故事情节或人物的思想情感，还要让学生通过学习，学会语文学习方法。

专题精读悟法课的教学流程如下（可以根据实际情况适当变化）。

① 激发兴趣，揭题导入

导入的形式要多种多样，不仅要注重激发学生的学习兴趣，还要紧扣专题教学的重点内容。

② 交流预习，质疑筛疑

让学生结合预习单交流预习时收集的资料，找出难读字音、难写字词、疑难问题等。教师通过学生的交流、筛疑，了解学情，确定符合学情的学习重难点，以学定教。

③ 自主探究，合作交流

让学生先带着重点问题进行批注式阅读，自主思考、探究，有效进行生本对话，教师适时启发、引导、点拨，之后让学生进行小组合作探究，解决问题。

④ 展示分享，重点感悟

最后围绕问题全班交流讨论，针对重难点，进行生生对话、观点碰撞、内容补充、智慧共享，进而使学生理解文章的内容，形成独特的见解。在这一环节中，教师要适时点拨、纠偏改错等，发挥主导作用。

⑤ 总结学法，迁移运用

总结本课的学习方法，可一课一得，学习方法的总结根据需要可放在课中，也可放在课后。之后，设计作业，让学生拓展阅读，进行知识的迁移运用。

（2）专题略读导学课（1～2课时）：培养兴趣，运用方法，尝试阅读

在精读课的基础上，教师选出2～3篇专题文章，指导学生运用精读课上学得的方法，进行批注式阅读、体验式阅读。这是半独立的阅读学习，需要教师的指导——指导学生把前面学到的方法进行尝试运用，使学生巩固阅读方法，进一步培养阅读兴趣和习惯，训练阅读能力，学会阅读，提升素养。

下面以写景专题略读导学课为例，来看略读导学课教学的整体思考与规划（见下页图）。

课型间纵横衔接 → 横向联系 →

纵向衔接 ↓

写景专题高效阅读

课时＼课型	精读悟法课	略读导学课	自主阅读课	阅读交流课	语用训练课	综合活动课
一		学习有中心句段的阅读方法				
二		学习无中心句段的阅读方法				
三		领悟写景文借景抒情的阅读方法				
四						

下面是基于人教版四年级上册教材运用“电子书包”设计的“无中心句段”的写景专题略读导学课。

【教学目标】

1. 能初步掌握不同类型的写景文抓特点的方法。

2. 在阅读写景文的过程中受到爱国家、爱自然的情感熏陶。

【教学过程】

一、微课导入，复习方法

1. 教师导入，学生通过“电子书包”中的微课，回顾、复习学过的写景文，梳理出一般的阅读方法。

2. 运用领悟出的阅读方法，阅读写景类的文章。

二、运用方法，实践尝试

1. 结合要求，批注阅读。

结合表格中的内容要求，进行自主批注阅读。自主阅读文章《火烧云》。

题目	写作顺序	景物特点	表达情感	写作方法
《火烧云》				

2. 集体交流，分享所学。

按照表格中的内容有顺序地进行交流。

3. 推送微课，梳理方法。

怎样才能快速、准确、全面地把握无中心句段的写景文的特点呢？

学生自主观看第二个微课，学习阅读方法。

微课主要讲述在学习无中心句段类写景文时，如何概括景物特点。可先分层——主要写了火烧云的颜色和形态两个方面。再分别找出每个方面所写的特点——颜色：多、美；形态：变化多，变化快。最后串联概括，即可概括出火烧云的特点。

4. 总结方法，学会阅读。

读一篇写景的文章，先看其有无中心句段，如果没有，再看它写了景物哪几个方面的特点，然后把景物不同方面的特点串联起来进行概括。

三、个性选择，尝试练习

1. 运用方法，自选级别。

“电子书包”中共有6篇一、二、三级不同难度系数的写景文章，学生根据自己的能力，选择文章进行自主阅读。

学生自主阅读，从写作顺序、景物特点、表达情感、写作方法四个方面进行批注，特别是要把体现文章特点的内容着重标出来。遇到问题，可以自主观看“电子书包”中对应难度系数的资源包里的“阅读锦囊”——微课指导。

阅读完自选的文章后，再阅读其他两个级别的文章。

2. 自主学习，全班交流。

让学生进行全班讲评，要引导学生结合微课总结交流三级难度系数的文章的阅读方法。

3. 教师小结，总结归类。

总结如何找出所写事物的特点，并归类概括。

四、迁移运用，等级挑战

1. 必做作业。

作业中共有4篇写景文，难度系数不同，大家可以继续挑战更高难度系数的文章。

2. 选做作业。

（1）阅读能力等级五级：自主阅读一本写景书籍。

（2）阅读能力等级一、二、三、四级：自主阅读写景书籍中的某些片段。

（课例设计：商德远、安婷）

（3）专题自主阅读课（3～7课时）：大量自读，迁移运用，培养习惯

专题自主阅读课是略读导学课之后的大量群文阅读课。在专题自主阅读

课上，教师引导学生对4篇以上的文章或一本书进行略读，可引导学生有选择地进行重点信息的阅读，以求抓住文章的大概内容，如可关注文本体式特点或根据自己的需要进行重点阅读，以加快阅读速度，提高阅读效率。

专题自主阅读为迅速提高学生阅读速度与效率，找到了一条可行的途径。进行专项自主阅读训练有利于激发学生学习的兴趣和积极性。专题自主阅读的价值在于在同等时间里学生能最大限度地获得知识，有利于学生文化素养的提高。

在专题自主阅读课中，每个专题内除一篇精读课文外，其他几篇文章可让学生根据预习单、自学任务单等，进行自主批注式阅读、小组体验式阅读以完成学习任务。放手让学生运用精读课例中学到的阅读方法自学，能起到举一反三的作用，旨在让学生通过大量的阅读，实现从量的积累到质的突破。“读书破万卷，下笔如有神”，如果没有量的积累，就很难实现质的飞跃。这样的群文阅读非常重要，既使学生进行了大量的阅读，提高了阅读效率，又使学生学习了阅读方法，提高了阅读能力；既节省了课内学习时间，做到了省时高效，又让学生在大量阅读中，培养了兴趣，发展了思维，受到了情感熏陶。在课堂上，以学生为中心，让学生把自学到的内容进行交流展示，使学生获得了极大的满足，这才是学生喜欢的个性化课堂。

专题自主阅读课的一般操作流程如下。

① 回顾学法，巩固方法

教师引导学生回顾精读课例中学到的相关阅读方法。

② 依照提示，自读探究

给学生30分钟左右的时间，让其进行自学、探究。

③ 合作交流，价值引导

学生自主学习之后，在班内进行交流，教师进行必要的引导，使学生学会学习，掌握方法。

④ 训练技能，迁移运用

重点训练学生的学习技能，让学生对学到的方法进行迁移运用——学习课外的文章。

（4）专题语用训练课（2～4课时）：以读学写，以写促读，读写结合，提高读写能力此课型主要是在学生领悟了写作方法之后，让学生联系生活实际进行读写结合，以使学生能学以致用。专题语用训练课主要是引导学生学习写作方法，发展语言表达能力；引导学生进行有感情的朗读，重点指导学生抓住关键词句读出感情，体会意境等，从而使学生受到情感熏陶，提升语文素养。

（5）专题语文综合活动课（1～2课时）：课外拓展阅读多篇文章或整本书

《精读指导举隅》一书的前言中有一段话："像这样把精读文章作为出发点，向四面八方发展开来，那么，精读了一篇文章，就可以带读许多书。"这样紧紧围绕专题进行教学，使学生在经历了以上四个阶段的学习后，掌握了该类专题文章的阅读方法，教师在此基础上引导学生结合学到的阅读方法进行课外阅读，可使学生巩固阅读方法、提高阅读能力，拓展知识面。

如可将人教版五年级上册第六单元（描写父母之爱）与其他版本教材中的相关主题的课文进行整合，形成一个关于父母之爱的专题阅读单元。

第六单元共有四篇课文：《地震中的父与子》《慈母情深》《"精彩极了"和"糟糕透了"》《学会看病》。首先，精学《地震中的父与子》一文使学生领悟表达真情的方法，掌握阅读和表达的方法。其次，学习《慈母情深》《"精彩极了"和"糟糕透了"》两篇课文，在这两篇课文的学习中教师要半扶半放，让学生尝试运用学到的方法，进一步领悟真情的不同表达方法。最后，从其他版本的教材和课外资料中精选出十余篇文章进行群文组合阅读。如选出《谁与我同行》《母爱是一根穿针线》《没有上锁的门》《最珍贵的废书》《死亡之吻》《天国来信》等文章，让学生先自主选择多篇进行专题阅读，再选几篇优秀诗文进行诵读。如《岁末到家》《呵，母亲》《游子吟》等。尽管这些诗文体裁不同，风格迥异，但都使我们看到了人间的真情。学生通过阅读不同作家的文章，学会了通过探究、批注和对比领悟情感的方法，学会了到表达真情的不同方法。

专题阅读教学，是在大语文观的指导下遵循语言学习的规律进行的。对教师来说，进行专题阅读教学不是在"教教材"，而是在整合教材之后用教材教学生；对学生来说，进行专题阅读不是在"学教材"，而是在学阅读、学方法、学文化等。

这样进行整体设计的专题阅读课，能较好地解决以下问题。

一是解决学生不会阅读且阅读效果不佳，自学能力难以提高的问题；二是解决课外阅读难以落实，阅读较少的问题；三是解决学生自学时间难以保证的问题；四是解决学生阅读积累少的问题。

现在的学生缺少专题文章的深度阅读。将作者的写作意图与教材的编写意图融合起来，以专题为“魂”，打乱教材体系，重新进行整合，组成专题进行教学，使学生在相同的时间内增加了阅读量。

专题阅读教学整合了优质资源，优化了教学内容，落实了学生的主体地位，使语文教学充满了生机与活力。专题阅读教学，以“专题”为主线，按“专题”来教学，将更多的时间还给学生，让学生进行自主阅读，把“教语文”的理念真正落到了实处。

专题阅读教学重视文章的选取与整合，重视阅读方法和阅读能力的训练等，将效率观念引入课堂，强化了学生的效率意识，让学生真正成为语文学习的主人，为学生的发展奠定了基础。

第五节　自主质疑策略

“学起于思，思源于疑。”一切创造性活动都是从发现问题开始的。问题是学生认识活动的启动器和动力源，是学生主动学习的起点和思维的开始，也是学生进行自主学习，特别是发现学习、探究学习的重要因素。

现代心理学研究指出，学生的学习过程不仅是一个接受知识的过程，也是一个发现问题、分析问题和解决问题的过程，学会提出问题有利于语文能力的发展和个性的形成。随着社会的进步及教育改革的深入发展，培养学生的质疑意识、质疑精神、质疑能力，成为全面落实素质教育，培养创新型人才的关键。因此，基于问题解决的教学模式越来越受到人们的关注。

要学会质疑，首先应该了解问题的本质特征。美国教育专家提出了有效问题的四个特征：一是能够达成一个或多个教学目标；二是关注重要的课程内容；三是能够促进学生在规定的认知水平上思考；四是清晰地阐明所要问的内容。这四个特征是针对各类学科问题而言的。

而代顺丽和王荣生两位教授认为，语文阅读教学中的有效问题的本质特征为以下几点。

一是阅读教学中的有效问题的根本特征是促进学生的理解。问题要具有目的性，要能促使学生达成一个或多个目标，要促进学生的理解。

二是阅读教学中的有效问题要关注重要的教学内容。

三是阅读教学中的有效问题要能使学生参与多种认知水平的互动。

布卢姆认为，一个问题应包括两个核心要素，一个是认知过程，一个是知识类别，有效问题应该总是处在认知过程和知识类别相交的位置上。

明确了有效问题之后，我们来看看该如何引导学生学会质疑。

一、敢疑——消除恐惧心理，引发质疑兴趣

敢疑是会疑的前提，怎样才能引导学生敢疑呢？

1. 创设和谐氛围，消除恐惧心理

现代心理学认为，儿童在轻松愉快、和谐宽松的环境中，思维活跃，想象力丰富；反之则思路阻塞，反应迟缓，毫无创造可言。因此，在课堂教学中，教师应创设民主、和谐、宽松的学习氛围，做学生的好朋友；要尊重每一个学生，并和学生平等对话；要把课堂变成师生交往、互动对话、共同发展的学习乐园。学生在这样的学习环境中思维就会活跃，就会消除心理恐惧，长此以往，就能自然地发现问题，并能积极思考，敢于提出问题。

2. 多元评价激励，鼓励大胆质疑

（1）即时评价，鼓励质疑

学生在课堂上提出问题时，无论对错，教师都要给予即时评价，且以鼓励性语言为主。一开始，学生可能提不出有价值的问题，但不管学生提的问题多么简单，多么幼稚可笑，作为教师，都不能因学生提的问题没有价值而打击其积极性。如果学生提出的问题有价值，即可评价“你提的问题涉及文章的重点内容，相当有价值，对你提出表扬”等。如果学生提出的问题没有价值，教师要千方百计对其非智力因素进行评价，可从质疑的积极态度等方面给予激发肯定和鼓励，如“你敢于大胆提出问题，这种大胆质疑的态度非常好，值得同学们学习”等。通过鼓励让学生认识到质疑的重要性和必要性，

从而激发学生质疑的兴趣。德国教育家第斯多惠说过："教学艺术的本质不在于传授本领，而在于唤醒、激励和鼓舞。"学生在教师及时的激励和鼓舞下，质疑的兴趣会越来越大。

（2）开展评比活动，形成质疑风气

组织开展一些丰富多彩的质疑评比活动，由师生共同进行评价，也能达到表扬激励、促进学生质疑的目的。如可设立表扬栏，将课堂提问积极者的名字及时在表扬栏展出，并设计不同的星级。类似这样的评比活动，既符合小学生争强好胜的心理特点，又能照顾不同学生的心理需要，引发学生踊跃提问的兴趣，形成良好的质疑风气。

3. 提供质疑机会，让疑由少到多

教师要为学生提供质疑机会，让学生由提问不多逐渐提升到能提出多个问题。

（1）设立质疑作业，搭建质疑舞台

为了让学生从提不出问题，到提出较多的问题，教师可以在预习单上专门为学生设立质疑板块，让学生在预习时发现并大胆提出问题，然后教师给予及时批阅。长此以往，学生不仅能提出问题，还能渐渐在老师的评价中了解什么样的问题是好问题。

（2）确立质疑时间，提供展示平台

在学生学会质疑之前，教师可有意识地在讲新课前留出几分钟的时间专门让学生在自主阅读的基础上质疑，给学生提供质疑的时间和展示的机会，然后师生进行评价，使学生在评价中领悟所提问题的优劣。（会疑之后，此环节可视教学实际情况而定）

（3）课中投石激浪，引发质疑欲望

在课堂上，教师要想方设法投石激浪，为学生创设提问的机会，引导学生在学习过程中不断提出问题。

现在的课堂教学已不再是知识的传递和接受，随着教学活动的展开，教师、学生的思想不断同文本发生碰撞，师生创造的火花不断迸发，在师生的积极互动过程中，教师要不断在关键处投石激浪，引起学生的质疑，使学生在课堂上能生成一些新问题，并提出来，这有利于发展学生的思维。

这样，学生就会经历一个从"不敢质疑"到"大胆质疑"，从"没有问题”到“不断提出问题”，最后发展到提出“少而精的有价值的问题”的过程，为真正会疑打下基础。久而久之，学生就会在多元评价激励中大胆质疑了。

二、会疑——学会质疑方法，提升质疑能力

学生仅仅敢于提出问题是不够的，为质疑而质疑，提不出有价值的问题，同样收不到理想的效果，所以必须在敢疑的基础上，引导学生掌握质疑的方法，学会质疑。要引导学生把问题与教材、教学目标、教学内容等相联系，从这个更大的系统中更全面、深刻地看到问题的本质特征，从而提出有价值的问题，这也是质疑的关键一步。

1. 了解问题类型，明确质疑方向

要想真正提出有价值的问题，首先应该了解问题有哪些类型，知道问题有哪些类型之后，就能明确质疑方向。

就问题的类型来看，不同人研究的结果不一样。经过对美国教育家布卢姆及我国王荣生、代顺丽和吴立岗教授等人关于疑问分类的研究，我认为问题的类型从有无价值来分，可分为有价值的问题和无价值的问题；从问题深浅层次来分，基本上可以概括为浅层次问题和深层次问题。

美国教育家布卢姆将问题分为 6 类：知识性问题、理解性问题、应用性问题、分析性问题、综合性问题、评价性问题。我国吴立岗教授则将问题分为 5 类：有关文章表层词句的疏通性问题、有关思想内容深层的探究性问题、有关课文知识拓展的延伸性问题、有关表达形式的鉴赏性问题、有关课文知识不同看法的评价性问题。在布卢姆的问题分类中，前三类可概括为浅层次问题，后三类可概括为深层次问题。在吴立岗教授的问题分类中，前两类可概括为浅层次问题，后三类可概括为深层次问题。

使学生明确哪些是浅层次问题，哪些是深层次问题，能为学生今后提出深层次问题，进行深度学习打下基础。学生一开始可能只能提出一些浅层次问题，如“这个词语怎么理解”。学生如果掌握了问题类型，教师就可以引导学生逐渐由提出浅层次问题发展到提出深层次问题，由提不出有价值的问题转变到提出有价值的问题，实现由不会问到会问的转变。

2. 比较问题类型，提高质疑质量

知道如何提出有价值的问题十分重要，要想提出有价值的问题，首先要知道哪些问题是有价值的。所谓有价值的问题，当然是所提的问题是关于“持久理解”的深层次问题，而且与文本的重难点紧密联系。如此一来，就能围绕所提的问题展开阅读探究，从而准确地理解文本，体会文本所要表达的思想感情。教师可引导学生课前先提出问题，然后师生一起对问题进行比较、筛选，直至找出有价值的问题。如学习《称象》（人教版一年级下册）一文时，学生提出了下列问题：（1）这是一头怎样的大象？（2）官员们想了哪些办法？（3）曹操的儿子想了什么办法，他的办法就是最好的吗？（4）到底谁的办法更好，为什么？通过比较不难看出：前两个问题，比较浅显，能直接从课文中找出答案，不需要深入思考，属于无价值的问题；而后两个问题比较有深度，对理解课文中心、培养创新思维等具有促进意义，属于有价值的问题。要回答后两个问题需要学生围绕课文进行分析、思考、比较和概括等，这有利于学生深入理解课文，有利于发展学生的创新思维。通过引导学生进行比较、筛选，能使学生领悟哪些是有价值的问题。久而久之，学生提出的问题就会逐渐由无价值向有价值转变。学生带着筛选出的有价值的问题学习文本，才能收到理想的学习效果，提高学习效率，发展思维，提高语文素养。

3. 抓住质疑点，提出有价值的问题，掌握质疑方法

教师可以引导学生从下列一些“点”上提出有价值的问题。

（1）在课题处质疑

题目是文章的眼睛。如果能引导学生从题目上提出有价值的问题，有利于引发学生的阅读期待，达到以疑促读的目的。如看到《飞夺泸定桥》（北师大版四年级上册）这个题目，学生脑海中可能马上产生下列疑问：“泸定桥是座什么样的桥？”“为什么要‘飞夺’泸定桥？”“怎样‘飞夺’泸定桥？”“夺下了没有？”……让学生将自己的疑问提出来，问题共享，产生阅读期待。

（2）在文眼处质疑

所谓文眼，清人刘熙载有个生动形象的说法，叫作“眼乃神光所聚”。陆机在《文赋》中说：“立片言以居要，乃一篇之警策。”这“居要”的“片言”即“文眼”，是“警策”全文，“揭全文之旨”的点睛之笔，是全文的

焦点。它能把纷繁的内容凝聚在一点上，是作品意脉和情脉的交融点。

在语文学习中，学生如果能抓住文眼，就等于抓住了理解和把握文章的钥匙。确定一篇文章的文眼，可以通过以下几种途径：从课题中找文眼，从文章中心句中找文眼，从重复出现的重点句子中找文眼，从表达文章情感的重点、关键处或细节处找文眼。

教师要引导学生深入钻研教材，要充分调动学生的思考，使学生深入文本的气韵精髓里去，把握作者产生创作冲动的触点，找到牵一发而动全身之处，然后教师创设情境，引导学生提出有价值的问题。

所谓“一发”，就是教学设计中的核心问题，它既是课堂阅读教学的出发点，又是终结点，还是深层次课堂活动的引爆点。如《姥姥的剪纸》一文的文眼是“神了”——“我从小就听人啧啧赞叹：‘你姥姥神了，剪猫像猫，剪虎像虎，剪只母鸡能下蛋，剪只公鸡能打鸣。’”究竟“神”在何处？一个“神”字牵一发而动全身，如果能引导学生在此处提出问题，就能使学生全面理解课文内容。

抓住文眼质疑，是“定点学文、以点突破”的起点和妙点。定好这一个独特的语言质疑点，然后以点突破，以点带面，点面结合，由表及里，由浅入深，突破全文。作者是通过语言文字来表达情感的，从文本中寻找独特精妙的语言点——文眼，借着这只“眼”去触摸文章的意脉和情脉，就能达到文与意的真正融合。

（3）在重点处质疑

文章的重点处指文章的重点内容或揭示中心的重点句、段等，这些重点内容对理解全文起着举足轻重的作用。引导学生在重点处提问，可以使学生抓住重点、突破重点，理解文章内容。如果问得恰如其分，学生能由此收到事半功倍的效果。如《跳水》一文中，爸爸从船舱里出来让孩子跳水的那一段是理解船长这一人物的重点段，一位教师引导学生从这段中提出了这样的问题：“爸爸用枪瞄准孩子，以此吓唬孩子，让孩子跳进水里，为什么要用这样的方法，难道用其他的方法不能救孩子吗？”一石激起千层浪，这一来自重点处的问题引起了全班学生的兴趣。教师适时引导学生带着这一问题对文本展开探究、讨论，最后学生联系上下文将一方法与其他救人的方法进行了比较，体会出船长这个方法是最合适、最有效的，从而准确地体会出船长的沉着、机智、果断等。除此之外，也可以引导学生在能揭示中心的关键词、句处质疑。

（4）在难点处质疑

教学难点一般是指教师较难讲清楚，学生较难理解或容易产生理解错误的内容。如果处理不当，教学难点往往会成为教学活动的障碍。引导学生在课文难点处质疑，有利于学生深入理解课文、突破难点，同时有助于教师在教学过程中围绕这一线索进行教学。如《假如没有灰尘》(人教版五年级上册）一文中，有这样的内容“假如大气中没有灰尘，强烈的阳光将使人无法睁开眼睛。空气中的水蒸气，必须依附在灰尘上，才能凝结成小水滴”。这是为什么呢？这是学生理解的难点，但却不是本文的重点。遇到类似问题，可放手让学生查阅资料，引导学生针对难点提出问题，然后针对问题展开交流、讨论，进而使问题迎刃而解，突破教学难点。

（5）在变化处质疑

一篇文章有不少变化之处，如作者的情感变化、文章内容的变化，以及事件的发展变化等，如果能引导学生善于发现变化，并能在这些变化处质疑，则有利于帮助学生了解变化的前因后果。如《草原》一文中，同是说汽车，前面说汽车是“走”。“汽车走了一百五十里，才到达目的地。一百五十里全是草原。再走一百五十里，也还是草原。草原上行车十分洒脱，只要方向不错，怎么走都可以。”而到后面怎么成“飞”了呢？“车跟着马飞过小丘，看见了几座蒙古包。”学生如果能抓住此变化提出问题，就能很好地触摸作者的情脉，体会作者的情感变化，读出蒙古族人民的热情好客，以及“我们”想早点到达蒙古包的急切心情，从而深层次理解课文，体会出蒙汉情深。

（6）在矛盾处质疑

有些课文中有看似矛盾之处，其实那正是作者的独具匠心所在。教师要引导学生读书时联系上下文，找出矛盾的地方，并从此处质疑，从而悟出道理，提高认识。如《给颜黎民的信》一文，信开头的称呼是“颜黎民君”，可见这封信是写给颜黎民的，但在信的结尾鲁迅先生却写道：“祝你们好。”这不矛盾了吗？颜黎民是一个人，怎么鲁迅会说“祝你们好”呢？让学生带着问题研读文本，就能使学生体会出鲁迅先生对青年人的关怀和爱护。

（7）在空白处质疑

所谓空白，指作者在教材中，对某些内容故意不写，留有空白；或写得简略，制造空白；或是因为汉语言本身的特点，没能完全表达出来，自然空白等。

文本给读者留下的空白，等待读者用想象去补充，补充的过程就是发掘意义的过程，是以自己的经验再创造的过程。如果能引导学生抓住文本的关键空白点进行有效质疑，则有利于发展学生的想象力、思维能力等。叶圣陶先生在《语文教学二十韵》中指出："作者思有路，遵路识斯真。"这句话是说，看整篇文章，要看明白作者的思路，思想是有一条路的，一句一句，一段一段，都是围绕思路写的。在一篇好文章中，作者是不会乱写的。如果能找到这条思路，并根据学生阅读需要和教师的导学需要，在这条思路的关键空白处，引导学生产生疑问，就能使学生更好地理解课文内容，把握文路，读懂全文。

如果细读《月光曲》（人教版六年级上册）就会发现，这篇课文写的是贝多芬的所见所闻及《月光曲》的创作过程，但"贝多芬心里想了什么"却只字未提。他为什么会给那个姑娘弹琴，为什么创作了《月光曲》，作者为什么不写贝多芬的想法而给读者留下如此重要的空白呢？仔细研读傅雷先生翻译的《贝多芬传》就会发现，其中一句贝多芬的话——我为什么要作曲，因为我有许多想法要释放出来——正是贝多芬为什么创作《月光曲》的重要原因。如果抓住"贝多芬心里想了什么"这一直通创作"情源"的空白之处，引导学生质疑、想象——究竟是什么打动了贝多芬？则可使学生围绕此问题研读文章，层层推进，想象贝多芬内心的变化：开始他为什么要弹一曲——想象其内心所想；一曲弹完又弹一曲——内心又作何想；飞奔回去写下曲子——又是怎么想的。这样，就把《月光曲》创作过程的三个关键点通过人物内心发展的暗线转化成了学生学习的主线和明线，这既使学生解决了疑问，又使学生理出了文本的情感思路，进而准确地理解了文本内容。

（8）在关键细节处质疑

选入教材的文章，都文质兼美，特别是文章中那些细节，更有许多值得品味之处。任何一个字、一个词、一个句子、一个关键段落等，都与文章情感紧密相连，学生仔细品读则有利于其把握文本情感，理解文本内容。

在《猫》一文中，有许多细节值得品味，如“用身子蹭你的腿，把脖子伸出来让你给它抓痒”。教师可引导学生细读这个细节，并引导学生提出对哪个字有思考或疑惑。学生就会注意到“蹭”字，就会提出为什么用“蹭”而不用“碰”“触”“撞”“摩擦”等字或词。抓住此细节，引导学生细读体会出用“碰”“触”“撞”“摩擦”等就看不出猫的可爱，也看不出猫的温柔了。联系上下文再细细品读：从“蹭”字还能看出猫与主人关系亲密，能看出它在撒娇等。一个“蹭”字，不仅让我们感受到猫的温柔可人，还让我们看到了一个“猫亲人，人爱猫，人猫和谐共处”的美好画面。

引导学生在此细节处质疑，使学生逐步读出了“蹭”字背后的情感，领略了祖国语言文字的神奇与美妙，了解了老舍先生语言风格的迷人魅力。

（9）在揭示情感处质疑

每一篇文章都体现着作者的写作意图，蕴含着作者所要表达的情感。如果能引导学生在蕴藏着作者情感的地方提出有价值的问题，则有利于学生更好地理解课文，体会情感，学到情感表达的方法。如《黑孩子罗伯特》（北师大版六年级上册）一文中有这样一句话：“罗伯特摸了摸裤子口袋，深深地吸了一口气，三步两步冲到讲台前，把钱全部掏了出来。他把钱交给尤金太太，说:‘给丽莎治病。’”文中有一个“掏”字，如果教师能在此处创设情境，引导学生质疑：“掏”出的仅仅是钱吗？还有什么？就能使学生联系上文体会出掏出的是数日积攒钱的辛苦，掏出的是对他人的关爱，掏出的是舍己为人的品质（放弃了梦寐以求的心爱战机给别人治病），掏出的是宽容大度、不计前嫌的胸怀，掏出的是助人为乐的美好品质，等等。这样就能使学生很好地理解全文，把握文章表达的情感脉搏，有感情地朗读课文时学生就能较好地表达文章的情感了。

（10）在写作手法处质疑

课文是学生写作的最好范文，引导学生从写作手法上质疑，找出课文的写法和自己作文时的写法有哪些不一样的地方，对学生写作水平的提高能起到潜移默化的作用。如《那片绿绿的爬山虎》（人教版四年级上册）一课，初读后学生会发现，这是一篇写人记事的文章，同时会产生疑问：为什么以“那片绿绿的爬山虎”来定题呢？带着这一问题，通过读、思、悟、议，学生会明白作者是借那片绿绿的爬山虎来表达自己对叶老的无限怀念的，这样学生就学到了一种含蓄的、新颖的定题方法。

（11）在文章结构处质疑

每种文体都有其固有的结构特点。从结构入手去探寻文章的结构特点，有助于学生整体感知课文内容，把握文章的写作思路，学会布局谋篇的方法。如教学《半截蜡烛》一文时，可引导学生发现文章在结构上的与众不同，引发学生质疑：这篇文章在结构上突出的写作特点是什么？学生通过研读就会发现文章结构的一波三折，从而学会构思谋篇。

（12）在标点处质疑

各种标点符号的用法不一样，它能帮助我们识别句子，辨明语气，理解课文内容，所以教师可以引导学生从标点处质疑。如《跳水》一课，可引导学生质疑“四十秒钟以后——大家已经觉得时间太长了”中的破折号起什么作用。

三、乐疑——引导乐于质疑，养成质疑习惯

引导学生在会疑的基础上养成质疑习惯，即乐疑，这是培养质疑能力的重要一环。正所谓：“知之者不如好之者，好之者不如乐之者。”

会疑并不是最终目的，关键是能经常质疑，不仅能在课堂上质疑，还能由课内延伸到课外，在生活中质疑，逐渐养成在学习和生活中质疑的习惯。

学生敢疑了，掌握了质疑的方法，如果能坚持不懈地质疑下去，就能养成质疑的习惯。这样，学生在日常生活中或在学习新知识时，就能不断提出有价值的问题，从而主动探究问题，解决问题，学习新知，这有利于培养学生的创新意识和创新思维能力，有利于提升学生的语文素养，使学生体会到成功的乐趣。更重要的是，学生质疑之后，教师就能因势利导，循疑导学，有效促进学生质疑解疑能力和自主学习能力的形成。

下面以《自然之道》(人教版四年级下册）一文为例看如何引导学生质疑，培养学生的质疑能力。

第一步：读前“三问”，以疑促读

语文新课标指出：“利用阅读期待、阅读反思和批判等环节，拓展思维空间，提高阅读质量。”要使学生形成阅读期待，产生阅读兴趣，教师首先

应引导学生在阅读之前对单元导读和文章标题等进行质疑，这是学生接触文本、与文本对话的前提。

在学生阅读之前，教师先引领学生审视课题，在心中提出“三问”：一问课文写了什么内容，二问课文表达了怎样的情感，三问作者运用了哪些写作方法。

有了这些疑问，学生就会产生阅读期待，期望自己对“三问”的预测能在阅读过程中得到验证。如果能充分利用这一阅读期待，就能引发学生的阅读欲望，激发学生的阅读兴趣。如当学生看到《自然之道》这个题目时，先在心中提出“三问”:《自然之道》主要写了什么“道”?《自然之道》表达了怎样的情感？作者通过什么方法写出了这个“道”？当学生有了这“三问”，心中就会产生一种猜测，然后带着疑问和猜测自主阅读课文，就会积极主动地去把握课文内容。

因此，引导学生在阅读之前提出“三问”，能激发学生的阅读兴趣，培养学生的阅读能力，使学生形成质疑意识。

第二步：读中生疑，学思结合

阅读教学是学生、教师、教科书编者、文本之间对话的过程。当学生带着课前“三问”进行自主阅读时，通过充分地多元对话，能较好地解决课前提出的问题。

随着与文本对话的深入，学生会不断产生新的疑惑。当学生带着课前“三问”对《自然之道》进行反复阅读时，教师可请学生读一读“侦察兵”这一关键词，让学生联系上下文想一想，自己有什么疑惑，学生会提出很多富有思维深度的问题：“看着成群的幼龟从巢口鱼贯而出，‘我们’怎么就知道开始出来的那只幼龟就是‘侦察兵’?”“‘我们’怎么知道‘侦察兵’一遇到危险就会返回龟巢?”“向导究竟知不知道那只先出来的幼龟就是‘侦察兵’呢?”“为什么救了一个‘侦察兵’会带来如此可怕的后果?”此时，教师再引导学生将提出的问题进行比较、筛选，找出有价值的问题。通过比较学生会发现，第3个问题和第4个问题更有价值，极易引发大家的思考。这类问题学生很难自行解决，所以在新的疑惑中又形成了新的阅读期待。学生在强烈的新的阅读期待的支配下，会带着新的疑问通过反复阅读、查找资料、多元对话等进行深入的探究阅读。这样，就能发展学生的思维，培养学生提出问题、解决问题的能力。

第三步：课后留疑，拓展延伸

最好的教学是学生带着问题走进课堂，解决问题之后，再带着新的问题走出课堂。

当课文学完后，教师站在关注学生生命的高度，引领学生进行课后思考：除了文中的“自然之道”，生活中还有哪些“自然之道”？应该怎样探索和利用生活中的“自然之道”？让学生带着新的疑问到生活中去探究、去发现，或到书中去学习、去思考，以引发学生对新知识的渴望。

教师的责任就是引领学生学会质疑，让学生在质疑、释疑中发展创新思维，提升生命价值，形成完美个性。

第六节　学习语用策略

语文新课标指出：“语文课程是一门学习语言文字运用的综合性、实践性课程。”语文课程的这一性质将语文课程的目标和任务直接聚焦于“学习语言文字运用”。

学会语言文字运用，对每个人来说都很重要，因为人们在很多场合都需要表达自己的思想，发表自己的观点。正如叶圣陶先生所说，国文是语文学科，国文教学的重心在于语言文字。细细品读编者选入教材的文章，会发现几乎每一篇文章都有可供学生学习的语言表达方法。只不过有的文章表达方法能让读者一目了然；有的则“潜伏”其中，需要读者仔细考量才能发现“庐山”真容。要引导学生学会语言文字运用，首先应引领学生通过阅读挖掘出语言表达的方法；其次，重点训练学生的语言文字运用能力；最后，引领学生进行方法的迁移运用，使学生逐渐学会表达。

一、破译写作方法，学习语言文字运用

一篇课文会有多种写作方法，教师在备课时要认真解读文本，在理解内容的基础上，领悟出其中的写作方法；然后依据文本特色和学情，筛选出最

值得学生学习和运用的写作方法；再运用有效的教学策略，引领学生揣摩作者的写法，体会作者是如何遣词造句、布局谋篇的，又是如何表达真情实感的，从中感悟出值得学习和运用的方法。

如教学《草原》一文，首先要引领学生自主阅读课文、把握课文内容，体会蒙汉情深。在此基础上，让学生默读思考：作者是怎样表达这一情感的？哪一方面写得特别好？教师可着力引导学生感悟作者是怎样恰当地重复运用动词表达情感的，即运用动词表情达意的方法。运用换词、比较等策略，引导学生抓住“像一条彩虹朝我们飞过来”中的“飞”字，体会蒙古族人民的热情好客。此处，通过“飞”字还能看出他们来迎接“我们”时的心情很急切。此段中连续用了几个“飞”字：“像一条彩虹朝我们飞过来”“欢呼着，飞驰着”“车跟着马飞过小丘”，教师要抓住“飞”字，通过前后联系、对比，引导学生体会当时蒙古族人民迎接“我们”时的急切心情，以及“我们”急于到蒙古包和他们联欢的急切心情，进而使学生体会出蒙汉情深。通过“飞”字，学生触摸到文章的情脉，感受到语言文字表情达意的魅力。教师再次引导：“还有哪些动词也用得很好？”让学生自主找出第3、4自然段中的“握”和“敬”字。这两个动词在第3、4自然段中出现的次数很多，通过这两个字，学生也能体会出蒙汉人民的深情厚谊。

学生在理解并掌握了巧妙运用动词表情达意的方法后，就可以进行方法的迁移运用了，进而能提高语言文字的运用能力。

如教师可创设情境，引导学生尝试对“运用动词表情达意”的写作方法进行运用：“在离开时，作者没有写话别的场景，请模仿相见、敬酒等场景，继写‘我们’和蒙古族人民分别时难舍难分的场景，尝试反复用一个动词表达出蒙汉情深。”让学生先想象，再试着写一写。写完之后，师生进行互动评析。

有的学生连用了几个“挥”字：

“我们将头伸出车窗，蒙古族人民一边跟着我们的车前进一边不停地向我们挥手告别，他们将手高高举起，不停地挥着，挥了又挥，胳膊挥累了，但仍舍不得放下，挥疼了还在挥……我们也朝他们挥手，就这样我们的车渐渐远去，他们挥动的手还是不肯放下……"

有的学生连用了几个"望"字：

"我们坐在车里，望着渐渐远去的蒙古族人民，不舍之情渐上心头，于是将头伸出车窗望着，望着，望着他们的身影越来越小，直到模糊。我们仍舍不得移开目光，就这样望着，望着，脑海里不时地浮现刚才相见、握手和敬酒的一幕幕……"

教师为学生创设了情境，使学生在感悟写作方法的基础上通过尝试运用，训练了表达能力，提高了语言文字运用能力。

叶圣陶先生说："语文教材无非是个例子，凭这个例子要使学生能够举一而反三，练成阅读和作文的熟练技能。"可见，阅读教学应该让一篇篇文质兼美的课文真正成为学生学习运用语言文字的范例，并让学生在尝试运用的过程中，从"能理解"到"会运用"。

二、抓住重点词语，学习语言文字运用

词汇是最基本的语言建筑材料，要学好、用好词汇，必须先着力学好词语。语文新课标在各学段中都特别重视学生对词语的学习、理解与运用。词语教学是语文教学中的重点内容，重视并研究词语的学习与运用，能进一步增强语文教学的有效性，提高学生词语的积累和应用能力。只有重视对词语的学习和积累，才能真正将语文新课标所强调的丰富语言积累的要求落到实处，这也是构建个性化课堂的重要一环。我认为，在词语教学中，最重要的是要引导学生抓住重点词语进行品悟、积累和运用，从而使学生更好地学语言，用语言，掌握语言。

1. 什么是重点词语

什么样的词语才是重点词语呢？所谓重点词语，主要指能明显体现作者表达意图和情感的词语，能揭示文章主题思想、起到牵一发而动全身作用的词语，具有深层次含义或多种意思的关键词语，作者在文中反复强调的词语，概括性比较强的词语，能揭示写作方法的词语等。总之，那些在文中作用大，有助于学生理解内容、体会情感的关键词语，是在阅读教学中应着力关注的重点词语。

2. 学用重点词语的策略

明确了什么样的词语是重点词语，教师该如何引导学生抓住重点词语进行有效学习与运用呢？下面以实例进行介绍。

（1）抓住表现事物特点的重点词语，运用比较法，由仿到创学习运用

课文《小露珠》(苏教版三年级上册) 中有这样几句话：

“早哇，像钻石那么闪亮的小露珠。”蹦到大荷叶上的小青蛙对小露珠说。

“早哇，像水晶那么透明的小露珠。”爬到草秆上的小蟋蟀对小露珠说。

“早哇，像珍珠那么圆润的小露珠。”落在花朵上的小蝴蝶对小露珠说。

这几句话中有“钻石、水晶、珍珠”“闪亮、透明、圆润”“蹦、爬、落”“小青蛙、小蟋蟀、小蝴蝶”等几组词语。哪组词语才是我们需要重点学习的词语呢？在教学时，我们又该怎样抓住重点词语进行理解与运用呢？在这里，我们可以分五步引导学生学会抓住重点词语进行理解和运用。

第一步，整体感知文意。先整体感知全文，了解文章大意；再仔细阅读这几句话，看主要表达了什么意思。联系上下文不难看出，这几句话是通过小动物与小露珠的对话来表现小露珠的特点的，进而表达出作者对小露珠的喜爱和赞美之情。

第二步，比较、筛选词语。了解了所要表达的意思之后，再看这几句话中哪些词语最能直接突出小露珠的特点？经过比较和分析以上四组词语学生就会发现：“钻石、水晶、珍珠”“小青蛙、小蟋蟀、小蝴蝶”写的是事物，“蹦、爬、落”写的是小动物的动作，而“闪亮、透明、圆润”这三个词语是直接表现小露珠的光泽、清晰度和形状等特点的。学生通过比较、理解这几个词语的意思，就能感悟出小露珠的特点。

第三步，领悟表达方法。理解了“闪亮、透明、圆润”这三个词语之后，还需要思考这些词语是怎样写出小露珠的特点的？是运用什么方法写出来的？根据词不离句、句不离篇的原则，先让学生清楚了解词语在句段中的特定含义是完全有必要的。由词语联系句子来看，既然是写小露珠的闪亮，那闪亮到什么程度呢？作者运用什么方法写出来的？引导学生品读，原来作者拿人们最熟悉的钻石来比喻小露珠的闪亮，“像钻石那么闪亮”，二者亮度有相似之处，通过准确的比喻，学生对小露珠闪亮的程度一目了然。

第四步，学习方法仿写。怎样才能学会运用呢？仔细分析会发现，作者

仅仅写了小露珠的闪亮、透明和圆润等特点，而其他特点（如大小）没有写，我们可以引导学生联系生活经验，展开想象进行仿写："早哇，像（　　）那么（　　）的小露珠。"这样的仿写既与课文中小露珠的特点紧密联系，又能启发学生联系生活，了解小露珠的其他特点，还能使学生学会表达方法。这样的练习更有实效。

第五步，创写迁移运用。学习词语重在学以致用。在仿写的基础上，联系学生的生活，让学生描写其他熟悉的事物的特点，学习运用，如"像（　　）那么（　　）的小草"等。此练习可作为课外拓展作业，引导学生观察生活、描写生活、学写特点，这样既使学生学习了词语运用，提高了语言积累和应用能力，又引导学生观察了生活，进而体现出语文教学的生活化。

（2）抓住表现人物特点的重点词语，运用想象法，由表及里学会感悟

在教学《给予树》（人教版三年级上册）一文时，联系全文，结合文中编者的标注不难发现，文中的"沉默不语"一词应是全文的重点词语。

回家途中，孩子们兴高采烈。你给我一点儿暗示，我让你摸摸口袋，不断让别人猜测自己买了什么礼物。只有八岁的小女儿金吉娅沉默不语。透过塑料口袋，我发现，她只买了一些棒棒糖——那种五十美分一大把的棒棒糖！我有些生气：她到底用这二十美元做了什么？

教学此文时，可以引导学生抓住"沉默不语"一词，通过"表演—想象—朗读—总结"，由表及里地理解、体会文章的中心。

第一步，理解字面意思。运用表演的方法，引导学生理解"沉默不语"的表面意思。教师可以请一名学生表演一下"沉默不语"，通过表演学生体会出"沉默不语"就是一句话也不说的意思。

第二步，想象人物内心。如果学生仅体会出"一句话也不说"这一字面意思，而没能体会出深层意思，那学生的理解就是不到位的。可以引导学生将沉默不语的金吉娅与兴高采烈的哥哥、姐姐的表现进行比较，然后联系上下文结合词语思考：沉默不语的金吉娅当时会想些什么？学生通过角色换位，想象人物内心活动，深入理解了"沉默不语"背后的意思，进而体会出金吉娅的善良、仁爱和体贴等美好品质。

第三步，有感情地朗读体验。让学生进行个性化的朗读，使学生通过朗读体会金吉娅的美好品质，提高朗读能力。

第四步，总结方法。总结理解词语的方法：从重点词语入手，由表及里，由浅入深，层层深入，读出词语背后的含义，体会文章的中心思想。

抓住重点词语“沉默不语”精心进行理解训练，既引导学生理解了词语的表面意思，又引导学生想象了人物的内心活动，体会了人物的情感，学习了理解词语的方法，受到了美好情感的熏陶。这样也较好地落实了语文新课标中提到的“能联系上下文，理解词句的意思，体会课文中关键词句表达情意的作用”的要求。

（3）抓住表现文章中心的词语，运用联系法，以“点”突破意脉、情脉

教师要巧抓一个能表现人物特点的关键词，以一个“点”为切入口，引导学生联系上下文进行突破，进而理解全文，学会学习。如在执教《姥姥的剪纸》一文时，教师该如何引导学生抓住“神”字，由点到段，由段及篇，理解全文，从而体会出姥姥剪纸技艺之高超呢？

一把普普通通的剪刀，一张普普通通的彩纸，在姥姥的手里翻来折去，便要什么就有什么了，人物、动物、植物、器物，无所不能。我从小就听人啧啧赞叹：“你姥姥神了，剪猫像猫，剪虎像虎，剪只母鸡能下蛋，剪只公鸡能打鸣。”

认真读这段话，姥姥究竟“神”在何处？教师要由此“点”入手，引导学生前后联系，披文入情，深入文本，学会学习。

第一步，精选突破点。选好突破点是关键。怎么选取突破点呢？站在学生学习的角度思考：通读全文，文章主要写了什么内容？在此基础上，看看能概括全文内容的中心句或中心词是什么，这是值得突破的“点”。如上面一段话中的“神”字，恰当地表现了姥姥剪纸技艺之高超，以及“我”对家乡和姥姥的思念之情，此词便是很好的切入点和突破点。

第二步，由“点”切入品悟。联系本段思考：姥姥“神”在何处？首先，“神”在姥姥会剪的事物多——人物、动物、植物、器物，无所不能。其次，“神”在姥姥剪的事物像——剪什么像什么，就连外形相似的动物猫和虎都能区别开，神乎其技。最后，“神”在姥姥剪得逼真，不仅形同，而且神似——剪只母鸡能下蛋，剪只公鸡能打鸣，可谓出神入化。这样就能引导学生层层深入文本，理解文本内容。

第三步，以“点”突破全文。除此之外，姥姥的剪纸还“神”在哪呢？

引导学生按照“自主学习—合作探究—全班交流—理解悟情”这一流程来学习，联系全文思考，深入理解文本。通过探究，学生能从姥姥蒙着眼“摸”着剪窗花也能剪出一幅“喜鹊登枝”，且剪得惟妙惟肖，看出姥姥剪纸技艺超群——凸显赞美之情；从姥姥通过剪纸将“我”“拴”在屋檐下，让“我”喜欢上剪纸，看出姥姥剪纸技艺神奇——突出疼爱之情；从姥姥用一幅剪纸表达了对“我”的牵挂之情，看出姥姥剪纸技艺精妙——彰显亲子之情；从“我”的梦中映现窗花，看出“我”对姥姥、对家乡的思念之情。

第四步，学习表达方法。在理解的基础上，学习表达的方法：如何围绕一个中心“点”来表现中心。

（4）抓住能体现表达方法的词语，运用删换法，体会用词之妙

在《五彩池》（人教版四年级上册）一文的教学中，在学习第3自然段时可运用删换法引导学生学习语言文字的运用，请看对“更”字的处理。

更使我惊奇的是，所有的池水都来自同一条溪流，溪水流到各个水池里，颜色却不同了。有些水池的水还不止一种颜色，上层是咖啡色的，下层却成了柠檬黄；左半边是天蓝色的，右半边却成了橄榄绿。可是把水舀起来看，又跟普通的清水一个样，什么颜色也没有。

第一步，自主探究发现。课件出示删掉“更”字的第3自然段，让学生思考：读了这段话你发现了什么？引导学生发现少了“更”字。

第二步，删换比较探究。比较是理解词语常用的方法。采用比较法，能使学生对词语的理解更准确、更深入，有利于发展学生的语言理解能力。常用的比较方法：一是换词比较，即把句子中的重点词语用一个和它意思相近的词语替换，然后比较不同词语的表达效果，看看用哪个词语更好，从而品味作者用词之精妙；二是减词比较，即把句中某个词语删掉，品读比较，从而品味有无此词语的不同表达效果。如将“更”字换成“也”字，或者去掉，行不行？引导学生联系上下文进行探究，理解“更”字之意，体会其作用。

第三步，交流探究观点。先小组分享，再全班分享，得出结论：将“更”字换成“也”字或去掉都不行。引导学生领悟：上一段中所写的“漫山遍野”的无数水池已经够神奇了，本段加上“更”字，突出了五彩池的水之神奇：来自一条溪流却有多种颜色。“更”字在本段中起到了承上启下的作用。如果将“更”字换成“也”字，就看不出后一段所写的景观比前面所写的景观更

神奇了，而只能说明两种事物一样神奇。

第四步，词语运用。描写一处景物、一间教室、教室一角等，用下面的句式“……更让我（感兴趣、喜欢、难忘等）的是……”写两段话。

抓住重点词语理解、运用，是学习语言、运用语言、掌握语言，构建高效课堂的重要一环。

三、进行读写结合训练，学习语言文字运用

要引导学生学习语言文字运用，提高写作水平，应有一个完整的系统——一核四维系统。“一核”指一个核心，即学习语言文字运用；“四维”，即阅读积累、体验生活、训练表达、自由表达。在这个系统中，四个方面要相互融合、共同依存，这样才能快速有效地提高语言文字运用能力。

要想有目的、有计划、有步骤、有策略地系统训练学生的语言文字运用能力，“读写结合”是有效的策略之一。

要进行有效的读写结合，前提是必须进行有效的阅读。要指导学生进行有效阅读，就要组织好阅读教学。语文新课标指出：“阅读是运用语言文字获取信息、认识世界、发展思维、获得审美体验的重要途径。阅读教学是学生、教师、教科书编者、文本之间对话的过程。”可见，阅读与阅读教学是两个不同的概念。要引导学生读好，必须指导好阅读教学，引导学生掌握高效阅读的方法。语言学家张志公认为，读一篇文章，首先应把语言文字弄清楚，从而进入文章的思想内容，再从思想内容走出来，进一步理解语言文字是怎样运用的。也就是说，完整的阅读教学应当引导学生经历两个过程。第一个过程是经历由语言到思想的过程。这一过程重在解决“写什么”的问题，着重对语言文字、内容和思想感情等进行理解与感悟。第二个过程是经历由思想到语言的过程。语言文字是思想感情的载体，思想感情要通过语言文字表达出来，在这一过程中，学生能进一步明白“怎样写”和“为什么这样写”的问题。这一过程侧重领悟和学习作者的表达方法。

传统的语文教学就是多读、多写，这一方法固然有效，但用时较多，且效果不明显。在传统的语文教学中，有些人之所以能学得好，一是靠读的多，感知的多；二是要经过自己不断地分析、比较。鲁迅先生指出，这个过

程是在“一条暗胡同，一任你自己去摸索”，而且要经过“年深月久之后”，方能摸索出点方法来，再用已掌握的方法去读、去写，就会提高读写效果。大多数人之所以学得不好，恐怕是只靠语感，死记硬背，而没能够从中摸索到一定的语言规律和方法的缘故。

要让学生学会运用语言文字，经历阅读的第二个过程，读好、领悟写作方法是前提，在此基础上精选出读写结合点，引导学生进行有效的读写结合训练，乃为关键。

1. 读写结合教学法的理论依据

（1）符合语文新课标的要求

语文新课标指出：“要重视写作教学与阅读教学、口语交际教学之间的联系，善于将读与写、说与写有机结合，相互促进。”语文教学就是要着力培养学生的阅读和写作能力，进而提高学生的综合素养，落实素质教育，而读写结合正是提高学生阅读能力和写作能力的有效途径。

（2）符合系统论原理

系统论是美籍奥地利生物学家贝塔朗菲创立的。他认为任何系统都是一个有机的整体，不是各个部分的机械组合或简单相加，各要素之间相互关联，构成了一个不可分割的整体。读与写是语文教学的两个重要组成部分，读是写的基础和前提，写是读的深化和升华。从系统论原理来看，只有把读与写紧密联系起来，并与“一核四维系统”相互融合，才能提高学生的读写能力。

（3）符合心理学原理

① 符合阅读与写作教学的心理过程

读写结合符合阅读教学的心理过程。语文教学心理学研究表明，阅读和写作是两个不同的心理过程。前者是自外而内的意义吸收，后者是自内而外的思想表达，但这两个心理过程之间又是可以互相沟通的。

完整的阅读教学过程是个“双向”的心理过程：一是从感知文字到领会内容、理解思想、体会感情的过程；二是从思想到文字、由内容到形式的过程。可见，读与写能力的培养是统一于阅读教学的心理过程之中的。

读写结合符合写作教学的心理过程。苏联心理学家阿·科瓦廖夫指出，作文教学的心理过程是一个双向转化的过程：一是从事物向认识的第一重转化，即由现实生活、客观事物向学生的头脑转化；二是学生的思想感情向外部语言的转化。作文教学要顺利地实现双向转化，关键在于培养和提高学生的观察、思维、想象、表达等多种能力（如下表）。

阶段 写作能力	写什么	如何写好		
	准备阶段	构思阶段	表达阶段	修改阶段
基本能力	观察、认识能力	思维、联想和想象能力	应用能力	自我完善能力
专项能力	素材积累与选取能力	审题、立意、布局谋篇能力	语言表达能力	自主修改能力

以上表格中的认识能力、思维能力、表达能力等的培养与提高，都必须以阅读教学为基础加以训练。

李维鼎先生指出，阅读活动是一个“文—意—物”的过程，是吸收；写作活动是逆向运转，是“物—意—文”的过程，是表达。读和写有它们各自的活动规律。李先生还针对读写结合的观点，进行了深入分析，他说，“从读学写”“以写促读”这些方法之所以有合理性，并能收到一定的效果，是因为其暗含着读与写互相转换的特性和规律。

② 符合小学生心理特点

小学生善于模仿，拥有表达欲望，读写结合很符合他们的这一特点。学生很想把所见、所闻、所想通过文字表达出来，读写结合教学法，借助小练笔的形式，及时引导学生运用在阅读中获得的知识进行写作，满足了学生这一心理需要。读写结合教学法，采取边读边写、学用结合的方法，让学生通过模仿实现知识的迁移，使学生的写作水平在短时间内获得较大的提高，从而使学生提高了写作兴趣、调动了写作积极性、消除了害怕写作的心理。

读写结合是我国语文教学的传统经验，是提高学生阅读能力和写作能力行之有效的教学方法。如鲁迅、老舍、郁达夫、叶圣陶、朱自清、赵树理、林语堂等，这些曾担任过中小学语文教师或在大学中文系任教的作家，都以自己丰富的写作经验和语文教育经验提倡并践行读写结合这种教学方法。后经过丁友宽等人的长期实践，读写结合教学法不断发展，慢慢成熟，在中国语文教学界产生了很大的影响。

结合丁友宽先生的读写结合经验以及本人三十多年的教学经验，我认为，“读为基础，读中学写，写中导法，表现生活，写出个性”的读写结合策略，是提高学生语言文字运用能力行之有效的方法。

2. 读写结合教学法的实施策略

如何让学生少走弯路，并有效提高学生的语言文字运用能力？一句话，运用读写结合策略，进行有效训练。

读和写是两个不同的过程，在方向、内容、过程、方式和要求等方面存在明显的差异，它们之间既相对独立又密切联系。“读书破万卷，下笔如有神”“熟读唐诗三百首，不会吟诗也会吟”都揭示了读与写之间的关系：阅读是吸收，写作是表达、运用。教师要引导学生以教材中的范文为依据进行阅读积累。

一篇文章中的写作特点有很多，究竟该如何精选写作方法来引导学生进行读写结合训练，提高语言文字运用能力呢？

（1）细读文本，悟法积累

叶圣陶先生曾指出：“阅读是‘吸收’的事情，从阅读中，咱们可以领受人家的经验，接触人家的心情。”“读与写甚有关系，读之得法，所知广博，眼光提高，大有助于写作练习。”叶老非常赞成读写结合，提倡读什么，写什么；读了记叙文，要学生写记叙文，读了说明文，要学生写说明文，但这只是读写结合的其中一种方式。教师要抓好课堂阅读教学，重视读写训练的内在联系，探寻更多读写结合的训练方式。

在教学中，教师要引导学生在理解内容的基础上，精心品读，领悟能体现文本体式特点的独特的写作方法；要引导学生领悟作者选材的方法、表达中心的方法、布局谋篇的方法、遣词造句的方法等，使学生在领悟的基础上学会语言表达的方法。

（2）精选读写结合点，读中仿写

我国中小学语文教材中的阅读教材和写作教材是合编的，“读写兼顾，有分有合”，写作训练中的“基本能力专题训练”“文体训练”“随文练笔”等都安排在一定的阅读篇目之中，即阅读中隐含着多个写作训练点，精心选取其中符合文本体式特点且最独特、最典型、最值得学习的读写结合点，进行系统的读写结合训练，有利于培养学生的个性化阅读能力和写作能力，有利于提高学生的语言文字运用能力。

①从单元出发，系统设计，选取读写结合点引导仿写

坚持读写结合要做到“整体思考”与“系统设计”。所谓“整体思考”与“系统设计”，指在教学设计中，教师要做到心有全套教材，面向一册教材，着眼整个单元，从每一课入手。要弄懂一单元在一册教材、全套教材中的位置和作用。从文本系统、导读系统、练习系统等多方面，把握单元写作训练的重点、一组课文训练的要点、每篇课文训练的特点、习题训练的训练点，精选出能体现文本体式特点、富有文本特色的读写结合点。

选取读写结合点之后，再引导学生仿写。写作是复杂的创造性心理活动，而这一活动往往从选取读写结合点进行模仿开始。模仿是儿童的天性，看着学、比着做，由看到仿、由仿到创的仿学习惯，在儿童的生活中起着十分重要的作用。仿是为了不仿，仿是创的必由之路。只有把基本的写作方法通过模仿领悟到、掌握住，并能熟练运用，才能慢慢学会创新。朱熹说过：“古人作文作诗，多是模仿前人而作之。盖学之既久，自然纯熟。”这是从大量写作实践中总结出来的经验。要想让小学生写出好的作文，提高语言文字运用能力，应该先让其通过模仿掌握基本的写作要素，在此基础上，他们才能有所创新，才能富有创造性地自由表达。当然，仿写一定要有目的，要为所练习的作文服务。

例如，人教版四年级上册第一单元的“口语交际·习作”，是让学生交流各自了解的自然奇观并写一篇习作。

本单元围绕“自然奇观”这一专题精选了《观潮》《雅鲁藏布大峡谷》《鸟的天堂》《火烧云》四篇文质兼美的文章。《观潮》所描写的钱塘江大潮是自古以来的“天下奇观”，文章按时间顺序进行描写，并运用了比喻等修辞手法，突出了钱塘江大潮的壮观。《雅鲁藏布大峡谷》描写的是世界第一大峡谷——雅鲁藏布大峡谷，文中运用作比较、列数字等方法突出了大峡谷之奇。《鸟的天堂》选取了一棵有着惊世奇观的榕树，通过游览的方法写出了树之大、鸟之多，通过动静结合突出了“天堂”之奇异。《火烧云》则写的是火烧云绚丽的色彩和多变的形态所产生的奇观，通过想象、联想等方法写出了云之奇、云之美。

分析以上文章，要写好自然奇观这类写景文章，必须做到以下几点：第一，按一定顺序描写；第二，能写出景物的特点；第三，能写出景物的静态

和动态；第四，在描写时能展开联想和想象等。

如果从读写结合角度进行单元的整体考虑，分步循序渐进地设计读写结合小练笔，四年级的学生就能做到以上几点，就可以写出一篇比较好的关于自然奇观的文章（见下表）。

单元习作目标	课文	读写结合点（写作方法）	联系生活整体设计读写结合小练笔（间接经验＋直接经验）
交流各自了解的自然奇观并写下来	《观潮》	写作顺序	练笔1：按一定顺序观察、描写一处景色
	《雅鲁藏布大峡谷》	运用列数字、作比较等方法写出景物的特点	练笔2：写一处自己熟悉的景物，能运用列数字、作比较的方法写出景物的特点
	《鸟的天堂》	静态和动态	练笔3：写一写公园或花园的景物特点，着重观察并写出景物的静态和动态特点
	《火烧云》	展开联想和想象	练笔4：观察海上日出或日落时的景色，运用想象、联想等方法，进行读写练笔
	单元习作：在以上四个小练笔的基础上，完成一篇写自然奇观的大作文		

第一个读写结合小练笔，可安排在学完第一课《观潮》之后，可选《观潮》一文的写作顺序。此文的写作顺序比较明显，按照时间顺序，即潮来前、潮来时、潮过后的顺序，写出了钱塘江大潮的壮观，重点描写了大潮由远而近、奔腾西去的全过程，描绘出了大潮由风平浪静，到咆哮奔腾，再到恢复平静的独特变化，写出了大潮的奇特、美丽与壮观。这篇文章在观察和写作顺序方面是比较有特色的，可以选取写作顺序进行练笔。如可以按一定顺序观察校园或自己熟悉的一处景色。

第二个读写结合小练笔，可安排在学完第二课《雅鲁藏布大峡谷》之后，这一课最突出的特点是雅鲁藏布大峡谷的特点抓得比较好。在写20世纪末才发现的堪称世界第一大峡谷的雅鲁藏布大峡谷时，运用列数字、作比较等方法突出了大峡谷之奇。首先，介绍高耸入云的山峰与低陷的峡谷形成了几千米的地形反差，因而产生了壮丽的景观。接着，列举确切的数字，突出雅鲁藏布大峡谷是世界第一大峡谷这一事实。最后，从大峡谷的雪山冰川、原始林海以及生物的多样性等方面描绘了大峡谷的奇异景观，让人感到雅鲁藏布大峡谷的自然景观如鬼斧神工。读此文，犹如走进了神奇美丽的画卷之中。可让学生模仿本文描写景物特点的方法，观察并写一处自己熟悉的景物。

第三个读写结合小练笔，可选在第三课《鸟的天堂》学完后，这一课最突出的特点是写出了事物的静态和动态特征。静态和动态描写在以前的教学中并未涉及，教师可以引导学生重点练习。在学习事物的静态和动态描写时，要进行细致的分析，让学生知道静态描写就是对人物或景物做静止状态下的描摹状写；而动态描写则是对人物或景物做运动状态下的描摹状写。在学生知道怎样描写静态和动态之后，再让其写一写公园或花园等处的景物特点，并写出景物静态和动态的变化。

第四个读写结合小练笔，可安排在学完《火烧云》之后。本文写的是火烧云绚丽的色彩和多变的形态所产生的奇观，通过想象、联想、动静结合等方法突出了云之奇、云之美。可引导学生观察海上日出或日落时的景色，展开想象进行读写练笔。

学生要较好地完成一篇写景文章，以上几个方面的小练笔非反复练习不可。因为任何一种能力的形成都要经过反复的练习。

精心选取读写结合点，有目的、系统地设计小练笔，可以降低作文的坡度，培养学生的观察能力，帮助学生积累丰富的写作素材。

② 从每篇文章出发，抓住亮点，选取读写结合点引导仿写

从每一篇课文出发，精选写作亮点，模仿用词、造句、叙述、描写，以及开头、结尾等的特点精心设计小练笔。

a. 精选描写动作的读写结合点，创设情境，仿写练笔

无论是写人还是记事都离不开动作描写，因为动作是人物思想、情感、性格特征最直接、具体的表现。描写好动作，尤其是人物的关键动作，才能使人物生动传神。关键动作可以是一个动作，也可以是几个不连续的动作。如《董存瑞舍身炸暗堡》（长春版四年级下册）一文中对董存瑞炸暗堡时的动作描写得十分出色。如该文中的“托起”“顶住”“拉”“喊”等动词，运用得十分恰当。这些动作表现了董存瑞为了革命不怕牺牲的高尚品质。

为了让学生写好人物的关键动作，可在学生找出文中的关键动作描写后，创设情境，让学生进行仿写，也可为学生播放一个突出人物动作的视频片段（亦可设计一些动作，由教师或学生表演），让学生观看后进行描写。这

样，既使学生掌握了观察方法，培养了观察能力，又使学生学习了描写人物关键动作的方法。

此外，还要精选连续性动作的读写结合点，创设情境，引导学生仿写练笔。所谓连续性的动作，指某人在做某一件事时，连续表现出来的能够表现其品质、性格等的一系列动作。如《一夜的工作》（人教版六年级下册）中写周总理审稿时那一连串的动作："审阅""看""思索""想""问"。这一连续的动作能充分表现出周总理工作的认真、细致。如果只写一两个动作就不能很好地表现这一点了，所以写好人物的连续动作对表达中心思想或人物的品质、性格等至关重要。教师找到读写结合点之后，创设一个情境，如进教室时关门，看学生，走上讲台，放下课本等，设计连续动作让学生观察后仿写，或者让学生表演一个人学习、工作、劳动或运动时的连续动作，其他学生观察后仿写。

除了动作描写的小练笔外，也可选取其他有特色的语言、心理、外貌描写等进行读写结合小练笔。

b. 精选有特色的结尾，读写结合，续写练笔

文章的结尾多种多样，有些文章结尾十分含蓄，虽言已尽而意无穷，读罢，能给读者留下无限的想象空间。利用这种含蓄式的结尾进行读写结合训练，能引发学生丰富的想象，让学生感到有话可写。

如《穷人》（人教版六年级上册）一文的结尾，含蓄且留有想象的空间，课后小练笔要求学生展开想象续写故事。但在续写时，教师要根据这一课的写作特色提出具体的续写要求。比如，本文对话的形式很灵活，很有特色：有的提示语在前，有的提示语在中间，有的提示语在后，还有的没有提示语，等等，教师可引导学生运用灵活多变的对话形式展开合理的想象，进行续写，这就改变了以往那种单调的对话写作形式。由于对内容没做限制，所以学生可根据原文内容自由想象，相信学生都能展开想象的翅膀。不管学生如何想象，只要符合原文写作思路，符合原文中心所表现的桑娜和渔夫的善良与勤劳，就算合情合理。

c. 精选略写之处，读写结合，扩写练笔

好的文章总是详略得当的，既有对重点内容的详写之处，又有对一般内容的略写之处。充分利用略写内容，进行读写结合的扩写练笔，既能培养学

生的想象力，又能培养学生的语言表达能力。

如《草原》一文，作者详细描写了草原的美丽景色、欢迎远客、蒙古包外相见、敬酒这几个方面的内容，从而表现了蒙汉情深这一中心思想。课文在最后一段中略写了饭后小伙子们表演套马、摔跤，姑娘们表演民族舞蹈等欢乐的场面。教师可引导学生从略写的场面中选取一个自己喜欢、熟悉的场面进行扩写。通过扩写，学生更好地理解了课文内容，进一步体会出蒙汉情深。

这种读写结合练笔，使学生既迁移运用了场面描写的方法，又培养了想象力。

d. 精选空白处，读写结合，补写练笔

文学作品使用的语言是一种具有审美功能的表现语言，包含着许多省略之处，这些省略之处令人遐想，如能对这些省略之处给予补充，进行读写结合小练笔，则有利于学生把握人物品质、文章中心、作者感情，有利于提高学生的语言文字运用能力。

如《穷人》一文中的第 9 自然段，作者在写桑娜的心理活动时断断续续，省略了很多内容。抓住这一能引起学生兴趣的读写结合点，让学生联系上下文，模仿本文描写心理的方法，将作者省略的人物的心理活动一一补写出来，这样更能让学生理解桑娜忐忑不安的心情。最重要的是，让学生练习了描写心理的方法。这种补写练笔，有利于培养学生的想象力，培养学生的表达能力。

e. 精选其他独特的读写结合点，创设情境，仿写练笔

仿句式练笔。主要训练学生遣词造句的能力，可以模仿文中句子进行写话练习。例如，比喻句、拟人句、排比句等。通过对这些句式的练习，可以培养学生的语言表达能力与表达技巧。

仿结构练笔。选取如倒叙、总分式、总分总式、并列式等结构特点，创设情境，让学生进行小练笔。

总之，精心选取文章的读写结合点，进行小练笔是提高学生语言文字运用能力的有效的措施。不要怕学生模仿，要教会学生模仿，使学生在模仿的基础上提高表达能力，然后引导学生再发展、再创造。正如郭沫若所说：“于无法之中求得法，有法之后求其化。”要在读写结合的训练中提高学生的语言文字运用能力。

需要说明的是，阅读有多种功能。如果为了“写”才去“读”，甚至要写什么便读什么，将读对写的促进仅仅置于模仿、运用的“直销模式”，就会弱化阅读的其他功能。“读仅为写”的观点，在理论上是片面的，用之于阅读教学实际则是有害的，这是教师在对学生进行读写结合训练时必须特别注意的。

第七节　关注生成策略

学生间的差异是客观存在的，只有充分重视生成的课堂，才能更好地关注学生的差异，彰显课堂的个性。

回顾以往的课堂教学，教师普遍重视的是课堂预设，即教师在课前精心设计好教案，在课堂上严格按照预先的设计一步步进行，较少关注学生的主体需要，更不会关注学生在课堂上的生命状态。教师只是在按部就班地执行教案，教师的教和学生的学也只是为了完成教案。课堂上，教师所做的只是期望学生能按自己的设想做出回答，否则，就千方百计地“牵引”，直至学生钻进教师课前预设的“套子”，答出预定的答案为止。这似乎成了课堂最理想的状态。在这样的课堂上，学生实际上是在配合教师完成教案。这种让“死”的教案支配和限制“活”的学生的做法，遏制了学生的思想和生命的活力，使学生的个性得不到张扬，同时使原本应该鲜活、灵动、充满情趣的语文课堂变得机械、刻板而枯燥。

新课改以来，在以往强调课堂预设的同时，教师们开始普遍关注课堂上的生成。我们知道，预设是课堂的基本要求，因为教学是有目标、有计划的活动，教师必须在课前对自己的教学任务和学生的学习目标有明确的、理性的思考与安排。但教学绝不是忠实地传递和接受知识的过程，而是课程创设与开发的过程。随着教学活动的展开，教师、学生的思想不断与文本发生碰撞，创造的火花不断迸发，在师生交往、生生积极互动的过程中，课堂上会不断生成一些新信息、新问题，一些新的学习需求和内容也会不断产生。学生在这样的课堂上才会兴趣盎然，其认识和体验才能不断加深。因此，教师应积极促进课堂生成和课堂预设的有机融合，以调动学生学习的积极性和主动性，有效发挥学生的主体作用。这样，学生在课堂上才能真正获得多方面的满足和发展，教师的劳动也才能闪着创造的光辉。在预设的基础上关注生成的课堂，才会焕发出生命的活力，才是个性化的语文课堂，才能实现学生的差异发展。

在重视课堂生成的同时，不能忽视下列几方面内容。

一、不能忽视对文本重难点的学习

文本虽是例子，但也是课堂中需要掌握的内容之一，教科书编者在编选每一篇课文时都有一定的目的，都渗透着诸多知识点和能力点。学生如果能在课堂上以文本为凭借进行学习实践的话，就能更好地学习知识，提高能力，同时以此为例子学会学习。文本是课堂上学生学习的载体，教师要引导学生深入研究文本，并通过学习文本掌握学习方法，学会学习。但有些教师在关注课堂生成时，忽略了文本的重点和难点，课堂上研究的内容偏离了文本主旨，这就会走向另一个误区。

有位教师执教《新型玻璃》一课，在自主学完新型玻璃的特点后，一名学生产生了疑问："这么多种新型玻璃是怎么制造出来的呢?"问题一提出来，立即引起了全班学生的共鸣。看来学生对这个问题很感兴趣。该教师立即抓住这一全班学生都感兴趣的问题，引导学生展开探究。结果 20 分钟过去了，也没有得出结论。

类似这样的问题，与文章的主旨没有太大关系，也不是要学习的语文本体性内容，如果在这样的问题上大做文章的话，不仅浪费大量的宝贵时间，还会影响学生对主要内容的学习，可谓一举多"失"。正如语文新课标强调的那样："要防止逐字逐句的过深分析和远离文本的过度发挥。"可见只有抓住那些有利于理解文本重点内容的生成，才能使学生更好地深入理解文本，并以此为例学会学习，否则会适得其反，影响课堂教学效率。

二、不能忽视工具性

语文新课标指出："工具性与人文性的统一，是语文课程的基本特点。"在语文教学中，要充分重视能体现工具性的语文本体性内容。

有位教师执教《七色花》（北师大版三年级上册）一文，在学习七色花的用处这一内容时，有学生提出："假如只有一片花瓣，珍妮会怎么做？"问题提得很有意思，面对这一没有预设的问题，教师和学生立即产生了浓厚的兴趣。教师马上引导学生展开合理的想象："是啊，假如只有一片花瓣，珍妮会怎么做呢？"学生思维活跃，纷纷读课文，围绕这一问题展开丰富的想象，进行深入的思考。有的说，她会让自己回家并拥有面包圈，因为家是最美好的，我们每个人都应该热爱自己的家；有的说，应该和小伙伴在一起，因为快乐是很重要的，我们每个人都希望得到快乐；有的说，应该到北极去，这样才能了解北极的事情等。

学生围绕人文性的内容展开了长时间的探究与讨论，这虽然培养了学生的人文精神，但是在重视语文学科人文性的同时，忽视了语文学科的工具性。语文新课标强调，语文课程的特点是工具性与人文性的统一，所以在关注人文性的同时，不能忽视工具性，将工具性与人文性相统一，才有利于学生的发展。同样，如果只关注工具性而忽视了人文性，也收不到理想的效果。

三、不能忽视文本的价值取向

语文新课标强调："阅读是学生的个性化行为。""要珍视学生独特的感受、体验和理解。"但在珍视学生独特感受的同时，也要尊重文本的内涵。

在执教《将相和》（人教版五年级下册）一文时，在学生自主学习了"完璧归赵"这个故事后，教师让学生谈谈自主学习的情况。一名学生说出了自己的感受："我认为蔺相如是个不诚实的人。"教师一听这一问题涉及蔺相如这个主要人物的品质特点——这也是文章要解决的主要问题之一，立即抓住这个生成点，引导其他学生参与讨论："你们认为蔺相如到底是个什么样的人？"刚才那位学生进一步谈了自己的看法："第一次不诚实表现在，他骗秦王说和氏璧上有小毛病，事实上根本没有。第二次不诚实表现在，秦王答应了给赵国十五座城，他却说和氏璧是无价之宝，要举行个典礼，结果他偷偷让人把和氏璧送回了赵国。这些不正说明他是个不诚实的人吗？"对学生这样的感受，教师不置可否。接着，其他学生也说出了自己的个性化观点，答案可谓多种多样。

每个学生都有属于自己的丰富的感觉世界和多彩的经验世界，都可以对某个问题形成假设和推论，但自己的假设和推论往往不免片面。上述那位学生的理解尽管是自己的独特感受，但偏离了文本主旨，与作者要表达的思想感情相悖。所以，教师在珍视学生独特理解和感受的前提下，一定不要忽视教学内容的价值取向和文本的人文内涵。

这位教师虽然关注了学生在课堂上的生成，但是忽视了文本的价值取向，不利于学生形成健全的人格，不利于学生提高审美情趣，也不利于学生语文素养的提升。

四、不能忽视大多数学生的需求

不少教师在关注课堂生成的时候忽视了面向全体学生，这也是值得注意的。只要有学生提出不懂的问题，教师不管这个问题是全班学生都关注，还是只有一两个学生感兴趣，也不管问题有没有价值，就立即如获至宝，抓住这一生成点引导学生又是查资料，又是进行小组合作，忙碌很长时间，却因为问题没有价值，大部分学生没有参与欲望，而使得教学效率低下。如果大部分学生早已掌握了这一内容，只有个别学生没有掌握，教师再让全班学生针对这一问题展开讨论交流，就不符合新课程倡导的面向全体学生的理念了。

在一次听课中，我遇到了这样的现象。教师在执教《草船借箭》一文时，有学生根据“诸葛亮笑着说：‘雾这样大，曹操一定不敢派兵出来。’”这一内容提出：“诸葛亮为什么要笑着说？”通过对这个问题的分析能看出诸葛亮的镇定、胸有成竹。但课堂上，教师抓住这一问题引导全班学生研讨时，我发现课堂气氛不活跃，学生参与的积极性不高。究竟是什么原因呢？课后，我询问了一些学生，原来绝大多数学生对该问题不感兴趣。执教教师抓住这样的生成，引导学生进行讨论研究，自然难以调动学生学习的积极性和主动性，没有积极性和主动性，学生就难以在积极主动的思维和情感活动中进行探索，教学也就难以收到理想的效果。这种忽视大多数学生需求的做法，也不符合新课程倡导的面向全体学生的理念。

语文新课标强调："九年义务教育阶段的语文课程，必须面向全体学生，使学生获得基本的语文素养。"学生是学习的主体，要关注学生的个体差异和不同的学习需求，但绝不能以牺牲大多数学生的学习需求为代价。个别学生的学习需求可以采用同桌帮扶、结对子等方法加以解决。这样才能让生成更精彩，更有效。

五、不能忽视益于情商发展的生成

在课堂上，只要是与文本内容有关的生成，教师就会十分关注，会抓住这些生成大做文章，由此引发开去，引导学生进行交流，从而使学生理解文本内容，提升语文素养。应该说，课堂上重视与文本有关的生成是十分重要和必要的，但如果为此而忽视有利于学生情商发展的生成就不可取了。生成是转瞬即逝的，如果把握不住会十分可惜，尤其是那些有利于学生情商发展的生成。从某种角度上讲，有关学生情商发展的生成非常重要。哈佛大学心理学博士丹尼尔·戈尔曼说过，情商比智商更重要。他在《情感智商》一书中指出，在对一个人的成功起决定作用的要素中，智商占20%，情商占80%。情商主要包括动机、兴趣、情感、意志和性格等情感因素，这些因素在人的创造性活动中起着关键性作用，因此，抓住有利于情商发展的生成对于小学生的发展来说很重要。

支玉恒老师在教学《晏子使楚》（人教版五年级下册）一文时，及时抓住了有利于学生情商发展的生成引导学生学习，收到了很好的教学效果。上课伊始，支老师要请一名学生在黑板上写出本节课要学的课文题目，一名学生自告奋勇写下了"晏子使楚"四个字。结果四个字写得有大有小，惹得全班学生哄堂大笑。如果此时教师处理不当或者根本不予关注的话，那么这名学生的自尊心、自信心将受到很大的打击。面对如此生成，支老师灵机一动，进行了独具匠心的处理，他说："你们都别笑，也许他这样写是有考虑的，你们都预习了课文，请想一想，我们今天学习的这篇课文的主人公是谁？"学生异口同声地回答："晏子。"支老师接着说："所以这位同学才把'晏子'这两个字写得很大。你们讨厌楚王这个人吗？"学生说："讨厌。"支老师又说："所以这位同学才把'楚'这个字写得很小。"听完后，那名写课文题目的学生立刻由不好意思变得喜笑颜开了。

支老师很好地抓住了这个有利于学生情商发展的小小生成，利用极短的时间巧妙地保护了学生的自尊心，激发了学生的自信心，活跃了课堂气氛，创设了和谐融洽的课堂氛围，同时加深了全班学生对课文内容的感性认识。

抓住课堂上的生成进行教学，是培养学生个性的最好时机，同时能提升学生的语文素养。

第八节　运用信息技术策略

在教学中，恰当运用信息技术手段能有效提高教学效率。

《国家中长期教育改革和发展规划纲要（2010—2012 年）》中指出："信息技术对教育发展具有革命性影响，必须予以高度重视。把教育信息化纳入国家信息化发展整体战略，超前部署教育信息网络。到 2020 年，基本建成覆盖城乡各级各类学校的教育信息化体系，促进教育内容、教学手段和方法现代化。""强化信息技术应用。提高教师应用信息技术水平，更新教学观念，改进教学方法，提高教学效果。鼓励学生利用信息手段主动学习、自主学习，增强运用信息技术分析解决问题能力。加快全民信息技术普及和应用。"

运用信息技术策略就是让信息技术走进我们的课堂，实现信息技术与课程的深度融合，就是通过将信息技术有效地融入各学科的教学过程中来营造信息化环境，实现一种既能充分发挥教师主导作用，又能突出体现学生主体地位的，以自主、探究、合作为特征的新型教与学方式，从而充分调动学生的主动性、能动性和创造性，让传统课堂教学结构发生根本性的转变。它以特有的功能和优势，将课堂教学引入全新的信息化教学环境，能有效改变课堂教学结构，充分发挥学生的主体作用，实现教与学方式的转变，促进学生的全面发展和个性发展。

一、运用信息技术手段激发学习兴趣，促进学生主动学习

爱因斯坦说过："兴趣是最好的老师。"浓厚的学习兴趣、强烈的求知欲望，能激发学生自觉学习的积极性，引发学生主动学习的内驱力，唤起学生

积极探索的精神和主动求知的欲望，从而提高学生的学习效率。没有兴趣，就没有学习动力，成功的教育源自学生的学习兴趣。

语文新课标指出："学生是语文学习的主体。""语文教学应激发学生的学习兴趣，培养学生自主学习的意识和习惯，引导学生掌握语文学习的方法，为学生创设有利于自主、合作、探究学习的环境。"动态变化着的事物容易引起小学生的注意。信息技术能够把文字、图片、图像、动画、视频和声乐等多种信息，科学有效地融合在一起，形成多种视觉元素，使所展现的内容更充实、直观、生动、形象、具有吸引力，同时能有效提高学生的注意力，激活学生的思维，引发学生的学习兴趣。

1. 利用信息技术手段创设情境，激发学习兴趣

传统的以师为本的语文课堂，以教师讲、学生听为主，学生只是被动地接受，久而久之，便会产生厌学心理，毫无学习兴趣。如果能利用信息技术手段，在语文教学过程中，为学生创设图文并茂、动静结合、充满情趣的学习情境，便可以快速吸引学生的注意力，将学生的思维引到课堂上来，使学生由被动接受变为主动学习，进而在轻松愉悦的氛围中学习知识、提升能力、发展思维、培养情感等。

利用信息技术可以把平面、静止的文字变成立体的、鲜活的形象，赋予教材以鲜活的生命力，让学生如见其人、如闻其声、如临其境，从而对语文学科充满兴趣。如小学生在学习拼音时常感觉到枯燥乏味，如果利用信息技术创设一个动画故事情境，学生就会有浓厚兴趣了。

如教学"i""u""ü"时，开始，随着优美动听的背景音乐，展现一幅夏日小河的画面：清清的河水，绿绿的水草，一只小蚂蚁（yǐ）在岸边来回踱步，它想过河，可是它不会游泳，非常着急，该怎么办呢？一只乌（wū）龟游了过来，把小蚂蚁背过了河。一条小鱼（yú）看见了，连连夸奖小乌龟。

在多媒体创设的情境中，生动的画面、动听的音乐、可爱的动画形象，一下子就激起了学生的兴趣。学生喜欢哪个形象就用鼠标点击一下，蚂蚁、乌龟、小鱼以及带有"i""u""ü"的拼音，便会从画面上跳出来，再配上动听的儿童画外音："你想认识我吗？""你想和我做朋友吗？"使学生欢呼雀跃，学习拼音的兴趣陡增。如此教学，使学生在学会拼音的同时，还学习了故事和儿歌，了解了动物，懂得了助人为乐，实现了学拼音、认事物和学做人等

的有机统一，可谓一举多得。

教师依据儿童的年龄特点和认知规律，创设有趣的故事情境，营造愉悦的学习氛围，会使学生觉得学习拼音有趣、有情、有意，会使学生慢慢喜欢上学拼音，学语文。

除此之外，还可运用多媒体进行猜谜导入、歌曲导入、游戏导入等，从学生熟悉的场景入手，通过创设贴近学生生活的情境，调动学生的学习积极性，引发学生的思考，激发学生的学习兴趣。

2. 利用信息技术手段进行课前预习，激发写作兴趣

在教学之前，把要讲的内容利用信息技术制作成微课，在课前预习时呈现给学生，有利于学生进行个性化的课前预习。这样的微课特别适合学生的个性化学习，学生可以根据自己的实际情况自主观看，难点处可以反复观看，进而实现了学习的个性化。

如学习苏教版五年级下册习作 3“新闻报道”时，对于新闻报道的特点和结构，学生还不太了解，课前可以先请学生学习有关新闻报道的微课，了解有关新闻报道的相关信息。

第一步，学生课前学习微课，明确新闻报道就是对最近发生的事实的报道，其基本特点是新、真、短、快。通过对微课的学习，达到省时高效的目的。

第二步，教师在课堂上与学生一起交流每天发生的新鲜事，并记录下来，引导学生了解写新闻报道的方法。

第三步，在课堂上引导学生明确一篇完整的新闻报道的基本结构。利用多媒体课件展示一篇新闻报道，以此为例，让学生直观地了解新闻报道包括标题、导语、主体和结尾几个部分。新闻报道的导语部分的写法是教学的难点，可利用多媒体课件让学生通过阅读发现：导语由消息中最新鲜、最主要的事实或精辟的议论组成，以吸引读者。导语非常重要，在此用多媒体课件辅助突破了教学难点。讲到标题的时候，可以通过多媒体课件出示各种各样的新闻报道的标题，使学生明白标题的写法不是一种模式，可以有自己的个性，标题旨在突出重点并吸引读者。

第四步，学生练写。学生掌握了新闻报道的基本结构后，自己练写一篇新闻报道。教师可利用多媒体课件为学生展示一些有趣的事，让学生以此为

依据进行练写。在这一过程中，微课和多媒体课件的使用，激发了学生的学习兴趣，高效地辅助了作文教学，为作文教学带来了新的生机与活力。

3. 利用信息技术手段再现生活情境，激发表达兴趣

儿童以形象思维为主，并通过生动的形象来认识世界。如果能利用信息技术手段形象地再现课文内容，课文内容一下子就会变得具体可感，给学生一种新奇、真切的感受，容易吸引学生的注意力。学生通过图像、声音等能更好地感受课文内容，易于理解课文，认识生活。这也符合儿童对形象、生动的事物乐于接受和易于理解的认知特点。

如《雨点》（苏教版一年级下册）这篇课文描写了雨点在池塘里睡觉、在小溪里散步、在江河里奔跑、在海洋里跳跃的情景。在教学时，“池塘”“小溪”“江河”“海洋”等词语对一年级学生来说是比较抽象难懂的，对未见过池塘、小溪、江河和海洋的学生来说，仅靠联系上下文是难以弄懂的。此时运用信息技术手段先让学生观看池塘、小溪、江河、海洋的视频，感受池水的平静、溪流的缓慢、江河的奔腾、海洋的辽阔，学生就能对以上四处景物的特点有大概的认识和了解；再引导学生借助图片，仔细观察小雨点“睡觉”“散步”“奔跑”“跳跃”时的样子和动作，就能使学生感悟到诗歌的意蕴，体会出作者的情感。

在此基础上，引导学生思考诗歌的写作特点：如果把“睡觉”“散步”“奔跑”“跳跃”这四个词语交换一下位置行不行？引导学生结合池塘、小溪、江河、海洋的特点进行思考分析，从而体会出作者观察细致、用词准确、描写生动等特点。了解了写作特点后，教师播放动画，让学生整体领略课文所描写的情景，唤起学生高涨的情绪，让学生在欣赏中朗读，在朗读中表演。最后，让学生根据诗歌想象：假如你是小雨点你会干什么？这时学生的思维会非常活跃，大家一定会积极回答。

运用图像再现课文画面，再配以教师适时的引导，学生就能进入情境，展开想象，积极表达。

4. 利用信息技术手段增加课堂情趣，激发学习兴趣

在传统课堂教学中，教学手段比较单一，学生在学习过程中极易产生疲劳和厌倦感，学习兴趣会受到一定影响，特别是低年级学生在学习汉字时更是如此。如果能利用信息技术手段为课堂增加情趣，会较好地改变这一现状。

汉字是一种表义文字，学习汉字要做到音、形、义结合，对初学汉字的一年级小学生来说，学习音、形比较容易，而了解字义则比较困难，有些汉字小学生往往难以准确理解，特别是独体字。如日、月、目等汉字都是从象形文字演变来的，意思较难理解。如果能根据汉字的造字原理通过信息技术为学生提供一些丰富的图像，便可使抽象的汉字符号形象化。教师无须多讲，学生在充分感知课文内容的基础上，只要看看画面，就能理解字义，加深对生字的印象。

如教学象形字“目”时，可运用多媒体在屏幕上展现一个大大的眼睛。《说文解字》中指出：“目，人眼。象形。”我们可以明显看出，“目”的甲骨文像是人的一只眼睛。我们可通过多媒体将汉字“目”演变成甲骨文中的“目”字，再演变成金文的“目”字，这个“目”竖起来后，就变成了小篆的“目”字，最后，再变成现代汉字的“目”字。对此，学生既兴奋，又感到好奇，会被深深地吸引，学习兴趣便会产生。

在整个教学过程中，信息技术手段的使用，使原来枯燥抽象的汉字学习，变得具体可感、生动有趣，充分提高了学生的注意力，解决了传统教学中教学内容过于抽象的问题。

5. 利用信息技术手段拓展学习内容，提高语文综合能力

现代课堂教学不再拘泥于教材本身，而是以教材为例子不断拓展学习材料和生活内容，这样的课堂教学内容更贴近学生的生活，更易于被学生接受，也更丰富多彩。信息技术是传递、拓展、丰富教学内容的载体，在现代课堂教学过程中起着举足轻重的作用，它的广泛应用使课堂中的教学内容更丰富，课堂氛围更活跃，学生学习的兴趣更高了。

如教学《荷叶圆圆》(人教版一年级下册）一课时，通过生动形象的图片、活泼的音乐旋律，将学生带到清凉的荷塘，通过为动画配音，学生纷纷参与到朗读中来，激发了学习的兴趣，提高了学习的积极性。此时，教师以文本为阅读基点，在学生品味了荷塘的美后，引导学生由课内向课外拓展，利用多媒体课件向学生展示文人墨客赞美荷花的诗歌，让学生进行拓展阅读，并引导学生将这些诗歌与课文内容进行对比，从而了解不同的写作方法，这既开阔了学生的视野，又培养了学生对诗歌的感悟能力，还使学生体会到传统文化的博大精深。在这一教学过程中，多媒体课件的使用不仅可以节省大量

收集资料的时间，而且扩展了课堂教学内容，使学生在有限的时间里学到了更多的知识，提高了综合能力。

根据教学目标和教学对象的特点，合理选择和运用现代信息技术手段，并与传统教学手段有机结合，能使教学效果达到最优化。利用信息技术手段能拓展延伸学习资料，加深学生对文章内涵的理解和对情感的挖掘。

6. 利用信息技术手段创设体验情境，激发朗读兴趣

在教学过程中，教师如果能利用信息技术手段，把课文内容变成有声有色、富有生机的画面，就能使学生多种感官参与学习，在情、景、理的相互交融中明白道理，体会并升华情感。学生有了情感体验就能有感情地朗读课文，提高朗读能力。

如《美丽的小兴安岭》（人教版三年级上册）一文，作者抓住小兴安岭一年四季的景色变化，描写了小兴安岭美丽的景色和丰富的物产。文本语言流畅，文质兼美，字里行间流露出作者对小兴安岭无限的情与爱。然而，小学生生活经验有限，对小兴安岭没有感性的认识，因此教师很难激发学生对小兴安岭的“情”，没有“情”的体验，自然也无法有感情地朗读。如果此时教师借助多媒体进行情境教学，便能收到良好的教学效果。当学生通过视频看到小兴安岭的美丽景色时，自然会情不自禁地议论起来：小兴安岭的树真多啊！小兴安岭的景色真美啊！学生置身于小兴安岭的美丽景色之中，心中怎能不涌起由衷的喜爱和赞美之情？在这样的课堂氛围中，学生怎能不动情？动情之后的朗读，怎会不感人？

二、运用信息技术手段改变课堂教学方式

传统的课堂教学，以教师为中心，教师讲授多，学生自主学习活动少，师生对话多，生生对话少，学生只是被动地接受知识，久而久之，便会觉得课堂教学索然无味，慢慢会失去学习的兴趣。教师如果能尝试运用现代化信息技术手段，将“电子书包”、多媒体课件、微课、网络课堂等，融入常态课堂教学中，就能有效改变传统的教学方式，由“以教为主”变为“以学为主”，就能关注每个学生的差异，落实学生的主体地位，实现学生学习的个性化，提高课堂教学效率。

1. 引入微课，改变课堂教学方式

将微课引入课堂教学中，可以有效激发学生的学习兴趣，改变传统的教学方式。利用微课，在10分钟内就可以就一个知识点进行有针对性的讲解。微课所讲授的内容呈“点”状、碎片化，其内容可以是教材解读、重点精讲、难点化解，也可以是方法传授、集中精练、经验分享等。微课可以使传统单一的教学形式多样化、具体化、形象化，使课堂更富有魅力，对突破文章的重难点有极大的促进作用。如教学《圆明园的毁灭》(人教版五年级上册）一文，当学生自主学到英法联军火烧圆明园这部分内容时，可引导学生自主观看教师课前制作的微课——火烧圆明园相关微视频。通过亲眼看到火烧圆明园的情景，学生会体验更深，情感更浓，从而生发不忘国耻、振兴中华的感情。

微课能真正成为课堂教学的有效补充形式，有利于学生自主学习；微课能将抽象的内容直观展示给学生，降低学生学习的难度；微课能更好地突出重点，突破难点，满足学生个人反复学习或深度学习的需求，实现学生学习的个性化，提高课堂教学效率。

2. 利用“电子书包”，改变课堂教学方式

如果教师能基于对教材的深入解读和学情特点，利用iPad网络课堂，充分发挥网络环境下一人一机的辅助教学优势，就能真正改变课堂教学方式，实现学生学习的个性化，真正实现学生间的多元互动，提高课堂教学效率。

下面以《卖火柴的小女孩》(人教版六年级下册）为例，谈谈网络环境下如何通过“电子书包”的运用改变课堂教学方式。

（1）利用“电子书包”，自学字词，有效实施评价反馈

在学习字词环节，将需要学生自主学习的字词，输入“电子书包”中的多媒体课件，由学生进行自主学习。在学习课文中的“喷”“薄”等多音字时，学生先借助网络平台，对几个多音字进行读音的辨析和释义的自学；然后通过“词语与拼音连线”“跟读”等游戏，进行正确读音的选择练习，掌握不同语境中多音字的正确读音，以及辨析多音字读音的方法；最后利用多媒体课件中的读音测试，反馈自学情况。在该教学设计中，学生利用电子书包中的多媒体课件结合文本进行自主学习，且每个学生的学习效果，在课上马上能通过“电子书包”平台呈现出来。教师可以根据学生的掌握情况，适时对学

生进行个性化指导，真正关注了学生的差异，照顾了不同层次的学生，实现了学生的自主学习和个性化学习。

（2）利用“电子书包”，自主探究感悟，有效实现个性化阅读

在探究感悟环节，首先，教师创设情境，利用“电子书包”，出示自主学习任务单。其次，学生依据自主学习任务单自学课文，进行个性化地阅读批注，并结合自主学习任务单自主探究感悟，完成自主学习任务单上的表格。再次，学生在自主探究的基础上，就个人的自学情况，在组内进行合作交流、完善、分享。最后，教师通过“电子书包”平台查看学生的自学情况，并就错误较多的题目进行全班交流反馈，最终引导学生体会文本内容，进而与主人公产生情感共鸣。

在这一环节，借助“电子书包”平台，真正实现了师生、生生之间的互动对话；通过“电子书包”平台，学生自主学习，及时反馈学习成果，真正实现了阅读体验的个性化和自主学习的个性化。

（3）利用“电子书包”，个性化拓展阅读，丰富多种资源积累

在学生学完本课后，让学生打开“电子书包”，自由阅读《蜗牛和玫瑰树》《拇指姑娘》《海的女儿》《丑小鸭》《窗前的豌豆花园》《老橡树的最后一梦》《母亲的故事》《演木偶戏的人》《柳树下的梦》《她是一个废物》《单身汉的睡帽》等文章，实现课内向课外的延伸。学生可以根据自己的喜好、学习水平等，自主选取阅读篇目，进行个性化阅读。学习水平高、阅读速度快的学生可多读，反之可少读。

利用“电子书包”进行教学，能真止改变课堂教学方式，满足不同学生的个性化学习需求，构建个性化课堂。

有效运用信息技术手段，除了能激发学生的学习兴趣、改变课堂教学方式、突破教学重难点之外，还可以转变教师角色、增大课堂信息量、开发课程资源、发展学生思维、提供学习策略、反馈学习效果、提高课堂教学效率等，真正让信息技术手段起到“四助”作用，即助学、助教、助评、助管。但教师在运用信息技术手段时一定要注意，千万不能让信息技术手段代替学生的阅读实践，束缚学生的思维，影响学生的自主学习，而要让信息技术为教师教学、学生学习服务。

现代信息技术手段的运用一定要做到“四适”，即适时、适量、适度、适情（学情）；要突出四性：直观性、趣味性、艺术性和真切性；要遵守三原则：形式服务于内容原则、简便易操作原则、效果第一原则；最终使学生主动地学习，有策略地学习，快乐地学习，真正做到省时、低耗、高效，提高课堂教学效率，全面提升学生的语文素养，培养富有个性的优秀人才。

第九节　练习巩固策略

一、课堂练习设计策略

构建个性化课堂，练习是不可或缺的重要一环。课堂练习设计不是随意的、无目的的。优秀的课堂练习是在充分研究所学课程、教学目标、学情的基础上，根据练习的基本原则，由教育者精心设计出来的。课堂练习从课型上分，有新授课的讲练结合练习、分散练习，复习课的集中练习等；从内容上分，有基础知识练习、阅读练习、作文练习、综合练习等；从时间上分，有课前前测型练习、课堂插入式练习或反馈学习目标的检测式练习、课后巩固性练习或拓展性练习等。

这里重点谈谈课堂练习的设计策略。有效的课堂练习不仅有助于教师了解学情，改变教学策略，了解学生对学习目标的掌握情况，还有助于学生及时巩固所学知识和技能，矫正教学行为。有效的课堂练习能使学生巩固所学知识、形成技能、检测与反馈学习效果、调动学习积极性、提高学习效率、培养良好的学习习惯、培养创新精神与实践能力、提高语文素养等。

1. 课堂练习的设计原则

课堂练习主要有下列几种类型：一是接受知识的，二是要求比较的，三是要求思考的，四是语言实践的，五是认识生活的。根据课堂练习的类型，我认为课堂练习设计应遵循下列几个原则。

（1）主体性原则

语文新课标指出："学生是语文学习的主体。"所以课堂练习应面向全体学生，依据学情，关注差异，分层设计。要想科学实现教学目标就必须关注学生这一主体，并对其有充分的了解与分析。只有充分了解学情，才能有效地设计适合学生的课堂教学，选择合适的教学方法，合理安排课堂练习，达到理想的教学效果。依据维果茨基的最近发展区理论，教师的课堂练习设计要从学生学习需求和学情出发，贴近学生的最近发展区，帮助学生获得成功体验。在设计课堂练习时还要充分考虑学生间的个性差异、学生个体内的差异，以使设计的练习能充分调动学生的积极性，让不同层次的学生都能得到良好的发展。在设计课堂练习时，只有坚持主体性原则，全体学生才会主动地参与练习，练习才有可能富有实效。

（2）情趣性原则

兴趣是最好的老师，兴趣是学生进行练习的内驱力。课堂练习要贴近学生的生活情境，与学生生活紧密联系，这样才能唤起学生学习与探究的欲望，才能使练习变得生动有趣，有吸引力。教师在设计课堂练习时，可将实际生活与语文知识整合，使学生既能巩固知识、训练能力，又能在练习中认识生活，培养热爱生活的美好情感。

（3）典型性原则

由于课堂时间有限，课堂练习不可能面面俱到，所以教师必须针对教学目标中的重难点，对练习进行精心设计与比较筛选。练习要具有代表性，能够代表一类问题，通过一两个题目的练习，能帮助学生建立对这类题目的认识，使学生在学习后能够举一反三、触类旁通。练习是检测和反馈学习情况的典型代表，针对性强，所以练习要少而精、活而实、价值大，要便于检测和反馈学习效果。

典型性原则要求教师不仅要在同一类题目中选取最具典型性的例子引导学生进行练习，还要在备课时从众多要点中选取本课最具代表性的知识点、能力点、语感训练点和语用训练点等引导学生进行练习。

（4）及时性原则

及时性原则也称及时巩固原则。教师在学生学习新知后，要及时组织学生进行巩固练习，帮助学生更好地掌握所学内容。德国心理学家艾宾浩斯就遗忘的规律进行研究发现："在学习材料达到第一次无误复现之后的最近几小时里，遗忘的速度是最快的，随着时间的推移，遗忘的比例会越来越少。"

时间间隔	记忆量 (%)
即时回忆	100
20 分钟	58.2
1 小时	44.2
9 小时	35.8
1 天	33.7
2 天	27.8
6 天	25.4
31 天	21.1

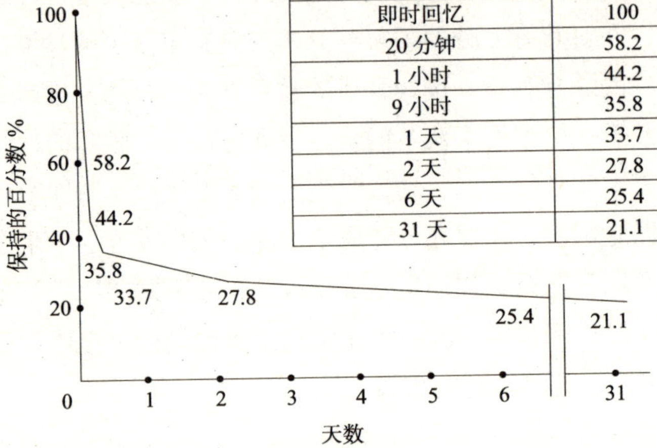

艾宾浩斯遗忘曲线

由艾宾浩斯遗忘曲线可以看出，在刚刚学完时，对知识的记忆最完整，随着时间的推移，遗忘的内容越来越多。因此，在教学时，教师应注意练习的及时性，应根据遗忘曲线让学生及时巩固所学知识，以使学生牢固掌握知识。教师通过观察学生的练习结果能及时发现学生存在的疑惑和掌握的不足之处，据此加以指导，能帮助学生更加准确、牢固地掌握知识。

（5）系统性原则

教师进行课堂练习设计时应从教材整体编排系统和练习的整体设计系统出发，进行全面思考与整体设计、整体规划，要依据教材编排特点、文本体式特点、系统训练内容等，进行系统的整体思考设计，以形成有层次、有梯度，由易到难、循序渐进的练习训练序列，使知识系统化。即使是同一节课的练习也应如此。一节课的课堂练习既是一次单独训练，又是整体训练系统上的一个训练点。课堂伊始，设计相对简单的练习；课堂中，稍微提高练习的要求和难度，引导学生巩固本课知识；课堂结束，增加练习难度，进行拓展练习，使学生学习水平逐步提高。

（6）实效性原则

根据艾宾浩斯遗忘曲线可以发现，遗忘具有先快后慢的特点，因此，课堂练习应注重实效性，要有利于学生及时巩固、吸收所学知识，并将其内化为自己的知识体系，此外，在练习的时间、数量、次数、类型、操作程序等方面，都要做到有效。有关研究表明，不设计课堂练习和练习量过大，都不会收到理想的教学效果，只有练习量适度才能收到最好的效果。

（7）差异性原则

差异性原则包括以下两点：一是练习能针对学生的差异进行设计，如学习速度差异、兴趣差异、智力差异、能力差异、学习方法差异、学习基础差异、社会文化背景差异及性别差异等，每个学生都有自己的优势与不足，教师应尊重学生的差异，设计能满足不同学生的学习基础、能力水平等的练习，以适合不同层次学生的需求；二是练习本身具有差异性，练习应根据课堂教学内容的不同而有所区别，体现练习的个性化、层次性，让学生可以根据自身情况选择自己喜欢的练习，以使练习更有针对性，练习效果更显著。

（8）创新性原则

一是课堂练习要富有创新性，要新颖、有趣、富有特色，能激发学生的兴趣；二是课堂练习要具有思维特性，能引发学生全面、深入、多角度的思考，能发展学生的思维，培养学生的创新精神和实践能力。

2. 课堂练习的设计策略

（1）依据教学目标设计课堂练习

教学目标既是教学活动的出发点，又是最终归宿，它支配着教学活动的全过程，规定着教和学的方向。在设计课堂练习时，可围绕教学目标，精心设计能落实、检测和反馈教学目标的练习。教学目标包括本节课学习的重点和难点，这是一节课中需要重点掌握和着力突破的知识点。围绕教学重难点设计有针对性的练习，既可以使学生巩固要重点掌握的内容，又可以使教师了解学生对知识的掌握程度。学生只有掌握了重点、突破了难点，才能更好地掌握要学习的主要内容，从而掌握知识，发展能力，提高效率，达成目标。

如何依据教学目标来设计课堂练习呢？课前备课，制订准确、恰当的教学目标；课中教学，各教学环节要围绕教学目标展开，教师要根据教学实际，引导学生进行练习，以落实教学目标；课末要精心设计反馈练习，以检测教学目标的达成情况。

如教学《郑和远航》一文时，其中的一个重点教学目标是“根据‘扬帆远航’‘友好交往’‘战胜凶险’三个标题，复述郑和第一次远航的经过”。依据此目标在课堂上可设计以下四个练习。

第一次练习设计：先引导学生阅读第1、2自然段，想想如何较好地复述“扬帆远航”这部分内容。引导学生读课文，并领悟出抓住时间、地点、人物以及事物特点（宝船数量）等要素进行有效复述的方法。此时插入第一次练习：“结合以上几个要素自由练习复述‘扬帆远航’这部分内容，同桌互相复述。”之后教师检查。

第二次练习设计：采用填写表格的策略复述“友好往来”这部分内容。

郑和船队与谁进行往来	郑和船队是怎样做的	当地人的反应如何
君臣		
百姓		扶老携幼、争相观看、惊叹不已
商人		

运用品词赏句、填写表格、补充资料、体会情感、有感情地朗读等策略，引导学生练习复述。此时插入第二次练习：“将表格中填好的内容作为复述提纲，带着情感自主练习、复述这部分内容。”

第三次练习设计：提示复述策略“一读二列（列提纲）三想（想层次）四说（说内容即复述）”，学生自主练习、复述“战胜凶险”这部分内容。

第四次练习设计（检测反馈性练习）：同桌间讲一讲这个故事，看谁讲得既准确又生动。完成的学生在题目旁画上两颗五角星。学生都完成后，教师指名复述。

为了达成复述郑和远航的经过这一目标，课堂上可设计这四个有价值的练习。前三个练习为学习掌握型练习，其目的是为了引导学生学会复述方法；最后一个练习为检测反馈性练习，旨在检测该目标的达成情况，以便以学定教和进行有针对性的辅导。通过练习，不仅可以检验、分析、判断学生对教学目标的达成情况，还可以检测教师本节课教学策略的运用情况和教学效果的优劣，从而帮助教师反思教学中的得与失。

教师在设计课堂练习前，一定要对本课知识的重难点、练习的目的做到了如指掌，只有这样，设计练习时才能突出本课重点内容，体现针对性和实效性。如果练习的设计随心所欲，面面俱到，无目的、无计划，就达不到巩固新知和训练能力等目标。

（2）依据文本特点设计课堂练习

教材选编的文本体裁各异。诗歌、散文、小说、戏剧等不同的文本体裁有着不同的特点，无论是在内容还是在写法上都各有特色。因此，在设计课堂练习时应充分考虑文本特点，设计不同的课堂练习，使学生通过练习，能领悟表达方法，学习语言文字运用，掌握写作方法。如教学古诗《游园不值》时，教师应设计有利于学生掌握古诗写作特点的练习；教学《谈礼貌》这类议论性文章时，教师应设计一些适合学生掌握议论文特点的练习；教学《埃及的金字塔》这类说明性文章时，教师应设计有利于学生了解不同说明方法的练习。

（3）依据学情设计课堂练习

课堂教学是一个师生双边参与的动态变化过程。在课堂上，每个学生都是一个独立的个体，学生是课堂学习的主人，教师的课堂教学是为学生服务的，所以无论是教学设计还是教学方法的选择，甚至课堂练习的设计都应该在了解学情的基础上进行。这就要求教师进行学情分析，着重分析学生的学习能力、已有知识、需求等。教师在吃透教材、研究学情的基础上进行练习设计：一是练习应设在学生的最近发展区范围内，既不能超出也不能低于学生的能力范围；二是练习应设在学生学习的疑难处和兴趣点上，学生通过练习能解决重点、突破难点，提高学习兴趣；三是练习应与学生的现实生活紧密联系，贴近学生的生活，符合学生的生活实际。

语文新课标强调，教学要回归学生的现实生活。顾黄初先生在《语文教学要贴近生活——我的语文教学观》一文中强调："语文教学的改革，关键在贴近生活。"在设计课堂练习时应贴近学生生活，这样易引起学生的学习兴趣与情感共鸣，提升学生对生活的关注度，培养学生生活的幸福感，提高练习的实效性。

例如，教学《音乐之都维也纳》（苏教版五年级下册）一文时，可设计贴近学情的生活化练习。

1. 交流性练习。在教学之前，让学生交流上网或从图书馆查阅到的有关维也纳的资料，培养其收集、整理、运用信息的能力，并为深刻理解课文做铺垫。

2. 专题性练习。在学完课文之后，可围绕一个专题开展一系列探究活动，如探究“帆船之都青岛”等专题，并组织学生进行实地考察，围绕某一专题写探究报告。

3. 实用性练习。学写导游词，介绍家乡最有特色的一个地方。

4. 创造性练习。让学生以小导游的身份结合自己的考察介绍一下自己的家乡。

设计这样适合学情、贴近学生生活的练习，就会使学生产生练习的兴趣，在完成练习的同时发展个性。另外，设计生活化练习还能培养学生关心社会、热爱生活、善于思考、乐于探究的品质。所以，我们要把练习的设计建立在学生已有知识经验的基础上，关注学生的最近发展区，关联学习重难点和兴趣点，贴近学生生活实际，进而有效提高练习的实效性。

（4）依据学生差异设计课堂练习

多元智能理论指出，人的智能是多元的，不同人的聪明才智表现在不同方面，即优势智能各不相同。不同学生有不同的学习能力倾向、学习方式、兴趣爱好及生活经验等，教师在教学中要了解和把握每个学生的个性特点、学习情况和学习能力等方面的差异，并据此分类、分层设计课堂练习。设计的练习要具有差异性和层次性，做到深浅并存、难易兼有、繁简同在，既关注学生的个性差异，又满足不同层次学生的自主学习需求，体现练习的个性化。

① 练习内容和形式要体现多样性

心理学研究表明，当学生对某一学习内容的练习产生浓厚的兴趣时，就会积极地思考，大胆地探索，从而提高学习效率。教师所设计的课堂练习既要有面向全体学生达标的必做题，又要有面向学困生的提高题、面向中等及学优生的发展题。除此之外，还可以设计适合学生个性发展、可供学生自主选择的选做题等，在练习设计上体现差异性、独特性、针对性。通常可以把练习分为必做题、选做题和思考题等多个层次，以适应不同层次学生的需要，让不同层次的学生都有所发展。如学完《师恩难忘》（苏教版五年级上册）后，可设计下列练习。

必做题：抄写本课的生字、生词一遍。（关于基础知识的练习）

选做题：（自主选择两道题做）

（1）读一读：《我最好的老师》（大卫·欧文）。（关于阅读积累的练习）

（2）讲一讲：将这篇文章的内容讲给其他人听。（关于内容表述与言语表达的练习）

（3）写一写：学着本文的写法，观察或采访生活中对自己影响最大的一个人，写一个片段。（关于读写结合、方法迁移的练习）

（4）找一找：收集赞颂老师的名言并自己创作一句。（关于动手实践、积累运用的练习）

以上课堂练习，从听、说、读、写几个方面进行了设计，并让学生通过抄写、阅读、采访等多种形式来完成，体现了练习内容和形式的多样化。

要改变练习内容和形式的单一问题，可以将听、说、读、写与探究、游戏、调查、参观、访问、展览等灵活多样的形式融为一体，使练习具有情趣性和实践性；也可以让学生在“自主参与练习设计”中感受乐趣，在“自主选择练习”中体验乐趣，在“多元探索练习”中品味乐趣，在“多元评价练习”中享受乐趣。这样就避免了练习内容和形式的单一，而且符合学生接受事物的心理特点，易于激发学生学习的兴趣。

② 练习量要突出差异性

根据不同层次学生的需要应设计不同的练习量：学困生写作业较慢，为其布置的习题要少而精，少一点儿拔高题，多一点儿基础题，以培养其自信心，使其品尝到成功的喜悦；学优生写作业速度快，可适当为他们设计一些有难度又有利于培养其创新精神和实践能力的拔高题。

这种依据差异分层次设计的练习，既使不同层次的学生巩固了所学知识，又可以为不同层次的学生提供自主发展的空间，让每个学生都获得成功的体验。心理学研究发现，儿童的意志力薄弱，有意注意的时间比较短，注意力难于持续较长的时间，一旦练习量太多、内容单调、难度过大，学生就容易对练习产生厌烦心理，致使自觉练习的情绪降低，情感淡化，形成沉重的课业负担。因此，练习要适度、适量、适合。

总之，练习是全面完成教学目标的重要手段，课堂上应充分发挥练习的作用，精心设计练习，使学生学而不厌、练而不烦。练习要体现多元性、趣味性、层次性、针对性、实效性等特点，以发展学生思维，提高课堂教学效率。

二、基础知识复习策略

要获得精确而牢固的知识经验，避免或减少遗忘，复习是必不可少的。正如孔子所说："温故而知新，可以为师矣。"复习既可以使学生巩固旧知，丰富语言积累，又可以引导学生掌握基本的复习方法，形成良好的复习习惯，使学生通过"温故"而"知新"。因此，教师在教学中应重视复习。下面以北师大版小学语文六年级下册教材为例重点介绍如何进行基础知识的复习。

1. 复习目标要明确

（1）关于拼音的复习目标

在正确书写声母、韵母和音节的基础上，重点掌握生字的读音、易读错的字的读音，以及多音字的不同读音。

对同音字、多音字和音近字的读音能够清楚辨别；要注意积累课文中的多音字，要根据具体的语言环境和不同的词义确定准确的读音；同音字虽然音同，但字形和字义不同，书写时要能够正确区分。

复习时，可以设计多音字组词、选择多音字的正确读音、给一个拼音写出多个汉字等多种形式的练习。

（2）关于字词句的复习目标

字词是组成句子的基本单位，复习字词时要认清字形，区分易错字、形近字，做到正确书写，并能从音、形、义上加以辨别；能理解字义，会用音序查字法、部首查字法等查字典；能够正确地认读和书写学过的字，并能联系上下文理解其意思。

复习词语时能根据拼音写出汉字；会选字填空；能区别形近字；能找出错别字并改正；能给带点的字写出（或选择）正确的解释；能判断词语的感情色彩或按词语的感情色彩将词语分类；能写出近义词或反义词，能找出句子中的近义词、反义词，能选择近义词填空；能给不同类的词语分类，能画出不是同一类的词语；能将成语补充完整，能根据意思写成语，能解释成语中加点字的意思，能区分成语的感情色彩，能将成语按要求分类等。

复习句子时能按要求造句；能通过联系生活实际、抓关键词、展开想象等方法理解句子。

（3）关于标点符号的复习目标

能正确使用常用的标点符号，如逗号、分号、句号、问号、感叹号、冒号、引号等。复习时可将各标点符号放在一段话中进行练习。

复习目标既要面向整套教材，又要有所侧重，突出本册的训练重点。

2. 复习方法要灵活多样

在以往的复习中存在的最大问题是机械重复的训练多，自主构建的内容少。教师只抓住知识点，给出一些机械重复的练习，让学生进行重复记忆，完全忽视了学生主动构建知识体系的能力。复习形式单调呆板，学生只能被动地进行机械重复记忆，因此对复习毫无兴趣，进而导致复习的耗时低效。

研究表明，无练习和机械练习同变化练习的效果相比，相差很大。如果教师在引导学生进行复习时能采用学生喜闻乐见的形式以及多样的复习方法，就能激发学生浓厚的复习兴趣。北师大版教材的特点之一就是“注重积累”，其中对成语的积累尤为重视，但很多教师在复习成语这一知识点时往往只是一味地让学生听写，形式呆板，效率低下。如果能依据学生的差异，不断变换复习的形式，复习效果就大不一样了。

如在集中复习成语时，可以进行这样的设计。

（1）游戏闯关，记忆成语

如果单纯让学生听写或默写成语，学生面对大量成语掌握起来会很困难，而且会感到枯燥乏味。爱玩是儿童的天性，游戏更是他们感兴趣并乐此不疲的活动之一，对小学生极具吸引力。可采用游戏闯关的练习形式带领学生听写或默写成语，每二十条成语为一关，让学生一关一关地闯，每闯一关可得一颗五角星，这样，学生就会兴趣盎然，复习起来就会感到轻松、有趣。待学生闯关成功后，还可以设计成语填空闯关游戏，如“（　）会贯通”。经过几轮闯关练习后，学生就能牢固地掌握本册教材中的成语。

（2）分类积累，理解成语

游戏闯关后，再引导学生将成语按主题进行分类：描写人物品质的、描写人物外貌的、描写风景的、描写事物的、描写心理活动的、描写春夏秋冬的等。让学生按主题进行成语积累，既有利于学生理解同类成语，又便于学生实践运用。此外，还可让学生按带“动物”的，带“一”字的，带近义词、反义词的成语等进行分类积累。

还可以用填表格的形式带领学生积累成语，如“将下列成语补充完整”，学生对此会很感兴趣。

马			
	马		
		马	

		花	
	花		
花			

（3）联系生活，积累成语

通过开展评选“龙王”的活动，激发学生学习成语的兴趣，将学生对成语的学习从课内引向课外。由教师说出第一个成语，学生进行成语接龙。前十名可被评为班里的“十大龙王”。这样，就把枯燥乏味的机械重复练习，变成了妙趣横生的游戏，很好地激发了学生学习成语的兴趣，同时使学生在积极主动地积累过程中，学到了更多的成语。

（4）精选成语，想象运用

仅引导学生积累成语是不够的，更重要的是使学生在积累的基础上学会运用：创设情境，引导学生精选成语，描述生活；让学生选几个自己喜欢的成语写一段话，或描写景物，或赞美人物等。这样，学生在练习中不仅能更好地理解成语的意思，还能在理解的基础上进行个性化地运用。

形式灵活多样的练习，使学生玩中益智，玩中获知，玩中探索，玩中学习，玩中发展，可谓一举多得。

另外，复习的方法要灵活，花样要多，要做到分散与集中相结合，读、背、写、用相结合。可以采用“先单项，后综合”的复习方法，即一项一项地复习，然后综合起来整体复习。如先复习字词，再复习多音字，然后复习句子，逐项复习后，综合起来进行整体复习。

也可以单元为复习点，在一个单元中先复习字、词、句，再复习课文，一个单元一个单元地复习完后再进行综合复习。这样能使学生牢固地掌握所学内容。

无论以何种方法进行复习，教师都要以全面提高学生语文素养为目的，准确把握复习的重点，在有限的时间内，利用科学的复习方法，唤起学生对以往知识的记忆，使学生将零散的知识系统化、全面化，从而提高复习的效率，提高学生的语文素养。

3. 复习要做到三维并进

在复习基础知识时，教师往往只注重知识与能力维度，忽视过程与方法、情感态度与价值观维度，这样不能很好地实现三个维度的整体推进，从而不能全面提高学生的语文素养。

复习不仅要注重基础知识的积累和运用，加强基本技能的训练和能力的培养，还要注重复习过程和复习方法的选择，关注学生的情感、态度和价值观，这样才能做到三个维度的整体推进。

依据新课程理念，在复习基础知识时，要把人文性的内容融入其中，不能只注重三维目标中的一个方面，而要同时兼顾。

例 1　看拼音写词语，要写规范、端正、整洁。

chén xī　　　　duàn liàn

每当（　　　）初露，丁丁就和冬冬一起跑步（　　　）。现在，他们

jī shēn　　　　zì háo

已（　　　）于班级“运动健将”的行列，并为此感到十分（　　　）。

以上练习将拼音、词语的练习及人文熏陶融为了一体，所考查的四个词语中，有生字“跻”、难写字“曦”、易错字“炼”和“豪”。从知识与能力维度来看，此练习重在训练学生识字与写字的能力，要求学生不仅要会写，还要写规范、端正、整洁。从过程与方法维度来看，学生在具体语境中写词语，需要联系上下文，结合词语的意思来判断应该是哪一个词语。如“jī shēn”一词，如果不在语言环境中，就会有多个词语，如“机身”“鸡身”等。而根据上下文可知，此处应用“跻身”。这样，就使学生进一步理解了同音词语的不同意思。此外，该练习还关注了情感态度与价值观维度，渗透了“早起锻炼”“强身健体”的教育。本练习一改以往只看拼音写词语的单一做法，在练习字词的过程中使学生受到人文熏陶，掌握了学习方法。

例 2　选择关联词语填空。

因为……所以……　　　　虽然……但是……

（1）（　　　）方志敏热爱祖国，（　　　）满怀深情地写下了《可爱的中国》。

（2）老班长（　　　）牺牲了，（　　　）他的革命精神将永远留在我们心中。

从知识与能力维度来看，此练习注重考查学生对关联词的运用能力以及对语言的理解能力。从过程与方法维度来看，此练习注重引导学生通过分析句子之间的关系来理解句子的意思。从情感态度和价值观维度来看，此练习注重引导学生认识我国词语的丰富多彩——仅关联词就有多种类型，从而激发学生对祖国语言文字的热爱。更重要的是，该练习渗透了热爱祖国的教育。

4. 复习要做到与生活相联系

以往对拼音、字词句、口语交际等基础知识的复习，很少从学生的生活实际出发，只是为复习而复习，为训练而训练，训练内容完全脱离了学生的现实生活，致使学生对训练内容不感兴趣，训练效率低下。

回归生活是新课程的基本理念之一。教育心理学研究表明，只有学习材料与学生的已有知识和经验相联系时，才能激发学生的学习兴趣。布卢姆认为，最好的动因就是学生对所学知识有内在的兴趣。如果在进行基础知识复习时，能将其与学生的生活紧密联系，就能激发学生的学习兴趣，进而提高复习效率。

例 1　下列这段话中共有三处错误，每个句子中只有一处，请修改过来。

2007 年 10 月 24 日大约 18 时左右，中国在西昌卫星发射中心用长征三号甲运载火箭将嫦娥一号卫星成功送入太空。嫦娥一号卫星将对月球举行为期 1 年的全球性、整体性和综合性探测。它的发射成功标志着我国探月工程迈出了关健的一步。

以上这段话的内容与学生的生活实际联系密切，能引发学生的阅读兴趣。本题的内容设计，不仅注重训练学生修改句子、词语、错字等综合改错能力，还渗透了爱科学、爱探索宇宙的教育，激发了学生的民族自豪感，真正实现了三维目标的整体推进。

例 2　按要求完成下列练习。

（1）请你以“孝敬父母”为主题，自创一句公益广告语。

____

____

（2）你即将小学毕业，此时最想对老师说点什么？请用上一个成语写一句心里话。

以上两道题，从知识与能力维度来看，重在考查学生写话和口语交际能力。第（1）题侧重考查学生围绕主题写广告语的能力，第（2）题侧重考查学生的成语积累和运用能力。从过程与方法维度来看，虽然都是写句子，但表达方法又略有区别——都要表达真情实感，但广告语侧重语言凝练，心里话侧重用词的准确、句子的完整等。从写作的关注对象来看，一个关注父母，一个关注老师，这些人都是长辈，所以，在整体设计上渗透了情感态度和价值观方面的教育——敬爱和尊重长辈。该练习，从内容上看，对象都是生活在学生身边的人，与学生生活联系密切，所以学生特别感兴趣，喜欢做，愿意做。

总之，要想真正提高复习的实效性，复习时一定要做到“目标明确，形式灵活，三维并进，联系生活”。另外，要特别关注复习的量。调查研究表明，学生课业负担的主观感受与学业成绩的相关曲线基本呈倒“U”形，无负担，学业成绩不是最好的；负担太重，学业成绩最差；负担适中，学业成绩最好。在复习时，教师如果能面向全体学生，关注学生差异，注意课业负担的适度性，就能收到理想的教学效果。

后 记

本书是继个人专著《个性化课堂教学艺术：小学语文》之后，又一本关于“个性化课堂”研究的专著。其研究内容较第一本更系统、全面、实用和科学，理论与实践结合得更加紧密，更具有可操作性。

在完成此书的过程中，我自始至终都在思考贯穿个性化课堂的终极教育目标——个性化课堂一定要立足培养人、发展人和造就人。在本书中，我力求引导教师通过构建个性化课堂，进行有层次、有针对性的教学，让每个学生都能发展成具有个性的人，都能做最好的自己，让每一个最好的自己，都能在世界舞台上找到自己应有的位置，彰显自己与众不同的生命价值，为世界增添一抹亮丽的色彩！

特别需要说明的是，培养具有个性的人的途径有很多，而构建个性化课堂只是其中一条。如创造专家指导系统、构建关键学习指导路径等都可以培养学生的个性。即使是构建个性化的课堂也有很多研究点，本书只从中选取了部分内容进行研究，还有很多领域需要我们进一步探索，如个性化课堂的多元化评价体系与评价策略、个性化课程的研发与整合等，都有待于进一步研究与实践。

此书之所以能顺利地出版，得益于所有为此书提供理论与实践支持的全国各地的专家、学者和广大教师！感谢山东省教育厅对我们“齐鲁名师”所进行的为期五年的培训，感谢青岛市教育局聘请尖端专家培养我们，这为我们的快速成长提供了丰富的“营养”。感谢青岛市教育科学研究所、青岛市普通教育教研室和市南区教育局、教育中心、太平路小学，对我们“齐鲁名师”的重视与培养，为我们的发展提供了许多学习的机会，为我们搭建了成长的平台，在此真诚地表示感谢！

由于时间原因，加之研究水平所限，本书中难免会有错误和不足，敬请各位专家、学者和广大读者批评指正！

江苏凤凰教育出版社
《行知工程》系列丛书目录

系列	序号	书名	主编	定价
精彩课堂系列	1	《让生命之花自主绽放——语文个性化教学建构策略》	商德远	30.00
	2	《从语文素养走向生命成长——小学语文读写课堂教学密码》	曾海玲	30.00
	3	《真实的品德课》	朱淑秀	30.00
	4	《英语课堂学习共同体——新型的师生交互学习场》	杨延从	30.00
	5	《指导自主学习——初中数学学与教的研究与实践》	刘其武	30.00
	6	《玩出精彩的课堂——小学低年级教与学方式转变研究》	陶红松	30.00
教育管理力系列	7	《缔造唯美教育——延奎小学素质教育实施策略》	易增加	30.00
	8	《让普通学校崛起的 20 个细节 ——“生命为本”教育团队成长密码》	李其玉	30.00
	9	《“走”出教育的精彩：走动式学校管理文化构建》	罗　军	30.00
	10	《校长兵法：学校管理四十六计》	皮大鹏	30.00
教师修炼系列	11	《教育，爱与宽容——教师心灵礼仪修炼》	许力争	30.00
校本研修系列	12	《校本研修资源的开发与利用》	陈朝林	30.00
	13	《校本研修与教师专业成长》	吴积军	30.00
	14	《卓越教师经典研修成长策略》	刘天宝等	30.00
	15	《校本研修资源的开发与利用》	陈朝林	30.00
	16	《校本研修与教师专业成长》	吴积军	30.00
	17	《特色校本课程开发范例解读》	刘永平　李秀伟 张雪梅	30.00
	18	《高效校本研修模型构建艺术》	刘素雁	30.00
	19	《走向实践的教研——中小学教育科研引领与应用》	江　敏	30.00
班级文化系列	20	《活力班级的文化建设》	胡　珏	30.00
	21	《做幸福的班主任》	吕　丽	26.00
教育家核心思想系列	22	《叶圣陶谈阅读》	叶圣陶 著 李怀源 选编	30.00
	23	《多元智能理论的本土化应用》	刘治富	30.00
	24	《大教育家最具施教力的教学思想》	白刚勋	30.00

系列	序号	书名	主编	定价
高效能教学系列	25	《高效能教师的10个好习惯（中学卷）》	张　瑾	30.00
	26	《让作文落地生根——提高写作实效的教学策略》	黄桂林	30.00
	27	《高效能作文教学5项修炼》	陈步华	30.00
	28	《高效能校长的10个好习惯》	张　勤	30.00
	29	《高效能教师的10个好习惯（小学卷）》	谢　英	30.00
	30	《高效能语文教学5项修炼》	王其华	30.00
新课程探索系列	31	《语文新课程的批判与重建》	葛桂斌	30.00
美国名师教学译丛	32	《美国名师游戏教学本土化应用：幼儿园》	（美）玛西娅 L. 泰特 著 胡珍　瞿菁　编译	30.00
	33	《美国名师游戏教学本土化应用：小学英语》	（美）玛西娅 L. 泰特 著 杨永华　张心影　编译	30.00
	34	《美国名师游戏教学本土化应用：小学数学》	（美）玛西娅 L. 泰特 著 谢艳红　编译	30.00
	35	《美国名师游戏教学本土化应用：小学科学》	（美）玛西娅 L. 泰特 著 刘丽萍　编译	30.00
	36	《美国名师游戏教学本土化应用：小学社会》	（美）玛西娅 L. 泰特 著 姜梅芳　编译	30.00
	37	《美国名师游戏教学本土化应用：小学音体美》	（美）玛西娅 L. 泰特 著 尹立志　编译	30.00
鲁派名师名校·教育探索者系列	38	《悦读立人——校园阅读文化体系构建策略》	杨世臣	30.00
	39	《教育智慧何处来——一位特级教师的思考手记》	付立金	30.00
	40	《和雅文化——校本课程的创新构建》	汤善香	30.00
	41	《让个性绽放精彩——学校课程体系整合与创生》	谢建伟　徐淑萍	30.00
	42	《让每个学生都幸福——最能润泽生命的学校文化建设》	谢建伟　张新喜	30.00
创新教学探索系列	43	《神奇的阅读教室——带学生踏上美妙的阅读之旅》	李祖文	30.00
	44	《打造有生命力的课堂 ——“两步八环节”教学模式探索与实践》	查联智	30.00
	45	《最能培养学生探究能力的课堂 ——小学科学与信息技术单元整体课程实施与评价》	李怀源	30.00
	46	《最能激发学生运动天赋的课堂 ——小学体育单元整体课程实施与评价》	李怀源	30.00
	47	《最能提升学生艺术素养的课堂 ——小学艺术单元整体课程实施与评价》	李怀源	30.00
	48	《“生命语文”探索——焕发语文生命力的思考与实践》	王自成	30.00
	49	《粘连作文教学：让习作成为有个性的自我建构》	黄瑞夷	30.00

系列	序号	书　名	主编	定价
创新教学探索系列	50	《备学式教学——在体验中建构数学思维》	单广红　范雪梅	30.00
	51	《向着自主进发——自主教育的创新实施智慧》	朱亚红	30.00
	52	《写中学——让学习更有效的学科写作教学》	钟传祎	30.00
	53	《小学科学实验总动员 ——大科学课堂有效提升学生创新力》	江美华	30.00
	54	《小学语文单元整体课程实施与评价》	李怀源	30.00
	55	《小学英语单元整体课程实施与评价》	李怀源	30.00
	56	《小学数学单元整体课程实施与评价》	李怀源	30.00
生态化校园系列	57	《点燃学习的激情——构建校园生态化学习型组织》	杨树岳	30.00
	58	《课改突围——构建学校生态化教学体系》	杨树岳	30.00
教育新思考系列	59	《语文教育向何处去》	王　丛	26.00
	60	《教育，就是做好普通的事》	孙志毅	27.00
	61	《走出语文的偏见——让学生体悟文本的原义》	丛智芳	30.00
	62	《让语文教学更高效——批注式阅读教学探索》	韩中凌	30.00
	63	《读写互促——探寻学以致用的语文教学》	曹　龙	30.00
	64	《跳出数学教数学——用文化融通数学教学》	马建秀	27.00
名师感悟系列	65	《让心灵伴着歌声成长——22 位音乐名师的教育智慧》	陈　璞	30.00
	66	《超越自我的教师——32 位名师的成长感悟》	李卫东　李秀伟	35.00
	67	《心灵的守护者——19 位名班主任的教育智慧》	王晓松　曲文弘	30.00
	68	《名师感悟班主任有效工作艺术 90 例》	符礼科	30.00
	69	《名师感悟有效教学 90 例》	林高明　徐玉烟	30.00
信息化教学系列	70	《巧用白板教语文——信息技术与语文教学操作指南》	蒋丽清	30.00
	71	《跨越式实现高效课堂 ——信息技术与课程整合高效教学方案评析》	陈　玲　刘　禹	30.00
教师必读系列	72	《教师必学的 16 堂修养课》	武宏伟	30.00
	73	《教师不可不知的教学心理效应》	叶勇军	30.00
	74	《班主任不可不知的管理效应》	奚一琴	30.00
	75	《教师不可不知的教育心理效应》	孙　媛	30.00
	76	《校长不可不知的管理效应》	谢申刚　张金豹	30.00
	77	《成为好教师的 7 项修炼》	王福强　李维华	30.00
	78	《如何让学生会学习》	龙　冰	30.00
	79	《如何让学生爱学习》	周震宇　许小燕	30.00

系列	序号	书名	主编	定价
核心教学主张系列	80	《新生代语文名师核心教学主张》	许友兰	30.00
学生心理解码系列	81	《孩子问题行为一点通 ——只有好老师才知道的学生心理谜底》	严育洪	30.00
教育求索系列	82	《思政教学的人文力量》	戴晓华	30.00
	83	《师道新说——给教育者的30条箴言》	徐　卫	30.00
行思讲坛系列	84	《灵动而朴素地教语文——潘文彬的微格教育生活》	潘文彬	30.00
	85	《师爱无疆——润泽学生心灵的教育故事》	侯忠彦	30.00
	86	《怎样反思更有效——促进教师专业发展的反思策略》	诸贝贝	30.00
	87	《成为高度自觉的教育者——写给后课标时代的数学教师》	许卫兵	30.00
	88	《哲思数学课》	刘全祥	30.00
	89	《把学生教聪明》	严育洪	30.00
	90	《教师最应该规避的教育误区》	杨坤道	30.00
	91	《用语文的方式教语文——潘文彬教学主张与实践智慧》	潘文彬	30.00
	92	《怎样让阅读教学更有效 ——提升教学能力的十种读诵模式》	汪秀梅	28.00
	93	《让生命在润泽中起舞——当代小学生最需要的主题班会》	吴联星　罗　琳 冯卫东	30.00
	94	《让生命欢快拔节——当代中学生最需要的主题班会》	冯卫东　吴联星	30.00
	95	《课堂因生成而精彩——高效教学的生成智慧》	张文质	30.00
	96	《回到每一个人的生命化教育 ——张文质二甲中学教育行动录》	张文质	30.00
	97	《智慧数学课——黄爱华教学思维的实践策略》	黄爱华	30.00
中国教育变革之路丛书	98	《百年树人师何为——教师队伍建设困顿与出路》	将丽珠　李玉向	30.00
	99	《入园何时不再难——学前教育困惑与抉择》	曾晓东 范　昕　周　慧	30.00
	100	《三尺书桌何处寻——流动人口子女教育困难与破解》	范先佐	30.00
	101	《苦旅何以得纾解——高考改革困境与突破》	郑若玲	30.00
	102	《择校纠结何时了——择校问题困局与治理》	曾晓东　周文海 曾娅琴	30.00

系列	序号	书　　名	主编	定价
创新教学思想系列	103	《“大问题”教学的形与神》	黄爱华　张文质	30.00
校长领导力系列	104	《高品质学校生长要素》	王益民	30.00
	105	《校长高校教学领导力提升策略》	徐世贵　郭文瞀	30.00
教育漫笔系列	106	《课堂，诗意地栖居》	吴书华	30.00
新思维系列	107	《教育中的“不一定”——打破教育的19种思维惯式》	严育洪	30.00
教学提升系列	108	《有思想地教阅读——让学生学会品读文字真意》	王学东	30.00
教育艺术提升系列	109	《藏在师生体态语言里的教学智慧》	张　宇　廖生波	30.00
教学全手册系列	110	《小学习作教学全手册》	郭家海	30.00
	111	《中学写作教学全手册》	郭家海	30.00
	112	《情境教学操作全手册》	冯卫东	35.00
	113	《合作教学操作全手册》	李春华	35.00
	114	《探究教学操作全手册》	周新桂	35.00
	115	《自主教学操作全手册》	诸葛彪	35.00
	116	《创新教学操作全手册》	工　玮	35.00
	117	《班主任工作全手册》	刘沛华	35.00
	118	《新教师工作全手册》	周震宇	35.00
	119	《学生心理健康教育全手册》	刘海莉　刘春杰	35.00
	120	《高效教学操作全手册》	马友平	35.00
教育思想者系列	121	《教育，一切从孩子出发》	黄　俭	30.00
创新人才培养系列	122	《创新人才培养校园科普精品课程开发与指导——人大附中创新人才培养》	罗　滨	30.00
	123	《创新人才培养特色校本课程开发与创新人才培养——清华附中“国际安全下的科学技术”课程构建与实施》	王殿军　方　研　赵宏雁	30.00

系列	序号	书名	主编	定价
创新人才培养系列	124	《创新人才培养：学校实验室建设与管理》	刘克文 杨发丽　杨　平	30.00
	125	《创新人才培养：数学探究活动开发与指导》	马云朋　韩继伟	30.00
	126	《创新人才培养：化学研究活动开发与指导》	王　磊	30.00
	127	《创新人才培养：物理探究活动开发与指导》	廖伯琴	30.00
	128	《创新人才培养：地理探究活动开发与指导》	张建珍　陈　澄	30.00
	129	《创新人才培养：生物探究活动开发与指导》	张迎春	30.00
	130	《创新人才培养：理念探索与思维突破》	王晶莹	30.00
新生代通派名师系列	131	《简约数学教学》	许卫兵	30.00
	132	《语文教学的本真——情意课堂展现母语之美》	吴建英	30.00
	133	《语文课堂的理想追求——欢快达成三维目标》	董一红	30.00
	134	《阅读教学的真髓——意象构建读出文学的真美》	祝　禧	30.00
	135	《美术教育的真谛——审美人生教育让生命绚丽成长》	陈铁梅	30.00
	136	《语文教学的理想境界——无痕教学润泽生命》	李　凤	30.00
	137	《儿童作文的本义——嬉乐作文让儿童乐并成长着》	王笑梅	30.00
	138	《名师是怎样炼成的》	王建明　王笑君	35.00
幼师成长系列	139	《幼儿行为背后——教师如何读懂幼儿的心思》	吴亚英	30.00
	140	《最具教育力的 22 种幼儿教育思想》	杨　达	30.00
	141	《幼儿教师必知的安全应急措施》	杨　达	30.00
	142	《幼儿教师必备的教育技能》	李　玲	30.00
	143	《卓越园长 21 条幼儿园管理策略》	周　丹　江东秋	30.00